東アジア研究所講座

KEIO INSTITUTE OF EAST ASIAN STUDIES
KIEAS

素顔の現代インド

田所昌幸 編

慶應義塾大学東アジア研究所

はじめに

本書は、慶應義塾大学東アジア研究所が二〇一八年に開催した公開講座「素顔の現代インド」の講演を基礎に、各々の講演者が加筆修正したものを収録したものである。この講座は一〇月五日から一二月一四日まで、おおむね隔週のペースで九回にわたって開催された。中国とならんで今後の世界の行方を左右することが予想される巨大国家インドの最新の姿に焦点をあてたプログラムは、毎回熱心な聴衆を集めた。講師陣は、主として若手の南アジア研究者にお願いし、初めての試みとして海外からも有力な南アジア研究者を招いて、新鮮な現代インド論を、学生だけではなく広く一般市民に提供するよう心がけた。

インドは、日本人にとってまだまだ遠い国である。それだけではない。ただでさえ気の遠くなるほど多様な上に、急速に変貌を遂げているだけに、その全体像を均衡のとれた形で捉えるのは容易ではない。言うまでもないことだが、インドの歴史は人類最古のものの一つで、もしインダス文明の発祥の時期から数えればその歴史は五〇〇〇年を超える。現代インドとの連続性をどこまでさかのぼるのかについては、さまざまな見解があるだろうが、インドが中国とならんで世界で最も古い文明を背後に持っている国であることは間違いない。その長い長い歴史で、さまざまな民族が侵入し、多くの王朝の興亡があった。時代とともに、さまざまな支配者がさまざまな文化的影響をインドに刻印し、目の眩むほど多様な現在のインドの姿が形成された。

インドの人々の日常に深く根付いている宗教から見ると、ヒンドゥー教徒が八割を占め圧倒的な多数派ではあるものの、イスラム教徒（一四・二%）、キリスト教徒（二・三%）、シク教徒（一・七%）、仏教徒（〇・七%）、ジャイナ教徒（〇・四%）、そしてゾロアスター教徒もそれぞれの宗教生活を維持して今日にいたっている。[1]インドの総人口が大きいため、たった二%あまりのキリスト教徒ですら、その総数は三〇〇〇万人近くに達し、多くのヨーロッパ諸国の一国分のキリスト教信者数に匹敵する規模になる。インド独立の際には、少数派になってしまうことを懸念したイスラム教徒が、分離独立してパキスタンを建国したことはよく知られているとおりだが、建国以来長らくインド国内のイスラム教徒の総数の方が、パキスタン内のイスラム教徒よりも多かったくらいであった。

この巨大な国土が統一的に統治されたことは、歴史的にはむしろ例外的で、地域間の相違も当然大きい。地域によって使用される言語も異なり、これに方言を加えれば二〇〇〇にも達する言語があるとされる。インド憲法は、連邦政府の公用語として、デーヴァナーガリー文字で書かれたヒンディー語であると規定しているが、その他にも二一の言語に公的な地位を与えている。時間的にも空間的にも極度に多様で捕まえどころのないインドを、インドたらしめてきたものは何なのか。そもそもそんなものはあるのだろうかと考えると、われわれははたと途方にくれてしまう。

つまり簡単に言えば、日本人にとってインドはなじみの薄い国であり、良かれ悪しかれ気心の知れた隣人と言うよりも、縁遠い不思議な国であった。本書の冒頭章で湊一樹は、そもそもインドについて限られた知識しかない日本人が、継続的な関心をインドに払わないメディアが報道する人騒がせな出来事によってインド像を形成するので、ステレオタイプに支配されるか、バランスを欠いた極端なインド認識を持ちがちなことを警告する。その上で、インド理解のためには、歴史的文脈を良く理解するとともに、インドの日常や全体像に注意するべきだと論ずる。まさにそれこそが、本書の底流にある問題意識に他ならない。

もっともインドに対する日本人の関心のあり方も、二一世紀に入ってから幾分変化しているかもしれない。第一に、世紀の変わり目あたりから、インドはいわゆるＢＲＩＣＳの一員として、有望な成長市場と見られるようになった。考えてみると、かつての定番のインドについてのイメージは、「貧困」と人口過剰だった。しかし近年の日本人の意識ではインドの総人口が近い将来中国を抜いて世界最大になり、年齢構成も若年層人口が多いことから、今後も生産人口が順調に拡大するという期待の方が強調されるようになった。こういった意識は、インドそのものを見ているというよりも、ことあるごとに少子高齢化が語られている今日の日本イメージの、心理的投影の側面もあるのだろう。しかし、かつては「ヒンドゥー的成長」と呼ばれ腐敗と非能率で低成長に苦しんでいたインド経済が、一九九〇年代以降急拡大を続けていることは疑いのない事実である。中国と並ぶ、あるいはそれ以上の巨大な市場に成長するのではないかという期待も、的外れなものではない。市場としてのインド、グローバル経済の新たなプレーヤーとしてのインドへの、関心の高まりがあるのは確実である。

第二に、日本人の対中認識が悪化し続ける中で、アジアのもう一つの新興大国であるインドとの関係強化の必要が意識され始めた面がある。対印外交の強化はかつてから叫ばれてはきた。だが、二〇一二年に発足した第二次安倍政権の下で、日本はインドとの安全保障協力に努力し、それは相当の前進を見せてきた。二〇一五年には米印海軍の共同演習として毎年開かれてきたマラバールに、海上自衛隊が固定メンバ

図　インドに親しみを感じるか？

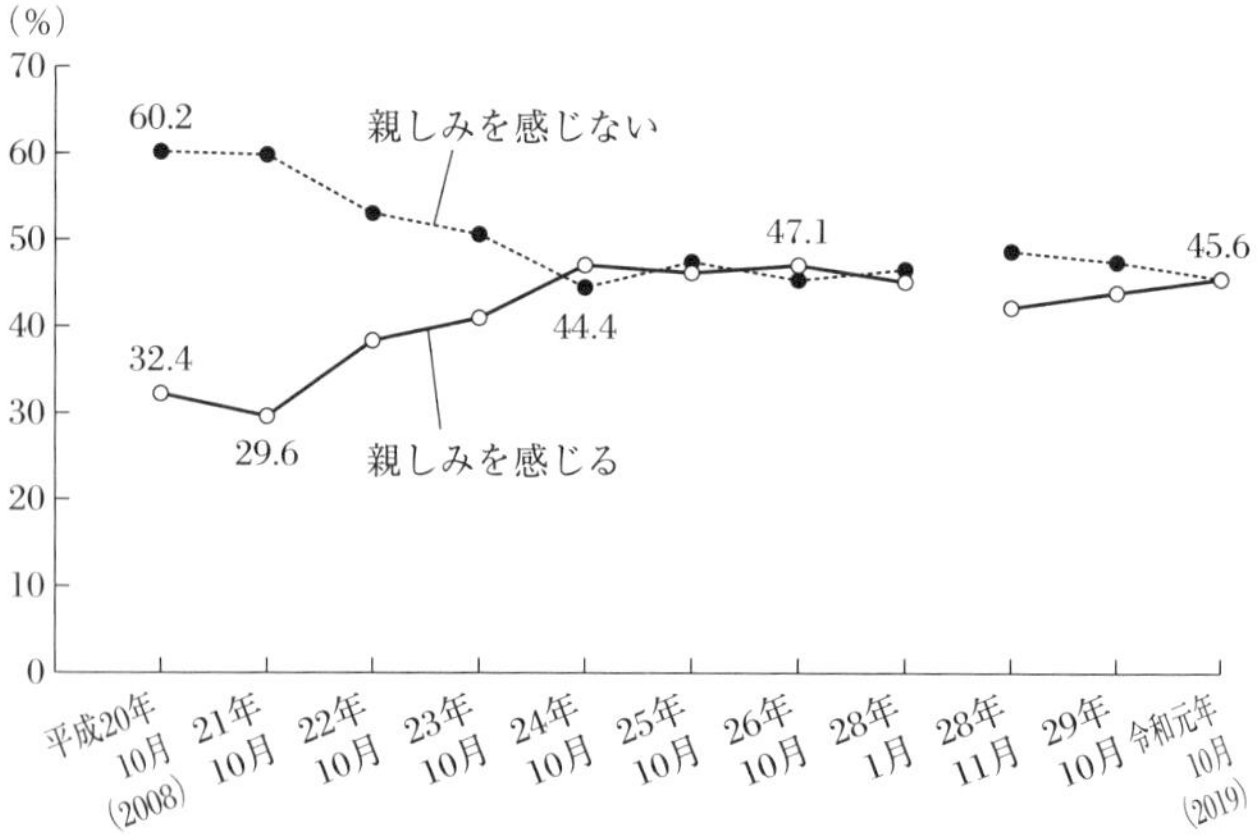

出典：「外交に関する世論調査の概略」、令和元年（2018）12月、13頁。

ーとして参加し始めた。二〇一六年にはケニアで開催された第六回アフリカ開発会議（TICAD Ⅵ）における基調演説で、安倍首相は「自由で開かれたインド太平洋」（Free and Open Indo-Pacific Strategy）を公表した。日本人の対外意識も、二〇一〇年あたりから、インドへの親近感が若干増していることが見てとれるが、これは政府間の交流の拡大とも関係しているのだろう。

　悠久の歴史と豊かな宗教生活というインド像から、近代合理主義に支配される日本を含む豊かな国々が失った精神性や宗教性をインドに求める人々は多い。インドのことをよく知っているとは言えない日本人も、インド料理や仏教の祖国としてのインドとともに、ヨガの国としてのインドは知っている。そういったインド像の延長線上で、日本人はマハートマ・ガンディーのことを想い出すかもしれない。

　確かに現代インドの歴史的文脈を考えようとすれば、われわれはイギリスからの独立運動に遡らねばならないだろう。この独立運動で、ガンディーやネルーに率いられた国民会議派は中心的役割を果たし、独立後もインドの政治で支配的な影響力を維持してきた。ガンディーが指導した非暴力の不服従運動は、戦後日本でもインドが率いていた非同盟運動とならんで、冷戦的対立を超える平和主義を象徴するものとして、憧憬をもって高く評価されてきた。そのガンディーの極めて独自の思想の形成において、帝国の首都ロンドンへ、帝国の辺境の南アフリカへ、そして再び祖国インドへと彼が行った旅の経験が、大きな役割をはたしているのではないか。異国の地で人のアイデンティティへの感覚が先鋭になるという逆説、それがインド人としての自覚とともに、非暴力で独立を達成するという独自の思想へとつながったと、第2章で竹中千春は指摘する。

インド独立の物語では、ガンディーやネルーに比べて、チャンドラー・ボースの役割もインドで高く評価されていることは、日本人はあまり知らないのではないか。ボースは、反英独立運動のためには、ヒトラーのドイツとも軍国日本ともそしてスターリンのソ連とすら提携しようとし、そして日本の敗戦直後に飛行機事故によって、独立インドを見ることなく亡くなった。つまり彼のプロジェクトは不成功に終わったのだが、そのボースの組織したインド国民軍に身を投じた、日本生まれの若いインド人女性がいた。「朝子」とよばれたこのインド人女性の数奇な人生に、ため息の出るような驚きを読者は感じるであろう。同時に彼女の人生には、インド独立の歴史で作用したさまざまな力学が投影している。インドで存命の朝子本人に直接面会調査をした笠井亮平による第3章を読めば、一人の女性の驚くべき人生を通して知られざるインド史の一面に触れることもできよう。

こうして独立したインドは、世界最大の民主主義国として今日に至っている。東アジアでは、権威主義的体制の下で経済開発が推進される開発独裁が広く見られた。韓国や台湾のように経済発展の結果民主化を達成した国もあるが、中国では爆発的な経済発展にもかかわらず、共産党の一党独裁体制に変化の兆しはない。そのことを思うと、一〇億を超える貧しい人口を持つインドが、独立以来民主的な政治体制を一貫して維持してきたことは、それ自身偉業と言うべきだろう。

しかしそのインドの民主主義に何の問題もないわけではないし、何の変化がないわけではもちろんない。第4章と第5章では、インドの民主政治の動的な姿が論じられる。第4章でマリー・ラルは、二〇一四年に成立したモディ政権が、インド政治の伝統を大きく変化させつつあると論ずる。多様な宗教を抱える貧しいインドでは、国家は特定の宗教や民族集団に関与することは避け、恵まれない立場にある集団への再分配やアファーマティブ・アクションによって、社会的安定や政治的まとまりが維持されてきた。しかしモディ政権の下では、世俗主義からヒンドゥー・ナショナリズムへ、弱者救済よりも成長を強調する開発主義的な姿勢へと「静かな革命」が進行してきたとラルは分析する。

しかしインドの民主政治は、中央政府における伝統的な支配的政党である国民会議派と新興のＢＪＰ（インド人民党）の二大政党間の競争に終始するものではない。これらの二大政党も広大なインドの多様な地域を基盤とする地域政党との連合を形成して、なんとか中央政界を支配できている。また地方レベルでは新しい政治勢力の急速な台頭も見られ、「オルタナティブ政治」と呼ばれるような政治運動も目立つようになった。第5章で三輪博樹は、二〇一二年に結成され、その後デリーでは単独政権をとるまで急成長した庶民党に注目している。これはインド社会の中に、都市の若年層を中心に既成の二大政党に幻滅して、反腐敗、環境、ジェンダーなどの問題で具体的な成果を求める人々の政治エネルギーの表出された結果だと分析する。

さて、インドの対外面に目を移すとどうだろうか？　中国の圧力に晒されている日本人には、インドとの協力を強化することで、中国の行動を抑止できないかという期待は大きい。伊藤融による第6章では、インドの外交政策が包括的に分析される。非同盟運動やガンディーの非暴力主義から連想されるイメージとは違い、インド外交をつらぬく行動原理は、冷厳な現実主義そのものである。インドは国内における極度の多様性によって生まれる統一性の欠如や、経済的後進性による力の限界があるにもかかわらず、その外交姿勢は常に強烈な大国志向とともに、いかなる国とも制度化された同盟関係に入ろうとしない、ゆるぎない自立志向によって特徴付けられてきた。この点ではモディ外交に本質的な変化はないとする点で、伊藤の見解はラルとも一致している。

日本外交がインドに大きく期待するのは、日本政府が推進してきた「開かれたインド太平洋」のパートナーとしての役割である。溜和敏は第7章で、日米印の各国の当局者がこの用語にどのような意味合いを持たせてきたかを詳細に追跡する。そして、インドは日米の提供するさまざまな利益はもちろん享受しつつも、他方でそれによって中国との関係の悪化は避けたいし、自国の行動の自由を制約する制度化された同盟関係には決して入ろうとはしないと語る。日本人の一方的な思い入れでインドと接することの危険が、浮き彫りになる。

日本人の思い入れという点では、成長市場としてのインドがあろう。中国を近い将来上回る人口を擁し、成長著しいインド経済とくれば、次なる収益機会として日本企業が関心を持つのは当然である。山田剛による第8章では、インドに進出している日本企業の現状が細かに描写される。そこからうかがえるのは、多数の煩瑣な規制や官僚主義、不十分なインフラといった障害に苦労しながら、一部の企業がインド市場に徐々に根を下ろしつつある姿ではないだろうか。

非暴力的不服従による独立という輝かしい成果をあげたインドだが、独立時のパキスタン分離によって巨大な悲劇が起こったことは、どれほどの日本人が知っているだろうか。分離独立の結果、ムスリムとヒンドゥー教徒それぞれが多数派となっている地域に移動しようとし、一〇〇〇万人ともいわれる数の難民が発生するとともに、混乱の中でおこった紛争によって一〇〇万人もの犠牲者が出た。インドとパキスタンとの関係はその後も緊張したもので、両国はその後三回戦争を戦うことになった。

同時に、ムスリム人口の多いカシミールでは独立以来国境紛争が続き、限定的な軍事衝突もしばしば起こってきた。現地で長期にわたって滞在して研究を続けてきた拓徹（第9章）によると、カシミール紛争の発端は、よく言われるように藩王がヒンドゥー教徒であったのに対して、住民の多数派がムスリムであったことから起こった、宗教的アイデンティティのねじれが原因なのではない。そして近年のカシミールにおけるインド政府の強硬策は、民主国家インドのイメージから想像できない、抑圧的なものであって、それはヒンドゥー・ナショナリズムに訴える、インド版のポピュリズムに突き動かされたものである。その一方で、インドとパキスタンの両国とも本音では領土的現状を変更する意思はない。拓はこのように分析する。

さて、インドや南アジアに興味はあっても、まったく門外漢の一国際政治研究者である私が、本書の基礎となっている公開講座を組織するとともに、本書の編者となっていることをいぶかしく思う読者もいるだろう。しかし、インドはすでに南アジア研究者の間だけで議論するには、世界政治にとってあまりにも重要な存在になっている。その現代インドを、ステレオタイプや一方的な思い入れを捨ててバランス良く理解することは、国際政治に関心のある研究者や学生のみならず、これからの世界で生きていく一般市民にとっても意義深いことであろう。決して層が厚いとは言えない日本のインド研究者に海外の有力な研究者も加えて編まれた本書は、必ずや読者の現代インド理解に資するものと信じている。

田所　昌幸

（1）　比率は二〇一一年の国勢調査による。出典：https://www.mofa.go.jp/mofaj/area/india/data.html#section1

目次

第1章　なぜインドは理解されないのか
――「流動性」と「多様性」の視点から

湊　一樹

「日本人にとって、ほんの一昔前まで、インドはひたすら「神秘の国」だった。聖なるガンジスの河岸で荼毘に付される死体を目のあたりにし、またガンジスの聖水を飲む人々をみて、「ひとたびインドに足を踏み入れると人生観が変わる」といったインド論が盛んに行われた。（中略）それが今ではどうだ。インドでソフトウエアが発達したのはインドには数学の天才が沢山いるからだ！　とか、さすが偉大な零を発見しただけの国である！　とか、インドの小学生は皆20×20まで暗算ができる！　とか、これはすごい！　になってしまった。隔世の感のある、新しいインド・イメージの登場である。このようにインドに関するイメージが大きく揺れ動くのは、要するに、不幸にしてわが国ではインドについてよく知られていないということであろう。(1)」

はじめに

日本では、日々の暮らしはこの上なく平穏で快適である。人々は折り目正しく立ち居振る舞い、社会の秩序が乱されることはほとんどない。定められたルールや時間はよく守られ、予測できないような事態に突如として巻き込まれることは滅多にない。目が眩むほど多種多様なモノとサービスに囲まれ、その恩恵をつねに受けながら、大きな不便を感じることなく日々生活することができる。

そんな心地よい環境にすっかり慣れきった身で、インドのような混沌とした場所に突然投げ込まれると、あまりにも多くのことに戸惑い、言葉もなく立ちすくんでしまう。手続きのために役所を訪れると、数え切れないほどの人たちが、列などまったく作らずに押し合いへし合いしながら順番待ちのために溢れかえり、それをなんとか切り抜けてやっと窓口にたどり着いたかと思うと、今度は驚くほど横柄な態度の係官が待ち構えている。商店やレストランに行っても、無愛想な店員が気だるそうに対応するばかりで、客であるはずのこちらの方がむしろ気を遣わされているように思えてきて、それでもサービス業なのかと腹を立てずにはいられなくなる。こちらからのメールに返事をくれるなどと期待しない方がいいのはいうまでもなく、「一〇分待ってください」といわれて一時間以上待たされたり、「すぐに折り返し連絡します」と約束しておきながら、いくら待っても梨のつぶてであったりというのは日常茶飯事……。

そうしたストレスの多い日常のなかにあって、数少ない心休まる場所であるはずの自宅でも、水道が出ない、停電で電気が来ない、インターネットに接続できない、エアコンからの水漏れが止まらない、家の壁が突然剝がれ落ちる、大家がやたらと口うるさい、見たこともない虫が家のなかをゾロゾロと這い回っている、故障したエレベーターのなかに（それも夏真っ盛りの時期に）閉じ込められるなどなど、必ずといっていいほど何かしら問題が持ち上がり、気持ちを落ち着ける暇もない。

もちろん、インドでは一から十まですべてこの通りだなどというつもりはまったくない。また、インドという国とそこに暮らす人たちを不当に貶めようとしているわけでもなければ、テレビや本・雑誌などで最近よく見かけるように、「やっぱり日本（人）はスゴイ！」と能天気に自画自賛するつもりも毛頭ない。しかし、日々の様々な物事が「スイスイ」と淀みなく進んで行くのが当たり前の日本に比べると、何が起こるか予想もつかないという不安感とそれに伴う緊張感をつねに強いられながら、いつも身構えていなければならないインドでの日常生活は、大きな摩擦を伴う「ザラザラ」したものなのである。旅行や仕事でインドに滞在したものの、「やっぱり自分には合わない」「もう二度と来たくない」という思いを抱きながら、インド嫌いになって日本へ帰っていく人が少なからずいる（少なくとも、そういう話をよく耳にする）のは、この「ザラザラ」に疲れ果ててしまうためだろう。

とはいうものの、時が経つにつれて、こうした異文化との摩擦には多かれ少なかれ順応していく――より正確には、仕方ないとあきらめて、ある程度は我慢したり、自分なりの対処法を編み出したりするようになる――ものである。慣れ親しんだ土地を離れ、それまでとはまったく異なる環境のなかに身を置いたことのある者なら、誰もが必ず経験することだろう。いまだに油断して足下をすくわれることが多いとはいえ、私自身もインドについては同様の経験をそれなりに積んできたつもりであるし、それと同時に、インドに関する知識も少しずつではあるが、着実に身につけてきたと思っている。

では、このような順応の過程を経るにしたがって、インドという対象に違和感や疑問を抱かなくなってきたのかというと、実はまったくそうではない。それどころか、インドについて深く知ろうとすればするほど、むしろ新たな疑問が次々と湧いてきて、自らの理解の浅さを痛感させられる。そして、そのような疑問に対して自分なりの答え（のようなもの）を見つけようと、文献や資料を調べてみたり、現地の関係者への聞き取りやデータの収集・分析などを行ってみたりする過程で、それまで知らなかった事実や意外な関連性が（ほんの少しでも）明らかになるたびに、いつも新鮮な驚きを覚えるのである。

おそらく、そのように感じられるのは、私自身に経験と知識が不足しているという理由もさることながら、インドという複雑極まりない国を特徴づける二つの要因が大いに関係しているだろう。それは、第一に、様々な側面で目まぐるしく変化し続けているという意味での「流動性」であり、第二に、一つの国のなかに驚くほど雑多な要素を内包しているという意味での「多様性」である。流動性と多様性は、インドの特徴であると同時に、インドという国についての理解を難しくしている要因でもある。つまり、日本で広く見られる、インドについての誤解や中途半端な理解は、流動性と多様性の産物であるということができる。

本章は、流動性と多様性という二つの視点をそれぞれ「縦糸」と「横糸」にしながら、現代のインドという「複雑で込み入った柄の織物」を編もうという一つの試みである。

1　インドの流動性

成長と躍動のインド

二一世紀に入って、インドはこれまでにない大きな注目を世界から集めている。ここ数年は経済の減速が顕著になっているが、七%を超える高い成長率をつねに達成し、さらに経済成長を加速させていくことが期待されていた時期には、インドは低迷が続く世界経済のなかの「光り輝く地点」とまで称されていた(2)。つまり、インドは目覚ましい経済的躍進を遂げながら、「急成長を続ける経済大国」として、国際社会のなかでその存在感を着実に高めてきたのである。さらに、「巨大な中間層を抱える新興市場」「優秀な人材の供給源」といったビジネスの面でも、インドに対して世界から熱い視線が注がれるようになった。

経済やビジネスの分野でのインドへの期待は、日本でも大きく膨らんでいる。例えば、二〇一六年八月に日本経済新聞が行ったインターネット調査では、G20（主要二〇カ国・地域）首脳会議に参加する新興国のなかで「これから数年先に最も成長すると思う国」として、回答者の半数以上（五六・一%）がインドの名前を挙げ、インドネシア（一三・九%）、メキシコ（四・四%）、南アフリカ（三・一%）、中国（一一・七%）、ブラジル（二・〇%）といった他の新興国を圧倒する結果となった(3)。また、海外進出している日本の製造業企業を対象に国際協力銀行（ＪＢＩＣ）が行った同時期の調査では（以下の質問項目は複数回答可）、今後三年程度の中期的な事業展開先としてインドが有望であるという回答が半数近く（四七・六%）に上り、中国（四二・〇%）やインドネシア（三五・八%）などを抑えて三年連続で首位を占め、さらに、

表1　インドへの日系企業の進出

	インド		中国	タイ	インドネシア
	企業数	拠点数	拠点数	拠点数	拠点数
2008年	550	838	29,199	1,356	1,296
2009年	627	1,049	29,876	1,366	1,287
2010年	725	1,236	29,959	1,370	1,278
2011年	812	1,422	33,420	1,363	1,308
2012年	926	1,804	31,060	1,469	1,397
2013年	1,038	2,503	31,661	1,580	1,438
2014年	1,156	3,881	32,667	1,641	1,766
2015年	1,229	4,417	33,390	1,725	1,697
2016年	1,305	4,590	32,313	1,783	1,810
2008～16年の年平均成長率	11.4%	23.7%	1.3%	3.5%	4.3%

（出所）インドについては『インド進出日系企業リスト』（在インド日本国大使館・ジェトロ、2017年1月）、中国、タイ、インドネシアについては『海外在留邦人数調査統計』（外務省、各年版）をもとに筆者作成。

（注）年平均成長率とは、当該期間に1年あたり平均何パーセント成長したかを意味する。『海外在留邦人数調査統計』には、現地における日系企業の企業数についての情報がないため、この表では、中国、タイ、インドネシアにおける日系企業の企業数は記載していない。

今後一〇年程度の長期的な事業展開先については、インドが有望であるという回答が中国やインドネシアをさらに大きく上回り、二〇一〇年度から七年続けて首位を維持した。そして、インドが中期的な事業展開先として有望であると回答した理由としては、「現地マーケットの今後の成長性」が八五・二％と最も多く、その他の理由を引き離した(4)。一方、実際の事業展開の状況に目を向けると、現時点では中国の水準に遠く及ばないものの、インドへの日系企業の進出がここ数年で急増している（表1）。

さらに日本についていえば、経済やビジネスの分野だけでなく、「外交・安全保障上の戦略的パートナー」としても、インドの重要性が一段と強調されるようになってきている。その背景として挙げられるのが、国際社会でインドの存在感が増してきているという点に加えて、中国を安全保障上の脅威とみなして警戒する意識が日本で急速に高まっているという点である。こうした流れに歩調を合わせるかのように、日本とインドの外交関係は、二〇〇〇年八月に両国政府が「日印グローバル・パートナーシップ」の構築に合意して以降、二〇〇六年一二月には「日印戦略的グローバル・パートナーシップ」、二〇一四年九月には「日印特別戦略的グローバル・パートナーシップ」へと、形容詞の逐次的な追加とともに（少なくとも名目上は）格上げされてきた。現在では、両国の首相が相互に訪問しあう形での首脳会談が定例化し、年に一回開催されるようになっている。

二〇一五年一二月のニューデリーでの日印首脳会談で署名された共同声明は、その内実や両国の思惑の違いなどはともかくとして、「政治的、経済的、戦略的利益が高いレベルで一致し、アジアにおける最大かつ最古の民主主義国家である、日本とインドは、地域やグローバルな課題のための責任を有し、課題に対応出来るパートナーとしてお互いを認識している」と両国による利害と価値観の共有を高々と謳っている。それと同時に、「インド太平洋地域及び更に広範な地域において、平和的で、開かれ、公正で、安定した、規則に基づく秩序を実現するための断固としたコミットメント」や「主権及び領土保全の原則、紛争の平和的解決、民主主義、人権、法の支配、開かれた国際貿易体制、航行及び上空飛行の自由を遵守」など、中国の存在を強く意識した内容も打ち出している。[5]

このように最近では、成長と躍動を象徴する存在としてインドへの関心が高まっており、日本のメディアでのインドの取り上げられ方にも、それが色濃く反映されている。例えば、二〇〇七年一月に三夜連続で放送されたＮＨＫスペシャル『インドの衝撃』では、「わき上がる頭脳パワー」「一一億の消費パワー」「台頭する政治大国」といったテーマが各回で取り上げられ、さらに翌年八月に同じく三回シリーズで放送された続編では、生き馬の目を抜くビジネスの世界に焦点が当てられた。また、二〇〇九年二月には、朝日新聞グローブが「インド『頭脳外注』」と題して、「もはや、その存在なくして世界は動かない」というほどの急成長を遂げたインドのアウトソーシング・ビジネスとそれを支える豊富な頭脳について特集を組んだ。(6)

インド・イメージの変化と流動性

では、インドという対象は、かつてはどのように認識されていたのだろうか。実はほんの少し前まで、前記のようなインドに対する見方――つまり、「急成長を続ける経済大国」「巨大な中間層を抱える新興市場」「優秀な人材の供給源」「外交・防衛上の戦略的パートナー」といった見方――からはまったくかけ離れた存在とみなされていたのである。

貧困と飢餓というのは、長年にわたってインドについて最もよく知られた事実の一つであったといっても過言ではない。そのため、アメリカやヨーロッパの先進国に暮らす子供たちは、「ひもじい思いをしているインドの人たち」に思いを致すのは道徳に適った当然の行為であるという理由から、出された食事は残さず食べるよう親から言い付けられていたという。(7)実際、一九六〇年代半ばには、インドは二年続けて発生した大規模な干ばつによって深刻な食糧不足に見舞われ、当時あまり良好な外交関係になかったアメリカから、「ＰＬ４８０」（公法四八〇）と呼ばれる食糧援助プログラムを通して、一四〇〇万トン強もの大量の余剰穀物を受け入れざるをえない危機的状況に陥った。ＰＬ４８０によるインドへの食糧援助は一九五六年から一九七一年まで続けられ、総量は小麦が約五一〇〇万トン、米を含む穀物類が約八〇〇〇万トンに及び、総額は約四八億ドルに達した(8)。

また、宗教や精神性といった要素も、インドを語るうえで重要な役割を果たしてきた。特に、西洋的なものであると当然視されることの多い合理主義や物質主義に対置される形で、宗教や精神性というインドの神秘的な側面が強調され、さらには、経済的にはるかに豊かな先進諸国に対するインドの「優位性」を示す根拠として持ち出される場面も多く見られた。この点に関連して、インド出身の著名な経済学者であるアマルティア・センは、一九八〇年代後半にハーバード大学に着任した当時、大学生協の書店ではインドに関する本はすべて「宗教」のコーナーに置かれているという印象的な発見をしたと述懐している(9)。

つまり、貧困と飢餓に加えて、カースト制度とそれに基づく差別や暴力などの社会的な前近代性と結びついた「停滞／後進性」というネガティブなイメージが一方にあり、宗教的伝統に根ざした農村社会や深遠な精神性といったエキゾチックな側面と結びついた「悠久／神秘性」という、よりポジティブなイメージが他方にあったということができる。そして、インドという対象を認識するうえで、この表裏一体をなす二つのイメージがつい最近まで大きな影響力を持っていたのである。

もちろん、すぐ後で述べるように、「停滞／後進性」と「悠久／神秘性」というイメージを体現するような現実の光景は、今日のインドでも少なからず見受けられる。また、人々（このなかにはインド人自身も含まれる）がインドに対して抱いている認識として、こうしたイメージが完全に姿を消してしまい、今ではまったく意味を失ったというわけでもない。それどころか、インド人が自国について語る際に、「悠久／神秘性」というイメージを強調する傾向は現在でもよく見られる。実際、「都市＝近代的／西洋的なるもの」と「農村＝伝統的／インド的なるもの」という単純な二項対立の図式を設定したうえで、前者に対する後者の優位性を主張するような議論にも、「悠久／神秘性」というポジティブなイメージが流用されているのである。(10)

とはいうものの、前記の二つのエピソードを今日の視点から眺めてみると、やはり隔世の感がある。前者のエピソードに関連して一例を挙げると、アメリカをはじめとする先進国では、「ひもじい思いをしているインドの人たち」を引き合いに出して、食べ物を残さないよう親が子供に言い付けていた時代は遠い過去となり、今では「宿題をやってしまいなさい。中国やインドの人たちに仕事を獲られてしまうよ」と親が子供に言い聞かせる時代になっているという話が、真面目に語られるほどである。(11)

そして、こうした時代の変化を反映して、アメリカ企業によるインドへのアウトソーシングとアメリカ国内の雇用の関係に注目が集まるようになり、二〇〇〇年代に入って以降のアメリカ大統領選では、この問題は必ず触れられるテーマの一つとなっている。例えば、専門技能を持つ外国人向けの短期滞在就労ビザである「H-1B」の枠組みを活用して、インドのIT関連のアウトソーシング企業がアメリカに多数のインド人技術者を送り込んできたことから、本来の趣旨とは異なる形で制度が悪用され、海外から来た比較的安上がりな労働力がアメリカ人の雇用機会を奪っているという声が、アメリカ国内では以前から上がっていた。このような批判を背景に、アメリカ議会やトランプ政権がH-1Bビザの発給を制限する方向で制度を見直す動きを見せたことが、同制度から最も恩恵を受けてきたインドで大きな反響を巻き起こした。(12)

「停滞／後進性」と「悠久／神秘性」というイメージが、つい最近まで大きな影響力を持っていたという点では、高度経済成長後の日本も事情は同じである。インドのイメージが様変わりするのは、インドによる核実験の実施（一九九八年五月）に対して日本が経済制裁に踏み切り、両国関係が冷却化した一時期を経て、二〇〇〇年以降にインドの経済的躍進に注目が集まるようになってからのことにすぎない。

この転換点の数年前にあたる一九九三年に出版された本のなかで、戦後の日本における南アジア史研究の草分けである荒松雄は、「インドと言えば相も変わらぬ『貧困』『カースト制度』『宗教戦争』といった停滞面しか思い浮かばない日本人も多いし、新しいアジア人蔑視の風潮の中にインド人が巻き込まれる傾向も否定できない」と憤りをあらわにする一方、「昨九二年には、国交樹立四〇周年を記念してナラシマ・ラオ首相（引用者注――当時のインド首相、P・V・ナラシンハ・ラーオ）が来日したが、日本の大マスコミはごく一部をのぞいてほとんど無視した。そして、この両国の記念すべき年に、JALは東京↓デリー線から撤退した。寂しいかぎりである」とインドへの関心が全般的に低い日本の現状を嘆いている[13]。インドの「停滞面」よりも「躍動面」に焦点が当てられる傾向が強く、JALとANAがともに東京・デリー間の直行便を毎日運航している現在の視点から眺めてみると、上記の引用部分の記述には隔世の感を覚えずにはいられない。

実は、表2が示しているように、ラーオ首相の訪日を「日本の大マスコミはごく一部をのぞいてほとんど無視した」という荒の指摘は、主要な全国紙に関しては明らかにいいすぎであるが、ラーオ首相（一九九二年六月）からナレーンドラ・モーディー首相（二〇一四年八～九月）まで、インドの首相が就任後に初来日した際の関連報道の量（記事数と文字数）を比較してみると、最近になるほどより多くの紙面が割かれていることが一目瞭然である。特に、二〇一四年四～五月に行われた連邦下院選挙での圧倒的勝利を受けて首相に就任し、それから三カ月ほどで首脳会談のために来日したモーディー首相が集めた注目の大

表2　インド首相の初来日時の主要紙での関連報道

	1992年6月（5日間）		2001年12月（5日間）		2006年12月（4日間）		2014年8～9月（5日間）	
	ラーオ首相		ヴァージュペイー首相		シン首相		モーディー首相	
	記事数	文字数	記事数	文字数	記事数	文字数	記事数	文字数
日経	9	3,153	9	5,012	13	6,553	30	20,245
朝日	12	2,860	7	3,735	2	1,190	8	8,403
毎日	9	2,756	2	586	7	3,627	15	11,669
読売	12	5,032	3	1,643	5	2,404	19	14,165
産経	—	—	4	1,916	7	6,507	21	12,732
東京	—	—	2	1,028	2	422	6	3,123
合計	42	13,801	27	13,920	36	20,703	99	70,337

（出所）「日経テレコン」の新聞記事データをもとに筆者作成。
（注）インドの首相が日本に滞在していた期間とその前後の各1週間（例えば、日本滞在が5日間の場合、その前後の7日間ずつを加えた計19日間）に、各紙の東京本社全国版に掲載された関連記事を集計している。1992年6月当時の産経新聞と東京新聞の記事は「日経テレコン」のデータベースに登録されていないため、ラーオ首相訪日時の両紙の関連報道量については割愛している。産経新聞の東京本社版は2002年に夕刊を廃止したため、それ以降の時期については、朝刊のみを対象としている。

きさ（少なくとも、主要紙の紙面での注目の大きさ）には、やはり目を見張るものがある。

さらに、インド首相の初来日時に関連社説を掲載する主要紙が増え、テーマも多様化していることからも、インドに対する関心の高まりと広がりを見て取ることができる（表3）。一九九二年六月のラーオ首相来日時の社説は、「日本としても、中国と並ぶアジアの大国インドの動向に新たな関心を寄せるべき時であろう」「インドをアジアの一員としてどう見なし、対応するかは日本のアジア認識を問われる問題でもある」（日本経済新聞）とか、「インドのラオ首相を歓迎する」「日印両国首脳が両国関係を含め、新しい世界のありようについて、率直な意見の交換をするよい機会である」（読売新聞）といったように、外交辞令的な文句を並べるにとどまっていた。これとは対照的に、最近の社説ほど、新聞社によって力点の置き方の違いや温度差はあるものの、経済・ビジネス

表3　インド首相の初来日時の主要紙の関連社説

	社説のタイトル（掲載日）
1992年6月	ラーオ首相
日経	アジアの長期展望における日印関係（6月25日）
朝日	掲載なし
毎日	掲載なし
読売	インドのラオ首相を歓迎する（6月22日）
産経	掲載なし
東京	掲載なし
2001年12月	ヴァージュペイー首相
日経	掲載なし
朝日	もっと太い流れに　日印対話（12月12日）
毎日	掲載なし
読売	日印首脳会談　関係強化へ戦略対話を深めよ（12月11日）
産経	日印首脳会談　グローバルな協力推進を（12月11日）
東京	掲載なし
2006年12月	シン首相
日経	日印定期会談で連携強めよ（12月17日）
朝日	掲載なし
毎日	日印・日豪関係　経済連携を軸に協力拡大を（12月18日）
読売	インド　地域協力の有力なパートナーだ（12月15日）
産経	日本とインド　戦略的にも重要な関係だ（12月13日）
東京	掲載なし
2014年8～9月	モーディー首相
日経	日印の「特別な関係」を実のあるものに（9月3日）
朝日	南アジア外交　対中牽制の苦い現実（9月10日）
毎日	掲載なし
読売	日印首脳会談　高次元の戦略的関係を築こう（9月2日）
産経	日印首脳会談　幅広な安保協力の契機に（9月2日）
東京	日印首脳会談　インフラ投資に弾みを（9月2日）

（出所）表2を参照。

（注）表2を参照。1992年6月当時の産経新聞と東京新聞の記事は「日経テレコン」に登録されていないため、ラーオ首相来日時に関連社説が掲載されていないことは、筆者が両紙に直接問い合わせて確認した。

や安全保障の分野での連携などについて、その現状と課題をより具体的に論じるようになってきている。

以上の議論から明らかなように、インドはわずか二〇年ほどの間に、停滞と悠久というイメージで語られる存在から成長と躍動を象徴する存在へと目覚ましい変貌を遂げた。そして、現在もなお続いている、この目を見張るような変化の過程は、インドの「流動性」を何よりもよく物語っている。ただし、イメージが実態をすべて正確に反映しているわけではないことはいうまでもない。一九九〇年代以降、インドが様々な側面で大きな変化を実際に経験したからこそ、前記のようなイメージの転換が最近見られるようになったのは確かだが、その反面、成長と躍動というイメージがあまりにも表層的で一面的なために、現在のインドについて語られる内容が実態から乖離していることが少なくないのも事実である。この点については、後ほど説明することにしよう。

インドの近現代史と流動性

実は、同じような問題は、停滞と悠久というイメージから過去のインドについて語られる場合にも起こりうる。というのも、経済自由化の後押しを受けてインドが本格的な成長軌道に乗るようになる一九九〇年代以前にも、インドは激しい変化を絶えず経験していたことを考えると、その時期を停滞や悠久といった言葉だけで片付けてしまうのは適切ではないからである。むしろ、政治や社会をはじめとする様々な側面で、際立った流動性が見られたというべきだろう。

インドでは、「独立以降のあらゆる一〇年が、それまでのなかで、『もっとも危険な一〇年』とされてきた」といわれるほど、言語、宗教、民族、カースト、地域主義などをめぐる激しい対立が各地で頻発してきた。[14]それにもかかわらず、インドは一九四七年の独立以降、国家の統一と民主主義体制の維持が危ぶまれるような深刻な危機を何度も乗り越えた。そして、「世界最大の民主主義」とも称されるインドの政治体制は、その過程で絶え間ない変遷を経験してきたのである。

例えば、一九七〇年代中頃には、独立以降なんとか維持されてきた民主主義が崩壊し、やがて権威主義の時代がやってくるのではないかという（独立後から何度も繰り返され、その後も繰り返されることになる）議論が、真剣に受け止められるほど危機的な状況に陥っていた。そして、実際に一九七五年六月には、インディラ・ガンディー政権のもとで非常事態が発令され、あらゆる市民的権利が停止された。その結果、混乱状態にあった国内治安の回復（野党指導者や活動家などの反対派の裁判なしでの拘禁）、人口圧力を緩和するための家族計画の推進（強制的な断種手術の実施）、首都デリーの美化計画（スラムの強制撤去）などの果断な措置（民主主義体制では不可能な強引な手段）がとられる。

ところが、非常事態の発令から一年半後の一九七七年一月には、連邦下院の解散と新たな総選挙の実施が首相によって突然表明され、インドは一転して民主主義へと復帰することになる。[15]そして、それを受けて行われた三月の総選挙では、独立から三〇年にわたって中央政権を担い続けてきたインド国民会議派（以下、会議派）が大敗を喫し、ついに連邦レベルでの政権交代が実現する。しかし、「反会議派・反インディラ」という点でしか一致していなかった、寄り合い所帯の新政権は、内部対立により二年余りであっけなく崩壊し、一九八〇年一月に行われた総選挙で会議派が圧倒的な勝利を収め、インディラ・ガンディーは首相への返り咲きを果たす。その後も、一九八四年一〇月にインディラ・ガンディー首相が自らの警護を担当するボディーガード二人に射殺され、その跡を継いだ息子のラジーヴ・ガンディーも数々の失政と汚職疑惑のために政権を失ったのち、一九九一年五月に選挙キャンペーン中に暗殺されるというように、インド政治はドラマチックで起伏に富んだ展開をたどっていく。

また、独立を果たしてから一九八〇年代に至るまで、経済成長や貧困削減の面ではあまり目立った進展はなかったが、その一方で、経済政策とそれをめぐる政治には大きな転換が何度か起きていた。独立後初期には、重工業化を主軸とする経済計画に基づいた、国家主導の開発戦略（いわゆる「ネルー＝マハラノビス開発戦略」）が採用されたが、初代首相ジャワーハルラール・ネルーが一九六四年に死去すると、経済自由化への方向転換がなし崩し的に進められる過渡的な時期が数年間続いた。その後、一九六〇年代末以降はインディラ・ガンディー政権のもとで、「輸出入、生産、投資に対する統制が経済全体に広がり、どんなに取るに足らない経済活動であっても、特定の承認を政府から受けなければならなかった」というほど、国家による経済統制が強化されていった[16]。このように経済政策が激しく揺れ動いた背景には、インディラ・ガンディー政権下のように、経済政策が政治的手段として用いられたというだけでなく、インドが経済的停滞からなかなか抜け出せなかったために、深刻な外貨不足による国際収支危機にたびたび陥り、政府が経済政策の転換を余儀なくされたという事情もある。一九九一年の本格的な経済自由化への転換は、その最も顕著な例といえる。

より時代をさかのぼって、独立まで約二〇〇年にわたって続いたイギリスによる植民地支配の時期も、とりわけ一九世紀後半以降については、変化に乏しい暗黒の時代だったわけでは必ずしもない。確かに、一九〇〇—〇一年から一九四六—四七年にかけて、実質ＧＤＰの成長率は年率〇・九％、一人あたり実質ＧＤＰの成長率は年率〇・一％と推定されるように、植民地支配下のインドは独立直後よりもはるかに深刻な経済的停滞に陥っていた。さらに、この期間を前半（一九〇〇―〇一年から一九二九―三〇年）と後半（一九三〇―三一年から一九四六―四七年）に分けて比較してみると、実質GDPの成長率は年率〇・八％とどちらも同じ水準であるものの、人口成長率の上昇に伴って、後半には一人あたり実質GDPの成長率が年率マイナス〇・五％に落ち込むほどの停滞ぶりだった(17)。しかし、その一方で、「一八八五年のインド国民会議派の創設から一九四七年八月の独立達成までの約六〇年間は、インドの長い歴史のなかで恐らく最大の変容を示した」とある歴史家が記しているように、独立運動は紆余曲折を経ながら、イギリスによる植民地支配からの解放へ向けて歩みを進めていったのである(18)。

それと同時に、多くの歴史研究が明らかにしているように、植民地期にイギリスからインド社会に近代的な制度や価値観が持ち込まれるようになると、様々な宗教・社会改革運動がインド人の手によって始められ、ヒンドゥー教徒とイスラム教徒（ムスリム）の間で宗教的な摩擦が高まっていった。そして、それがさらに宗教ナショナリズムへと結びついていき、最終的には、英領インドがインドとパキスタン（当時のパキスタンには、現在のバングラデシュも含まれる）という二つの国に分離して独立するという大きな歴史の流れが生み出されていった。分離独立とそれに伴う大規模な人の移動の過程で、印パ間に新たに引かれた国境付近で宗教間の暴動が頻発し、一〇〇万人以上ともいわれる死者と一〇〇〇万人を超える難民が発生したと推定されている。

2　インドの多様性

深刻かつ複雑な格差と多様性

これまで見てきたように、インドはこの二〇年ほどの間に著しい経済的躍進を遂げてきたが、このような目覚ましい変貌ぶりは経済やビジネスの分野にとどまらず、政治、社会、外交などの幅広い分野にまで及んでいる。また、それ以前の時期には、インドは長期間にわたって経済的停滞に陥っていたものの、その他の領域では激しい変化を絶えず経験していた。このように、様々な側面が互いに影響を及ぼしあいながら目まぐるしく変化し続けるという意味での「流動性」は、インドという国を特徴づける重要な要因の一つであるといえる。

そして、インドを特徴づけるもう一つの重要な要因として挙げられるのが、一つの国のなかに驚くほど雑多な要素を内包しているという意味での「多様性」である。インドの多様性を理解するためには、歴史的・文化的背景の重層性と多面性に目を向けるだけでなく、深刻かつ複雑な格差のあり方を把握することが何よりも求められる。なぜなら、地域、都市・農村、階層、カースト・宗教、ジェンダーなどの間に大きな格差が横たわり、さらに、異なる種類の格差がお互いを増幅し合うように複雑に絡み合っていることが、インドの多様性と密接に関連しているからである。

例えば、経済自由化以降のインドでは、経済成長率が高い水準で安定的に推移する一方、州の間では経済格差がより一層拡大する傾向にあることが、多くの実証研究によって明らかになっている。図1は、横

図1　インドの主要州の経済水準と経済成長率の関係性

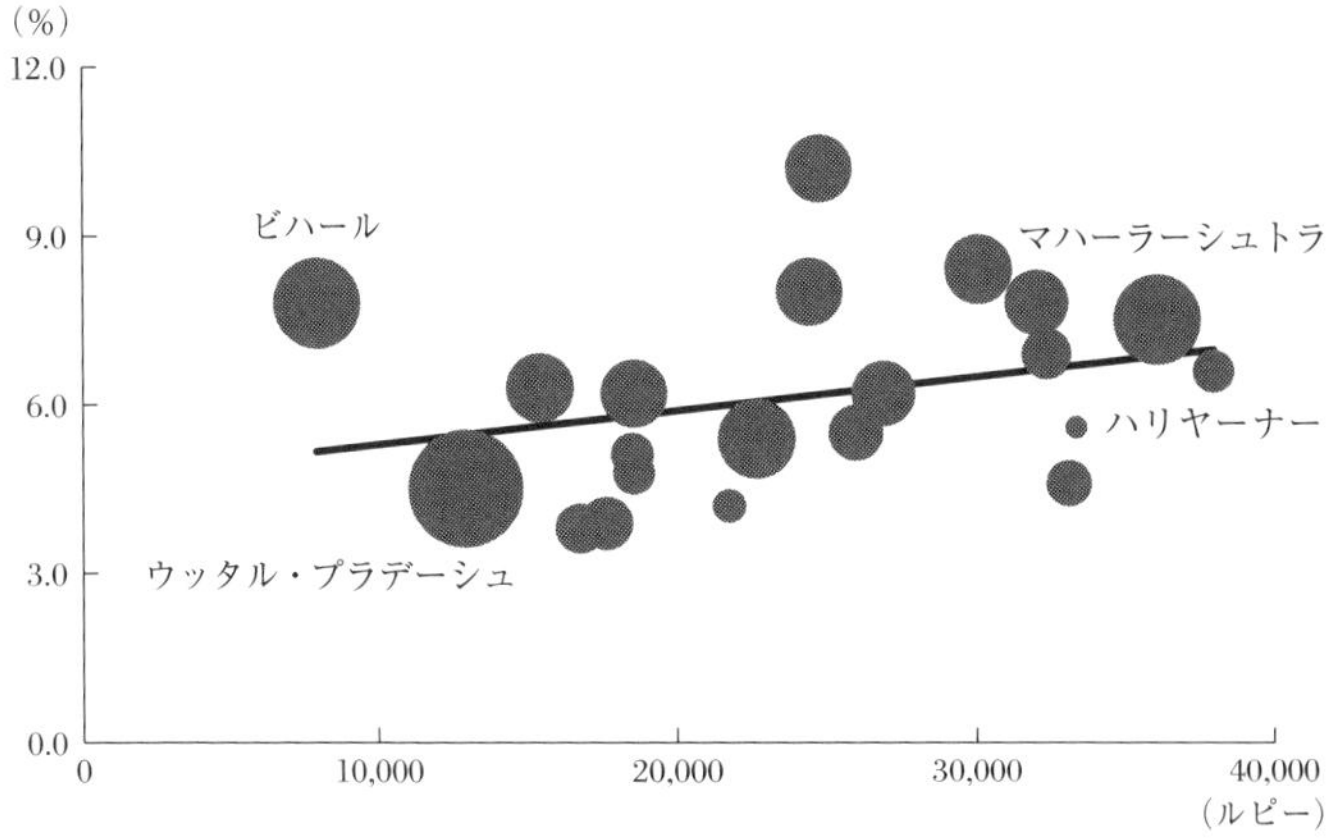

（出所）Reserve Bank of India, ***Handbook of Statistics on Indian States***, Mumbai: Reserve Bank of India, 2018をもとに筆者作成。
（注）2004-05年を基準とする固定価格表示。

軸に二〇〇四―〇五年の一人あたり純州内生産（各州の経済水準を表す指標）、縦軸に二〇〇四―〇五年から二〇一三―一四年までの一人あたり純州内生産の年平均成長率をそれぞれ取り、これらの変数の値を主要な二一州について示したものである。なお、円の大きさは、直近のセンサス（一〇年ごとに行われる国勢調査）が実施された二〇一一年時点での各州の人口規模に対応している。この図から、次の二つの点を読み取ることができる。

第一に、横軸方向にばらついていることからわかるように、インドの主要な州の間には大きな経済格差が存在する。二〇〇四―〇五年から二〇一三―一四年にかけて、二一州のなかで最も貧しい州（この期間では、つねにビハール州）と最も豊かな州（年によって、マハーラーシュトラ州またはハリヤーナー州）の間の一人あたり純州内生産の格差は、四・五倍から五・五倍に及んでいる。

第二に、貧しい州の方がより高い経済成長率を達成し、比較的豊かな州に追い付きつつあるという傾向――経済学でいうところの「収束」――は、近年のインドでは見られない。むしろ、主要な州の間の経済格差は、全般的に拡大する方向に進んでいる。さらに、州間格差の拡大は少なくとも一九九〇年代から続いており、所得水準だけでなく消費水準についても同様の傾向が認められる[19]。ただし、インドの州間格差についてのこれまでの研究も指摘しているように、より急速に成長する先進州が後進州を引き離しているといった単純な構図ではなく、同程度の経済水準の州のなかでも成長率に開きが生じている。この点は、先進州や後進州などの各グループのなかでも、図1の縦軸方向にばらつきが見られることから明らかである。

ここで注意しなければならないのは、州を分析の単位としている限り、それぞれの州のなかにある格差は一切考慮されていないという点である。ところが実際には、州都などの大都市およびその周辺からなる都市部とそれ以外の農村部との間に大きな経済格差があるように、それぞれの州のなかにも地域間で不均衡が見られる。一例を挙げると、二億人以上というインドで最大の人口規模を誇るウッタル・プラデーシュ州の場合、首都デリーに隣接する西部（日本企業が多数立地しているノイダはこの地域に含まれる）と最貧州の一つであるビハール州に隣接する東部から中央部にかけての地域との間には、経済的に大きな格差があることが知られている[20]。

都市部と農村部の間で経済格差が拡大しているという点を確認するために、産業部門間の不均衡について検討してみることにしよう。図2は、インドのＧＤＰに占める各産業部門の割合と農村人口比を示したものである。この図から読み取れるように、経済自由化以降の急成長の原動力として最も重要な役割を果たしているのは、サービス業などからなる第三次産業であり、製造業などからなる第二次産業がそれに続

図2　GDPに占める各産業部門の割合と農村人口比

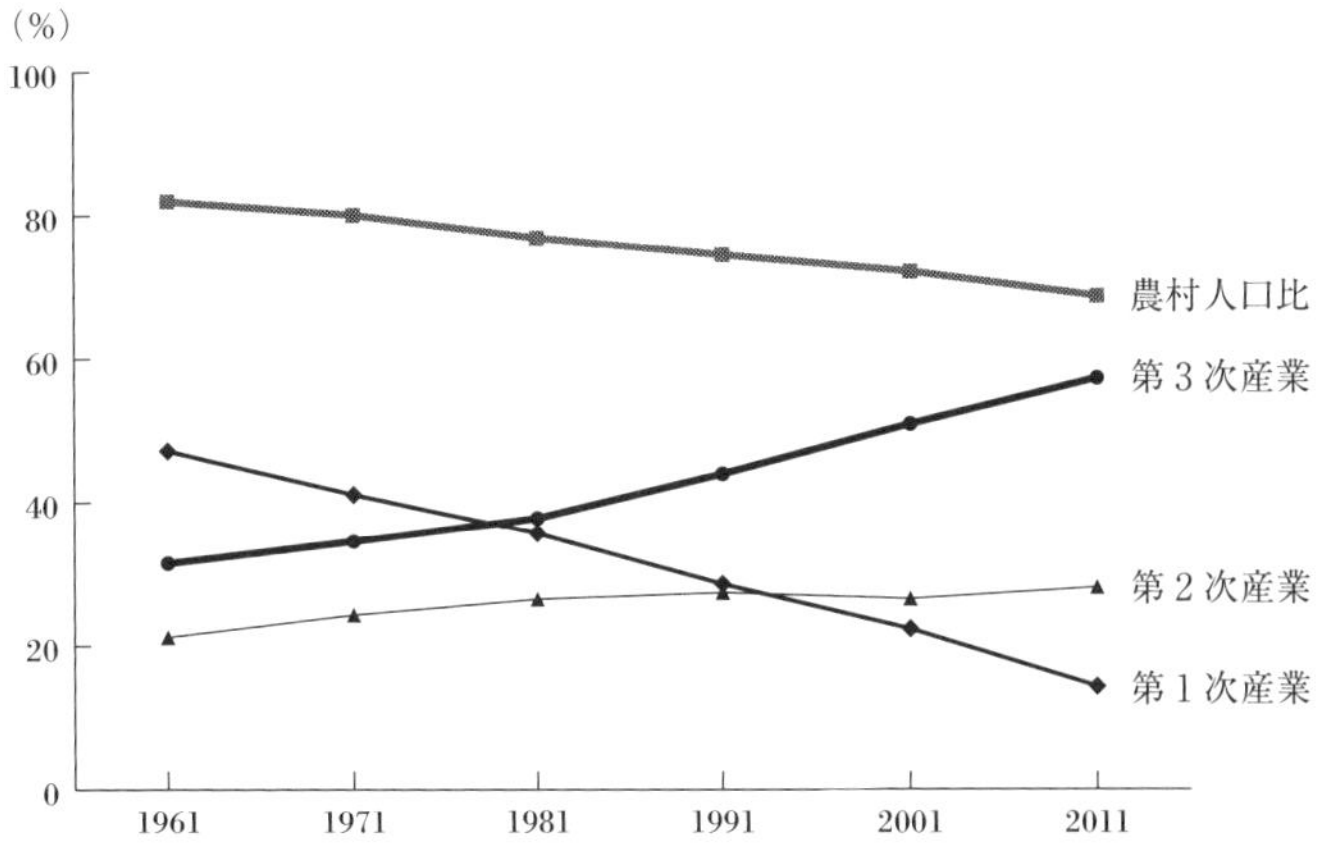

（出所）GDPに占める各産業部門の割合は、Reserve Bank of India, ***Handbook of Statistics on Indian States***, Mumbai: Reserve Bank of India, 2018、農村人口比は、Government of India, ***Census of India 2011: Provisional Population Total, Rural-Urban Distribution***, New Delhi: Government of India をもとに筆者作成。

いている。都市部に集中する傾向がより強い、これら二つの産業部門と比較すると、主に農業からなる第一次産業は明らかに停滞しており、ＧＤＰに占める第一次産業の割合は二〇一一年には一四・四％にまで低下した（なお、第二次産業と第三次産業がＧＤＰに占める割合は、それぞれ二八・二％と五七・四％）。さらに、産業構造の転換が進む一方で、農村部から都市部への人口移動のペースははるかに緩慢であり、二〇一一年の時点でも農村人口は全人口の七割近くを占めている。ただし、農村部に暮らす人々がすべて農業に従事しているわけではなく、自営または被雇用という形で非農業部門に属する世帯も大きな割合を占めている。そのため、農村部では農業、都市部では製造業とサービス業というように単純化しすぎないよう注意しなければならないが、農業部門の停滞がインドの農村部が抱える構造的問題を映し出しているのは確かである。[21]

さらに、それぞれの産業部門のなかにも格差は存在している。例えば、経済学者のアマルティア・センとジャン・ドレーズは、労働力人口のなかに深刻な分断が生じているという文脈で、「非常に多種多様な職種を抱えるサービス業のなかでも、より伝統的で労働集約的な部門ではなく、ソフトウェア開発、金融サービス、その他の専門的な職種のような技能集約的な部門に、成長の大部分が大きく偏っている」と指摘している。[22] また、農業については、土地所有の不平等が極端に大きいだけでなく、土地なしやそれに近い農民層が農村人口のかなりの割合を占めている。そして、経済階層としての土地所有と社会階層としてのカーストの間には強い相関関係があり、土地持ちのカースト集団は政治的にも大きな影響力を握っている場合が多い。

社会開発の面での格差と多様性

深刻で複雑な格差とそれと表裏一体をなす多様性は、経済開発の面ばかりでなく、教育や保健衛生をはじめとする社会開発の面でも同様に見られる。例えば、インド工科大学（ＩＩＴ）やインド経営大学院（ＩＩＭ）などの高等教育機関からは国内外に多数の優れた人材が輩出しているという意味で、インドが「優秀な人材の供給源」であることは間違いないが、その反面、まともな教育が行われていない、名ばかりの大学がインドには数多く存在するのも事実である。

ウッタル・プラデーシュ州北西部のある都市の「名門大学」では、「教師たちは頻繁に彼らの本業を怠り、図書館には参考資料が不足」しているだけでなく、「入学手続きや、大学の新校舎建設、試験のスケジュール、成績発表は、違法行為や矛盾と混乱に満ち溢れ、役人たちに私的副収入を得る機会を提供」しているという有様である。その結果、大学から正式な学位（場合によっては、幅広い分野にわたる複数の学位）を得ているものの、それに値するような教育や指導を実際にはまったく受けていないため、まともな仕事に就くことのできない「高学歴者」が多数産み落とされている。[23] これは極端な例でもなければ、ウッタル・プラデーシュ州のような後進州に限った話でもない。インドの高等教育に幅広く見られる、根深い問題なのである。[24] さらに、二〇一四年にモーディー政権が成立して以降、高等教育機関や学術組織への政治的介入があからさまに行われる事例が散見され、政権与党のインド人民党（ＢＪＰ）とその背後にいるヒンドゥー至上主義勢力が学問の自由を脅かす事態にもなっている。[25]

しかし、インドの教育が抱える根本的な欠陥ということでいえば、富裕層や中間層の子弟でない限り、高等教育にまで到達するのがそもそも容易ではないという問題の方がむしろ重大である。インドでは、質を伴った教育が英語を通して施される私立学校に通うことのできる、経済的に恵まれた一部の子供たちを除いて、圧倒的多数の児童は劣悪な環境のなかで学校教育を受けなければならない。初等中等教育の段階では、特に公立学校（インドでは、「政府系学校」と呼ばれる）について、常勤教員の不足、教員の無断欠勤、授業や指導の質の低さ、不十分な学校設備などの問題が非常に深刻である。その結果、就学率は着実に向上しているものの、生徒の学力は全般的に低い水準にとどまっている。インドに進出する日系企業に対して行われた二〇一四年の調査で、ビジネス環境上の最大の阻害要因として「質の高い労働力の確保」が挙げられているのも、インドの初等中等教育が重大な欠陥を抱えていることと無関係ではないだろう。[26]

表 4　農村部の生徒の学力（読解・計算・英語）

	第 2 学年の文章を読める		簡単な計算ができる		単純な英語の文を読める	
	第 3 学年	第 5 学年	第 3 学年（引き算）	第 5 学年（割り算）	第 5 学年	第 8 学年
アーンドラ・プラデーシュ	22.7	55.1	48.1	37.2	47.3	71.3
アッサム	17.2	38.0	26.5	13.6	22.3	47.8
ビハール	20.7	42.0	27.1	32.6	18.1	43.8
チャッティースガル	28.1	55.9	20.0	23.0	16.3	36.2
グジャラート	23.0	53.0	19.6	16.1	7.4	37.6
ハリヤーナー	46.1	68.3	54.7	48.9	54.8	71.4
ヒマーチャル・プラデーシュ	47.0	70.5	57.4	53.7	63.2	74.0
ジャールカンド	16.4	36.4	20.4	23.5	14.8	33.5
カルナータカ	19.8	42.1	29.0	19.7	24.8	49.6
ケーララ	45.5	69.2	45.6	38.6	68.5	79.6
マディヤ・プラデーシュ	16.6	38.7	13.8	19.4	12.6	26.7
マハーラーシュトラ	40.7	62.5	23.9	20.3	27.9	45.9
オディシャ	35.4	51.6	33.9	26.6	24.8	45.4
パンジャーブ	35.1	69.2	48.8	47.9	59.1	75.0
ラージャスターン	23.7	54.2	21.5	28.2	20.2	43.4
タミル・ナードゥ	17.7	45.2	24.8	21.4	37.2	58.9
テーランガーナー	18.6	47.1	42.2	30.4	44.1	68.1
ウッタル・プラデーシュ	22.5	43.2	23.2	22.6	18.4	35.4
ウッタラーカンド	38.5	63.7	36.7	37.0	38.3	53.5
西ベンガル	38.8	50.2	39.6	29.0	22.8	37.3
インド全体	25.1	47.8	27.6	25.9	24.5	45.2
（そのうち私立学校の生徒）	(38.0)	(62.9)	(40.4)	(37.9)	—	—

（出所）ASER Centre. ***Annual Status of Education Report (Rural) 2016***, New Delhi: ASER Centre, 2017をもとに筆者作成。

（注）政府系学校の生徒と私立学校の生徒がともに調査対象に含まれており、表の数値は両者を合わせたサンプル全体の数値である。インド全体の数値の下側にあるカッコ内には、私立学校の生徒のみについての数値を示している。ただし、単純な英語の文を読める第 5 学年と第 8 学年の生徒の割合については、私立学校の生徒のみの数値は報告書に記載されてない。インド北東部の 6 州でも調査が行われたが、これらの州の結果は表では省略している。ジャンムー・カシミール州では、治安上の理由から一部地域で調査が行われなかったため、同州の結果は表には記載していない。

インドでは、在籍している学年に到達するまでに習得していなければならない学習内容を身に付けていない生徒がかなりの割合にのぼることが、児童の学力に関する各種の調査で明らかになっている。例えば、二〇一六年に農村部の学校に通う児童を対象に全国で行われた大規模なサンプル調査によると、第二学年（主に七～八歳）レベルの文章を読むことができる生徒の割合は、第三学年で四分の一、第五学年でも半分に満たなかった。また、繰り下がりのある二桁の引き算ができる第三学年の生徒の割合と三桁割る一桁の割り算ができる第五学年の生徒の割合は、ともに四分の一をわずかに上回る程度であった。さらに、「今何時ですか」「私は読書をするのが好きです」といった単純な英語の文を読み上げることができる生徒の割合は、第五学年で二四・五％、第八学年で四五・二％にすぎず、そのうち自分が読み上げた英語の文の意味を理解できている割合は、それぞれ六二・四％と六七・八％にとどまった。ただし、これらはあくまでも農村部の児童の平均値であって、表4が示しているように、その背後には地域間や経済階層間（つまり、公立学校に通う生徒とより学費の高い私立学校に通う生徒との間）の格差が隠れている。(27)そして、調査結果からは直接確認できないが、都市部と農村部の間にも児童の学力に開きがあることが当然予想される。

インドの子供たちの学力が全般的に低い水準にとどまっていることは、国際比較からも明らかである。二〇〇九年に行われた「ＯＥＣＤ生徒の学習到達度調査」（ＰＩＳＡ）では、インドの州のなかでも学校教育の分野で比較的よい実績を上げているヒマーチャル・プラデーシュ州とタミル・ナードゥ州が個別に調査対象となり、読解力、数学的リテラシー、科学的リテラシーの三分野について一五歳児を対象にテストが実施された。ところが、調査に参加した七四の国・地域のなかで、インドの二州はキルギスとともにすべての分野で最下位（七二位から七四位）となり、習熟度が最低限の「基準レベル」（例えば、読解力

表5　2009年PISAでのインドと他国の比較

	読解力			数学的リテラシー			科学的リテラシー		
	得点	順位	基準未満（%）	得点	順位	基準未満（%）	得点	順位	基準未満（%）
タミル・ナードゥ	337	72	82.7	351	72	84.8	348	72	84.5
ヒマーチャル・プラデーシュ	317	73	89.2	338	73	88.1	325	74	88.8
キルギス	314	74	83.3	331	74	86.6	330	73	81.9
上海（中国）	556	1	4.1	600	1	4.8	575	1	3.2
日本	520	8	13.6	529	9	12.5	539	5	10.7
OECD加盟国の平均	493	—	18.8	496	—	22.0	501	—	18.0

（出所）Walter, Maurice, ***PISA 2009 Plus Results: Performance of 15-year-olds in Reading, Mathematics and Science for 10 Additional Participants***, Melbourne: ACER Press, 2011をもとに筆者作成。
（注）「基準未満」とは、習熟度が最低限の「基準レベル」（例えば、読解力については、「有益で生産的な生活を送るのに必要な水準」の読解力）に達していない生徒の割合を示している。

については、「有益で生産的な生活を送るのに必要な水準」の読解力）に達していない生徒の割合が、いずれの分野でも八割から九割近くに及ぶという惨憺たる結果に終わった（表5）。ちなみに、二〇〇九年調査での結果があまりにも振るわなかったため、インドは二〇一二年と二〇一五年のPISAへの参加をボイコットしたといわれている。(28)

さらに、富裕層や中間層の子弟が通うエリート校についても、教育の質という点で少なからず問題があることが指摘されている。デリーやムンバイなどの五つの大都市にある「一流校」（との評判を得ている）八三校を対象に行われたある調査によると、第四学年の生徒の学力は国際平均を下回り、第八学年の生徒の学力は国際平均とほぼ同じ水準であった。ただし、第八学年で得点が向上したのは、学習内容を機械的に丸暗記していれば解けるような問題の正答率が高かったことによるものである。(29)

いずれにしても、「優秀な人材の供給源」として世界から注目を集めるインドには、「小学生は皆20×20まで暗算ができる！」（本章冒頭の引用）といったイメージからかけ離れた現実が確実に存在している。具体的には、インドの教育制度に見られる全般的な質の低さと異常なほどの多様性について、次のようにまとめることができる。「特権階級の子供たちからなる比較的少数のグループは、教育を受ける機会に（多くの場合、際立って）恵まれている一方、人口の大部分は、様々な面で貧弱さや欠陥のある教育環境に縛りつけられているという奇妙な状況にある。（中略）しかし、このような選別というのは、誰かを組織的に排除することを意図して行われているのではなく、階級、カースト、性別、居住地域、社会的特権などに関連する経済的・社会的不平等によってもたらされる分化の帰結なのである[30]」。

社会開発の面での格差は教育だけでなく、保健衛生やジェンダーなどの領域にも及んでいる。二〇一一年のセンサスによると、インドの全世帯の五三％にはトイレが備え付けられておらず、ほぼ半数の世帯（四九・八％）で屋外での排泄が常態化している一方、都市部の富裕層の間では、温水洗浄便座付きの高級トイレへの需要が着実に高まりつつある[31]。また、子供の栄養不良や成人の低体重が依然として重大な問題である一方、人口に占める肥満の割合がこの一〇年で急上昇するとともに、糖尿病を患っている人が約七〇〇〇万、糖尿病による死者は年間一〇〇万人以上に上ると推定されている[32]。さらに、政治やビジネスの世界から専門職に至るまで、社会の上層で指導的な立場にある女性の割合という点では、インドは欧米の先進国に引けを取らないどころか上回ることさえある一方、ジェンダー間に深刻な格差があることを示す証拠として、インドでは子供の性比（〇～六歳の男児一〇〇〇人あたりの女児の数）が全般的に低く、そのなかには性比が異常なほど低い地域があると指摘されており、性選択的中絶が広範に行われていることが強く疑われる。

このように、現在のインドには、様々な領域と次元において大きな格差が存在する。そして、深刻で複雑な格差がインドの多様性と表裏一体をなしている背景として、次の四つの点を指摘することができる。第一に、ある領域（例えば、所得や消費などの経済水準）で格差の最底辺にいる集団は、別の領域（例えば、教育水準や健康状態）でも最底辺に位置する場合が多く、異なる種類の不平等が重なり合いながら互いを強め合っている。第二に、カースト・宗教に基づく階層化（特に、旧不可触民であるダリトと最大のマイノリティ集団であるムスリムに対する差別）と女性蔑視がインド社会に根強く残り、格差の在り方に重大な影響を及ぼしている。第三に、民主主義、司法、警察といった、社会的な公正や正義を実現するために存在するはずの制度・組織には、理念（建前）と実態（本音）の間にあまりにも大きな隔たりがあり、「強い者」によって都合よく悪用される一方、「弱い者」の正当な権利を保護しないばかりか、それを平然と踏みにじることさえある[33]。第四に、異なる次元の格差が入れ子構造になっているため、マクロのレベルからよりミクロのレベルへと視点を移動していったとしても、いたるところで格差の問題に突き当たる。

インドの格差がこのような際立った特徴を備えていることによって、幾重にも層をなす格差の最上層と最下層との間には想像を絶するほどの隔たりが生じ、それが多様性を生み出す重要な要因の一つとなっている。例えば、「先進州の都市部に暮らしている、富裕層に属する高カーストの男性」と「後進州の農村部に暮らしている、貧困層に属する低カースト（またはムスリム）の女性」とでは、生まれ育った境遇にあまりにも大きな違いがあり、本人と周囲の努力や運などでは絶対に越えられない深い断絶が横たわっている。

つまり、現在のインドには、成長と躍動を体現するような世界がある一方で、そうしたイメージからはかけ離れた、停滞と悠久のイメージに近い世界が今なお大きく広がっているのである。「我々が歩んでいる現実社会は、片側が賑やかな歓楽街、片側が壁の崩れた廃墟のようなものだ。奇妙な劇場に身を置いていると言ってもいい。同じ舞台の半分では喜劇が、半分では悲劇が演じられている」とある中国人作家が自国について辛辣に語っているが、これはインドにもそのまま当てはまる警句といえよう。(34)

3　インドを理解することの難しさ

様々な側面が互いに影響を及ぼしあいながら目まぐるしく変化し続けるという意味での「流動性」、そして、一つの国のなかに驚くほど雑多な要素を内包しているという意味での「多様性」――この二つの要因によって、インドという国の在り方がいかに特徴づけられるかをこれまで述べてきた。別ないい方をすると、流動性と多様性というポイントを押さえることが、現代インドを理解するうえで不可欠なのである。

それと同時に、この二つの特徴は、インドを理解することを難しくしている要因でもある。まず、流動性に関しては、激しい変化を繰り返すインドの動向をつねに追いかけていくのは容易なことではなく、政治、経済、社会、外交といった個々の側面についてさえそうであるのに、これらが互いにどのように絡み合っているのかを解きほぐしながら、インドという国をより総体的に理解しようとすれば、それはなおさら厄介な作業となる。そして、多様性というもう一つの特徴が、インドを理解することをより一層困難にしている。なぜなら、流動性という特徴を踏まえたうえで、インドが全体的にどのような方向に変化しているかを絶えず注視していたとしても、そうした変化は社会のいたるところで均一に起きているのではなく、複雑なまだら模様を描きながら進行しているからである。実際、近年のインド経済は高い成長率を達成しているが、その恩恵はすべての地域や階層に等しく行き渡っているわけではないという点はすでに述べたとおりである。さらに、経済だけに限らず、政治や社会といった領域での変化についてもまったく同じことがいえる。全体的な傾向を表す「平均値」の背後に隠れている大きな「ばらつき」を見つけるたびに、インドという国がいかに一筋縄ではいかない手強い分析対象であるかを思い知らされるのである。

ただし、「平均値」にばかり目が行き、その背後にある「ばらつき」に注意が向かないのは確かに問題だが、インドの極端な側面にしか注目しないような、バランスを欠いた議論には、それ以上に注意が必要である。本章の冒頭でも述べたように、成長と躍動というポジティブな視点からインドが取り上げられる機会が確実に増えてきていることを考えると、こうした傾向はますます顕著になってきているといえる。その一方で、何か衝撃的な事件が起こると一転して、インドの「前近代性」（例えば、宗教やカーストに基づく対立と暴力など）がことさらに強調され、停滞と悠久というイメージに沿ってインドが語られるという正反対の傾向も同時に存在する。つまり、「神秘の国」と「これはすごい！」との間で「インドに関するイメージが大きく揺れ動くのは、要するに、不幸にしてわが国ではインドについてよく知られていないということであろう」という、本章冒頭の引用でなされている指摘は、過去と現在の間でのイメージの揺れという点で流動性と関連しているだけでなく、両極端な側面の間でのイメージの揺れという点で多様性とも関連しているのである。インドについての誤解――より正確には、インドについての中途半端な理解――が流動性と多様性の産物であることは、この点からも明らかだろう。

もちろん、インドからは国内外に優れた人材が数多く輩出しているし、その一方で、宗教やカーストに基づく対立と暴力は後を絶たないといったことからもわかるように、極端なイメージを体現するような現実は確かに存在している。しかし、その背景や文脈を抜きにして、目につきやすい特定の断片だけを切り取ってしまうと、それがインドのあらゆる所で起きている一般的な現象であるかのような誤解を生みかねないし、そこまで行かないとしても、インドの実際の姿をバランスよく理解することにはつながらない。実は、大多数の日本人にとってインドに関する主要な情報源であると思われる、日本のメディアのインド報道にも、このような問題が少なからず見られる(35)。

したがって、流動性と多様性によって特徴づけられるインドという厄介な対象を総体的に把握するためには、注目されやすい側面を全体像のなかに適切に位置付けながら、両極端なイメージを体現するような現実がどのように共存し、それがなぜ可能なのかを解き明かすことが何よりも大切なのである。

では、そのためには具体的に何が必要なのだろうか。流動性と多様性というキーワードを踏まえたうえで、最後に二つの点を指摘することにしよう。

第一に、歴史的な経緯との関連から、現在起きていることを理解するという点である。私たちが目にしている急速な経済発展やそれに伴う「近代化」の波によって、これまでの歴史的な積み重ねがすべて洗い流されてしまう訳ではない。それとは正反対に、「近代化」が歴史的な要因に新たな意味や役割を与え、それが現在の社会に重大な影響を及ぼすことさえある。実際、特定のカースト集団を支持基盤とする政党の台頭や子供の性比の低下などのように、「近代化」によって「前近代的」な側面が強められるという奇妙な現象が様々な領域で起きている。さらに、多様性が歴史的背景とどのように関係しているかという点にも注意しなければいけない。なぜなら、歴史的背景という初期条件が異なれば、経済発展や「近代化」

による影響もそれに応じて異なったものになる可能性があるからである。

第二に、「木を見て森も見る」ように心掛けるという点である。巷に溢れるインド関連本のなかには、大雑把なデータや印象論だけに基づいて議論を行っているものが少なくなく、背後に隠れている大きな「ばらつき」をバッサリと切り捨ててしまいがちである。それとは対照的に、学術研究の場合、限られた対象（例えば、ある村落や社会集団）に焦点を絞って詳細な研究が行われているものの、そのごく限られた研究対象がインド全体のなかでどのような位置づけにあり、どのような意味を持っているのかという点は往々にして説明されない。全体にばかり目を奪われたり、部分にのみ埋没したりするような両極端を避けるために、「木」と「森」の関係に注意深く目配りしながら、インドの流動性と多様性とその意味を考えていく必要がある。

（1）　絵所秀紀『離陸したインド経済――開発の軌跡と展望』ミネルヴァ書房、二〇〇八年、六―七頁。

（2）　「光り輝く地点」（bright spot）というのは、国際通貨基金（ＩＭＦ）のラガルド専務理事がインド経済について言及する際によく用いる表現である。例えば、“Global recovery fragile, India a bright spot – Lagarde,” ***Reuters***, 16 March 2015を参照。

（3）　「最も期待できる新興国『インド』56％」『日本経済新聞』二〇一六年九月一日。この調査は、日本経済新聞電子版のＩＤを持つ登録会員が一回に限り投票できるという仕組みのもとで行われたものであり、誰でも参加できるようなインターネット調査ではない。ただし、日経電子版のＩＤを持つ登録会員を母集団とする調査にどのような意義があるのかが不明確なうえ、調査対象者が母集団から無作為に選ばれていないという点でも問題がある。したがって、この調査結果は参考程度にしておくのが適切である。

（4）『わが国製造業企業の海外事業展開に関する調査報告――二〇一六年度海外直接投資アンケート結果（第二八回）』国際協力銀行、二〇一六年一二月。なお、翌年度の調査では、中期的な有望国として中国を挙げる意見が最も多く、インドは僅差で二位になったが、長期的な有望国についての回答では、インドが再び首位を維持した。

（5）共同声明「日印ヴィジョン2025特別戦略的グローバル・パートナーシップインド太平洋地域と世界の平和と繁栄のための協働」二〇一五年一二月一二日。

（6）ＮＨＫスペシャル取材班『インドの衝撃』文春文庫、二〇〇九年、ＮＨＫスペシャル取材班『続・インドの衝撃――猛烈インド流ビジネスに学べ』文藝春秋、二〇〇九年、「インド『頭脳外注』」『朝日新聞グローブ』二〇〇九年二月一六日。

（7）アマルティア・セン、ジャン・ドレーズ『開発なき成長の限界――現代インドの貧困・格差・社会的分断』湊一樹（訳）、明石書店、二〇一五年、一五頁。

（8）秋田茂『帝国から開発援助へ――戦後アジア国際秩序と工業化』名古屋大学出版会、二〇一七年、一〇七頁。ＰＬ480の概要については、川口融『アメリカの対外援助政策――その理念と政策形成』アジア経済研究所、一九八〇年、四五―四六頁も参照。冷戦期には、インドはもう一つの超大国であるソ連とより近い関係にあり、アメリカはインドと敵対関係にある隣国パキスタンにより友好的であった。

（9）アマルティア・セン『議論好きなインド人――対話と異端の歴史が紡ぐ多文化世界』佐藤宏・粟屋利江（訳）、明石書店、二〇〇八年、一一頁。

（10）例えば、インド人民党（ＢＪＰ）の支持母体であり、ヒンドゥー至上主義勢力の中心的存在である民族奉仕団（ＲＳＳ）の最高指導者モーハン・バーグワトは、二〇一二年一二月にデリーで起きた集団強姦事件について、次のように述べている。「あのような犯罪は農村部では見られない。（中略）西洋文化の影響を受けて、（ヒンディー語で「インド」を意味する）バーラトから（英語で「インド」を意味する）インディアになってしまった地域で、あの種の事件が起きている」（"Rapes occur in urban India, not rural Bharat, says Bhagwat; BJP defends him," ***Indian Express***, 4 January 2013）。バーグワトの発言には何の根拠もなく、事実に反していることはいうまでもない。

（11） Thomas L. Friedman, "It's a flat world, after all," ***The New York Times Magazine***, 3 April 2005. 一九五三年にアメリカで生まれたトーマス・フリードマンは、子供時代に母親から「トム、ご飯を食べてしまいなさい。中国の人たちはひもじい思いをしているんですよ」といわれていたという。中国のイメージもここ数十年で大きく変化したことを示すエピソードである。

（12） "Five charts that can help understand the H1B visa debate," ***Mint***, 8 February 2017. Ｈ－１Ｂプログラムの歴史的経緯と同制度をめぐる議論については、小井土彰宏「アメリカ合衆国Ⅰ　高度技能移民政策の起源と変貌――Ｈ－１Ｂビザの神話を超えて」小井土彰宏（編）『移民受入の国際社会学――選別メカニズムの比較分析』名古屋大学出版会、二〇一七年を参照。

（13） 荒松雄『多重都市デリー――民族、宗教と政治権力』中公新書、一九九三年、二六一―二六三頁。なお、一九九一年以降の経済自由化や冷戦崩壊後の外交政策の転換を主導するなど、ラーオ政権の果たした役割は現在のインドを考えるうえでも重要である。ところが、それに見合うだけの関心が払われてきたとはいい難く、経済自由化から四半世紀の節目にあたる二〇一六年前後になって、ようやくラーオに焦点を当てた著作が立て続けに刊行された。例えば、Vinay Sitapati, ***Half-Lion: How P. V. Narasimha Rao Transformed India***, Gurgaon: Penguin Books India, 2016を参照。この本の書評に、佐藤宏「書評：Vinay Sitapati, ***Half-Lion: How P. V. Narasimha Rao Transformed India***」『アジア経済』第五九巻第一号、二〇一八年、八一―八七頁がある。

（14） ラーマチャンドラ・グハ『インド現代史　1947-2007（下）』佐藤宏（訳）、明石書店、二〇一二年、二九八頁。

（15） インディラ・ガンディー首相が非常事態に終止符を打った理由については、はっきりしたことはわかっていない。その他の考えられうる理由とともに、イギリスによる植民地支配に反対し、独立以前からインドの立場を理解していた欧米の個人や団体がそろって非常事態を厳しく批判したことに首相が心を痛めたためではないかとの興味深い指摘もある。詳しくは、グハ『インド現代史　１９４７-２００７（下）』、一八八―一九一頁を参照。

(16) Bimal Jalan, "Indira Gandhi," in Kaushik Basu and Annemie Maertens (eds.) ***The New Oxford Companion to Economics in India***, New Delhi: Oxford University Press, 2012, p. 282. ネルー時代をはじめとして、経済自由化へと本格的に舵を切る一九九一年以前のインドの経済体制を「社会主義」と形容する記述をよく見かけるが、これはいくつかの理由から誤りである。この点については、セン、ドレーズ『開発なき成長の限界』、五五―六〇頁、絵所『離陸したインド経済』、二四―二五頁などを参照。

(17) S. Sivasubramonian, ***The National Income of India in the Twentieth Century***, New Delhi: Oxford University Press, 2000, pp. 451-452.

(18) スミット・サルカール『新しいインド近代史――下からの歴史の試み I』長崎暢子・臼田雅之・中里成章・粟屋利江（訳）、研文出版、一九九三年、三頁。

(19) 一方、平均寿命、乳児死亡率、出生率といった保健関連の指標については、州の間で収束が見られる。詳細については、Ministry of Finance, ***Economic Survey 2016-17***, Volume 1, New Delhi: Government of India, 2017の第一〇章を参照。

(20) 例えば、ウッタル・プラデーシュ州の各県の貧困率（貧困線以下の人口比）については、World Bank, ***Uttar Pradesh: Poverty, Growth and Inequality***, Washington, D.C.: World Bank Group, 2016, p. 1を参照。

(21) インドの農村部の危機的状況については、ジャーナリストのP・サイナートへのインタビューを収録した以下の動画を参照。"Farmers Have Moved to Active Protest from Passive Demoralisation: P Sainath," ***Newsclick***, 27 August 2018 (https://www.newsclick.in/farmers-have-moved-active-protest-passive-demoralisation-p-sainath).

(22) セン、ドレーズ『開発なき成長の限界』、六九頁。一九八〇年代以降の所得・賃金の格差の拡大については、

Lucas Chancel and Thomas Piketty, "Indian Income Inequality, 1922–2014: From British Raj to Billionaire Raj?" WID.world Working Paper Series No. 2017/11, 2017; Dipak Mazumdar, Sandip Sarkar, and Balwant Singh Mehta, "Inequality in India—I," ***Economic and Political Weekly***, 52（30）, pp. 47–56, 2017; Dipak Mazumdar, Sandip Sarkar, and Balwant Singh Mehta, "Inequality in India—II," ***Economic and Political Weekly***, 52（32）, pp. 58–66, 2017などを参照。

（23）　クレイグ・ジェフリー『インド地方都市における教育と階級の再生産』佐々木宏・押川文子・南出和余・小原優貴・針塚瑞樹（訳）、明石書店、二〇一四年、一三七頁。

（24）　例えば、ウッタル・プラデーシュ州よりも先進的なマハーラーシュトラ州での同様の事例については、"Beyond farming: rural and restless," ***Indian Express***, 29 September 2016を参照。

（25）　ビハール州に設立されたナーランダー大学をめぐる混乱については、"'My discussion of yoga was threatening to its RSS-linked administration': Patricia Sauthoff on the cancellation of her course at Nalanda," ***The Caravan***, 20 September 2017; "'It is a closed place': Why students are quitting Nalanda University," ***Scroll.in***, 29 October 2017を参照。その他の大学についても、同様の例が数多く報じられている。例えば、"In Lucknow University, exam paper becomes loyalty test," ***The Wire***, 19 March 2018を参照。さらに、初中等教育へのヒンドゥー至上主義の浸透については、Alex Traub, "India's Dangerous New Curriculum," ***The New York Review of Books***, 65（19）, pp. 41–43, 2018を参照。

（26）　この調査については、佐藤隆広「インド進出日系企業からみた日印経済関係」堀本武功（編）『現代日印関係入門』東京大学出版会、二〇一七年を参照。

（27）　一口に私立学校といっても、人員や設備の整っているエリート校（いわゆる「パブリック・スクール」）から、授業料などは低く設定されているが、政府が定める基準を満たしていない無認可学校まで、その内実は実に多様である。無認可の私立学校の実態とインドの教育制度における役割については、小原優貴『インドの無認可学校研究——公教育を支える「影の制度」』東信堂、二〇一四年を参照。

（28）　"PISA tests: India to take part in global teen learning test in 2021," ***Indian Express***, 22 February 2017. なお、インド

が参加した二〇〇九年調査は、正式には「ＰＩＳＡプラス」と呼ばれ、三年ごとに実施される通常の調査にインドの二州を含む一〇の国・地域を加えたものである。

（29）Education Initiatives, ***Quality Education Study***, Bangalore: Education Initiatives, 2011を参照。

（30）セン、ドレーズ『開発なき成長の限界』、一九八―一九九頁。

（31）二〇一五―一六年の第四回全国家族保健調査（ＮＦＨＳ－４）によると、（何らかの形態のトイレが備え付けられているというよりも厳しい条件である）「衛生的な下水設備を伴ったトイレ」の普及率は四八・四％（都市部七〇・三％、農村部三六・七％）と低い水準ではあったが、二〇〇五―〇六年の前回調査から二〇ポイント近く改善している。詳しくは、International Institute for Population Sciences, ***National Family Health Survey-4, 2015–16: India Fact Sheet***, Mumbai: International Institute for Population Sciences, 2017を参照。温水洗浄便座付きトイレの需要については、「インド五億人トイレなし　政府普及へ懸命」『読売新聞』二〇一六年一二月二八日を参照。

（32）子供の栄養不良（低体重と低身長）、成人の低体重（ＢＭＩと呼ばれる体格指標が一八・五未満）と肥満（ＢＭＩが二五以上）については、International Institute for Population Sciences, ***National Family Health Survey-4, 2015–16: India Fact Sheet***, Mumbai: International Institute for Population Sciences, 2017を参照。糖尿病については、International Diabetes Federation, ***IDF Diabetes Atlas, Seventh Edition***, Brussels: International Diabetes Federation, 2015を参照。

（33）この点についてより具体的には、湊一樹「『世界最大の民主主義国家』インドの不都合な真実（後編）」『ＩＤＥスクエア』、二〇一八年八月（http://hdl.handle.net/2344/00050468）を参照。また、警察組織が政権によって都合よく利用されているという点については、"Bulandshahr violence can either be a conspiracy or accident, not both, says ex-UP DGP Prakash Singh," ***Scroll.in***, 9 December 2018を参照。

（34）余華『ほんとうの中国の話をしよう』飯塚容（訳）、河出文庫、二〇一七年、一五六頁。

（35）その背景として、メディアという組織体が限られた枠（例えば、新聞の紙面）のなかでニュースという素材を扱わなければならないという構造的な制約に加えて、日本のメディアの国際報道では、インドの位置づけが相対的に低いというインド固有の要因も挙げられる。後者の点については、「報道される大国、されない大国」『GNV』二〇一六年一一月二四日（http://globalnewsview.org/archives/4250）を参照。

第2章　旅人のナショナリズム
――マハートマ・ガンディーの生涯の軌跡

竹中　千春

ガンディーの旅

「ガンディーは旅人だった」。ガンディーについて語ろうとするとき、まず頭に浮かぶ一文である。いつも旅をし、新しい旅立ちを思い立つ人。一九歳でロンドンに渡って以後、生涯を通じてガンディーは歩き、鉄道に乗り、船で海を渡り、旅をし続けた。旅の目的は、留学であったり、出稼ぎであったり、彼の指導を必要とする人々を訪ねる旅であったり、さまざまだったが、いずれにせよ、ガンディーは事あるごとに荷物をまとめて出発した。

旅人であるための条件は何か。単純に考えれば、好奇心が強いこと、腰が軽いこと、健康であること、恐れを知らぬ冒険家であること。これらの性格は、「マハートマ（Mahatma 大聖人）」と呼ばれた偉人には、一見そぐわないように思われるかもしれない。しかし、ガンディーは新しもの好きの好奇心旺盛な人だったし、慎重に準備しながらも、身軽に未知の世界に足を向けた。ガンディーは、見たことのない世界に憧れ、言葉も違ってよくわからない人々との出会いを求めて、果敢に行動するタイプの人間だったのである。[1]

旅慣れていただけでなく、連れとともに旅を愉快に楽しむことが上手な人でもあった。晩年の彼とともに旅したカーレルカルという友人は、ガンディーが常に自然の美しさを喜び、日の出や日の入りの輝きを楽しんだと記している。ボンベイからコロンボまで船で渡ったとき、ガンディーは、「海の色が変わり、水平線が暁となり、雲の形が変わり、空に星が出るときまで、ずっとそれについて話し続けた」、という。そして、初めて会った人々と旧知の友のように語り合える、魅力的な人なつこさを備えていた、と。[2]

さて、「旅する人（traveler）」のあり方も、時代や社会状況によって変化する。一人で出かける旅から集団で移動する旅、隣の町への旅から遠くの異国への旅、すぐ戻る短い旅から故郷を捨てて帰らない旅、戦争や行政のための公務の旅から金儲けのためのビジネスの旅、聖地巡礼の旅から辺境に布教するためのミッションの旅。本当にさまざまな旅がある。また、技術革新に応じて、移動の方法や所要時間も変わった。徒歩で出かける旅、山羊や馬や駱駝を使う旅、鉄道を使う旅、船を使う旅、航空機で行く旅。一九世紀後半から二〇世紀前半の工業化時代を生きたガンディーも、長い人生の中で、これらのさまざまな旅を経験した。

けれども、どんな旅にも共通する特徴がある。それは、自分の慣れ親しんだ環境や人々を離れて、見知らぬ土地を「異邦人（stranger）」として訪れるということだ。旅人は、旧知の世界を後にし、自分を抱擁してくれた人々のぬくもりを失う心細さに胃が痛くなりながら、同時に息苦しいしがらみから解き放たれて、馴染みのない土地に足を踏み入れ、初めて出会う人々に挨拶の笑みを交わす。要するに、移動する人間は、恐怖や不安を乗り越えて未知との遭遇を経験し、古い世界からの自由を獲得する。人類学者のヴィクター・ターナーは、次のように書く。「旅（journeys）とは、異なる時間・地位・空間の間を行き来して、意味の創造を経験することだ（a mean-creating experience）[3]」、と。

「旅する人」であったガンディーは、どのような旅を経験し、いかなる人生の意味を創造したのか。本章では、彼の人生には四つの旅があったという考えに立って話を進めてみたい。

第一の旅は、「帝国への旅」である。一九世紀後半から二〇世紀前半、ガンディーが生きた時代に、インド亜大陸を支配していた大英帝国の中心に向けての旅。若かりし頃のガンディーは、異国イギリスに心からあこがれていた。すでに一三歳のときに親が決めた相手と結婚していたガンディーだったが、ハイスクールを卒業し、地元の大学をドロップアウトした一八八八年、妻と生まれたばかりの長男を母親と兄の下に残してイギリスへと船出した。三年間ロンドンで留学生として暮らした後、約束通り法曹資格を取って一八九一年に帰国した。まさに若き西欧紳士への出世である。

しかし、第二の旅がやってくる。アフリカ大陸の南端で暴力的な対立が頻発する南アフリカという、「辺境への旅」である。イギリスから帰京したが仕事が軌道に乗らないガンディーは、活路を求めて一八九三年に南アフリカへと出帆する。当面の目的は、一年間の出稼ぎの仕事をこなすためだったが、意図に反して、一九一五年初めに母国に戻るまで、短い期間を除いて二二年近くも南アフリカで暮らすことになった。ただし、当時の南アフリカは、インド出身の人々にとっては危険な出稼ぎ先であり、けっして好ましい外国ではなかった。まさに、まともな仕事や家族がある人は忌避する遠隔の地だった。

歴史的な背景を少しだけ説明しておこう。一九世紀初めナポレオン戦争の結果として正式にケープ植民地を獲得したイギリスは、一七世紀以来この地に定住していたオランダ系移民のブーア人（ボーア人）を追い出して英領植民地を形成した。そのため、ブーア人たちは大変な犠牲を出しながら東へと向かい、内陸地域にトランスヴァールとオレンジという二つの国を建てた。だが、これらの地域でダイヤモンドや金の鉱山が発見されると、セシル・ローズを筆頭にイギリスの資本家が鉱山開発の利権を求めて殺到し、ここを大英帝国の領土として併合するよう政治的圧力をかけた。鉱山やプランテーションや工場での労働力として、アフリカ系の人々が酷使され、それでは不十分であったため、インド亜大陸などから奴隷的な労働者が導入された。イギリス流の「法と秩序」が安定したかに見えた当時の英領インドと比較すれば、何が起こるかわからない、インド人が大事にされるはずのない社会だった。

第三の旅は、「母国への旅」である。人生の折り返し点を過ぎた四〇代半ばにガンディーが足を向けたのは、自分の生まれ育ったインドであった。二〇代に「故郷に錦を飾る」ことに失敗した祖国である。キャリアを積んで仕事も住居も作り上げた南アフリカを後にし、家族を引き連れて故郷の土を踏んだ。すでに南アフリカという異郷でインド人移民の運動を指導して偉業を果たした指導者として、有志の人々には期待をもって迎え入れられたものの、ガンディー自身は不安を抱いていたにちがいない。おそらくはだからこそ、当時のインド人からすれば、やや不思議に見えるグジャラート風の衣装を身に着けて、ボンベイの港に降り立った。そして、「南アフリカで行ったことはインドでも可能である」と繰り返しながらも、「私はこの国を知らない」と言い、師と仰ぐ先輩ナショナリストのクリシュナ・ゴーカレーの勧めに従って、母国を知るために各地を巡る長い旅に出た。

最後の旅は、「スワラージへの旅」と名付けてみよう。これは、外国に行くとか母国に戻るとか、そのような種類の旅では必ずしもない。けれども、「マハートマ」と呼ばれるようになってからのガンディーは、偉大な人物としての孤独の中で、自らのなすべき役割を担い、さまざまな試みを続けて、責任を果たさざるをえなかった。そのような人生後半の三〇年あまりは、それまで以上に、めざすべき行き先に歩を進めるための苦しい道のりだったのではないかと思う。杖をついて裸足で歩む彼の写真は、まさに求道の僧のような姿をしている。この「スワラージ」の概念については、後述したい。

帝国という都に出ていく旅、暮らしのために異郷に移り住む旅、生まれ故郷へ戻る旅、そして人生の目的をめざす旅。無数の人々がこれらの旅を経験してきたが、ガンディーもそうした旅人の列に加わり、「帝国への旅」「辺境への旅」「母国への旅」「スワラージへの旅」を歩んだ。しかも、いずれの旅も、ターナーの言葉を借りれば、「異なる空間・地位・時間の間を行き来」するものにほかならなかった。植民地と帝国、農業社会と工業国、支配階級と被支配階級、優越人種と劣等人種、キリスト教とヒンドゥー教とイスラーム教、支配的なカーストと従属的なカースト、男性と女性、マジョリティとマイノリティ、伝統と近代、そうしたものをめぐる家族・共同体・個人などの間を行き来する旅だった。豊かさの違い、権力の違い、言葉の違い、宗教や文化の違い、そのほか多種多様な違いに驚き、喜び、怒り、悲しみ、そして戦う旅でもあった。

このような旅を進む過程で、グジャラートの藩王国に生まれた子どもモーハンダースは、いつしかロンドンの弁護士となり、南アフリカのインド人移民の指導者へと成長し、後にインドの「国民の父」と呼ばれるマハートマ・ガンディーへと変身していった。現代アジアにおける英雄的なナショナリストとして尊敬され、世界的には非暴力の社会改革の思想と運動を指し示した人は、まさに現代世界を駆け巡る旅によって鍛えられ、創造されたと言えるのではないだろうか。

帝国への旅

まず、「帝国の旅」について考えてみよう。なぜガンディーはイギリスに行こうとしたのか。『自伝』では、「これからはインドで勉強してヴァキール（*vakir*）になっても仕方がない、イギリスにいって弁護士にならないと」と、知り合いのおじさんに助言されたのが発端だ、と書いている。[4] ヴァキールとはインドの慣習法に通じた地元の専門家である。しかし、時代が変わり、イギリスの勢いに乗らなければ将来はない。つまり、祖父や父と同じ生き方をしたのでは望みはない、と考えたことになる。一八八〇年代の英領インドでは、グジャラート地方の小さな町で十代の青年がそのように考えることが、不思議ではなくなっていた。

このころ、インド亜大陸を植民地として支配していたイギリスでは、この国がもっとも繁栄を誇ったと言われるヴィクトリア女王の時代が続いていた。すでにドイツやアメリカが急速な工業化を進め、後発のロシアも帝国の領土を拡張して、後から見れば、イギリスはすでに「世界の工場」という地位を失いつつあり、大英帝国もしばしば他の帝国の挑戦を受けていた。けれども、それまでに蓄積した経済力と軍事力を基盤に大英帝国は広大な領土を保持し、「イギリスの平和（Pax Britanica）」と呼ばれた一九世紀半ばの自由主義的な世界秩序は維持され、イギリスの覇権は揺るがないように見えた。英領インドは、この帝国の経済的かつ戦略的な土台として植民地経営されていたのである。

とはいえ、「イギリスの平和」は、南アジアにおいても円滑に樹立されたわけではない。植民地の獲得に先立って、数々の戦争や反乱が起こり、流血のうちに平定された。ムガール帝国再興を呼びかけた反乱軍や民衆蜂起による一八五七～五八年のインド大反乱も平定されると、一八世紀後半以来のイギリスによる亜大陸の軍事的占領がほぼ完成した。その結果、一六世紀初めから亜大陸を支配してきた大イスラーム帝国のムガール朝も歴史の幕を閉じたが、同時に一七世紀初めからイギリスの王権によって独占貿易の特権を与えられてきた東インド会社も解散させられた。インド統治の全権が、正式にイギリス政府に移行させられたからだった。

こうして一世紀もの間、重商主義的な東インド会社が戦争を続けて領土を獲得した後、自由主義的な国家となったイギリスの議会と政府が本格的な植民地経営に乗り出したのである。産業革命を経て大工業国となったイギリスにとって、大株主の国王や貴族の金儲けに奉仕する東インド会社は時代遅れの遺物となり、隆盛する資本家階級は、東インド会社の独占貿易や腐敗した赤字経営を廃して、自由主義的な貿易国の利益を実現する合理的な植民地経営の樹立を要求した。ロンドンの金融の中心シティが求める高い配当率を保証する投資先を確保すること、マンチェスターやリバプールの工場が生産した綿製品を大量に輸出できる市場を拡大すること。これらが、新しい国策となった。

そのような行政変革として、大反乱後、英領インドの統治体制の大規模な再編が行われた。本国議会の立法と本国政府の監督の下に、亜大陸の行政管区を編成してピラミッド的な行政体系を編成し、能力と試験によって人材を採用し昇進させる近代的な官僚制度と軍隊を導入した。イギリスに倣って統治法・民法・刑法の体系を導入し、それを実行する裁判制度が本格的に整備された。当時、厳しい採用試験を経たインド高等文官（ICS: Indian Civil Service）を頂点とした組織は「鉄と鋼鉄（iron and steel）」の官僚制と呼ばれ、「イギリス王国（British Raj）」の柱だと考えられた。最近では、工業化時代の技術や人材や組織化を駆使して植民地に形成された近代的な国家を、欧米の主権国家や国民国家と区別して、「植民地国家（colonial state）」という概念で捉えるようになっている。(5)

植民地国家の下で、カルカッタ、ボンベイ、マドラスのようなヨーロッパとインド亜大陸を結ぶ植民地都市が建設され、インフラストラクチャーとして鉄道・港・道路・運河などの交通網が整備され、後には通信網が配置された。官僚制の下で農地の所有関係が確定され、地租が国庫に納められるしくみが作られて、インド政庁（the Government of India）の財政基盤が樹立されたが、政府の支出項目の大きな部分が、イギリス人の官僚や軍人の人件費や年金であり、鉄道建設などに投じたイギリス人の株を保証するための資金に使われた。貿易についても、イギリスと中国とインドの間で、帝国に有利な政策が導入された。茶などの輸入によって中国に対して貿易赤字が続くイギリスは、東インド会社がアヘンを売却して中国から獲得する貿易黒字によって、自国の赤字を相殺するという「三角貿易」の形を作った。このように、本国が投資し、それを何倍もの利潤として返してくれる「儲かる植民地」として、英領インドは大英帝国の「よく乳を出す雌牛」と呼ばれるようになった。だからこそ、インドの人々にとっても、イギリス人が建設する都市や鉄道は、成長する市場経済と近代文明として華やいで見えたのである。

さて、どのような組織も人が働かなければ成り立たない。本国から植民地に移動する人々だけでは広大な帝国の経営は不可能であるばかりでなく、ヨーロッパやアフリカからの移民が先住の人々を数的に上回った南北アメリカとは異なって、南アジアでは膨大な数の人々が長い歴史を持つ政治や経済や宗教のしくみの下で暮らしてきていた。裏返せば、外国から来てまったく現地を知らない支配者には、一つの訴訟事件に権威をもって判定を下すことさえ困難だった。したがって、帝国と植民地社会を橋渡しして、その統治を可能にするためには、少数のイギリス人の下で、彼らを補佐する多数のバイリンガルな現地人の官僚と軍人が必要となったのである。

日本の私たちは、明治期より標準語となった国語を誰もが話し、逆に英語をはじめとする外国語の習得には手を焼く経験をしてきたので、ある社会の人々が使用する言語を急速に変えるということにはあまり想像が至らない。けれども、必要は創造の母であり、帝国を支配する側の政策的な熱意以上に、植民地社会の中から出世の機会を求めて成長してくる若い世代の人々の意欲は凄まじく、インド人のトップ・エリートが英語で教育を受け英語で仕事をするようになるまでには、数十年の時間しか必要ではなかった。彼らは「教育を受けた階級（the Educated Classes）」とか「インド人ミドルクラス（Indian Middle Classes）」と呼ばれて、ヒンドゥーの僧侶やイスラームの学者のような古い時代のエリートではなくて、近代的な植民地国家のエリートとして活躍し始めた。

農村の地主階級出身の親を持つ青年たちが、カルカッタ・ボンベイ・マドラスのような植民地港市に出てきて大学で学び、より恵まれた者はイギリスに留学し、新しい職業に就いた。まさに、夏目漱石の『三四郎』のインド版だが、伝統的なカースト制度の中には存在していなかった公務員・教師・ジャーナリストなどと並んで、もっとも華やいでいた職業が法律家だったのである。このような時代の流れの中で、ガンディー家の末っ子のガンディーが、父の跡を継いだ長兄の赦しと援助を得て、一家の出世頭として渡英を企てたのである。

肌の黒いイギリス紳士

さて、植民地支配から脱却して新しい国家の独立を呼びかけた愛国者たち、つまりナショナリストと呼ばれた人々は、いったいどのような人々だったのだろう。さまざまな国の異なる状況の中で、国民の独立を求める指導者が育っていったから、けっして一律に語ってはならないだろうが、多くの場合、帝国の支配者にもっとも近づき、彼らの言葉を理解できるようになった現地のエリートが、後にナショナリストへと変身していったという歴史がある。物理学的に言えば、作用と反作用が組み合わさった後にもたらされる結果のように、あるいは論理学的に言えば、ヘーゲルの提起した正・反・合という弁証法的な展開のように。

そこでまず、ガンディーと彼の仲間たちの歩みを考える上で、一九世紀から二〇世紀のナショナリズムについて、ベネディクト・アンダーソンの議論を参照しつつ検討してみたい。そのナショナリズム論の特徴は、近代のナショナリズムの起点は王政を打倒し共和政を生み出したフランスの市民革命だという、それまでの通説を覆した点にある。彼は、近代のナショナリズムは、西欧に先んじて一八世紀後半から一九世紀初めの南北アメリカで展開し、むしろ西欧の諸帝国の下にあった植民地社会における「非植民地化(decolonization)」の過程で形成されたと位置づける。そして、その主役は、教育を受けた植民地エリートとしての「クレオール（creole）」だったとする。クレオールとは、ヨーロッパからアメリカに移住したヨーロッパ系の人々の子孫であったが、富裕な家族の子弟は本国に留学して学位を取り、国家の官僚として採用されることをめざした。外見からは本国人とほとんど変わらないクレオールのエリートは、「インディオ」と呼ばれた先住民、アフリカから運ばれた奴隷とその子孫、白人と「インディオ」を親に持つ「メスティゾ」の人々の上に立って、行政や商業を担った。しかし、このようなアメリカ生まれの植民地人は、けっして本国のエリートと同等には扱われなかったのである。こうした差別が、クレオールの人々を、帝国に抵抗するナショナリズムの方向に向かわせたという(6)。

このような説を「クレオール・ナショナリズム」論と呼んでよいならば、一九世紀後半から二〇世紀前半にかけての英領インドでも、大英帝国と植民地社会の間でかなり類似した展開が見られた。すでに説明したように、「帝国への旅」をめざして、英語を話すバイリンガルな現地エリートが大量に生まれていたからであり、さらに彼らがいかに努力して優秀な成績を示しても、イギリス人と対等には扱われないという事実を、繰り返し経験する人々が増えていたからである。インドで生まれ、肌の色が黒い人間は、たとえキリスト教に改宗しても、イギリス人の受ける特権からは排除される。「二流のイギリス紳士」として扱われるだけでも大変なことだった。だからこそ、「教育を受けた階級」や「インド人ミドルクラス」は、ロンドンやケンブリッジやオックスフォードで、あるいはカルカッタやボンベイやマドラスで、このような差別の経験を共有する「旅の仲間」となったのである。ガンディーも前に行く先輩の後から、このような「旅の仲間」に加わった。

さて、「ボンベイで活躍する成功した弁護士」となることを夢見て、大金を使った留学を終え、意気揚々と帰国したガンディーは、思わぬ挫折を経験する。事件を請け負ったのに法廷で弁論できず、訴訟もまとめられず、役立たずの自分を思い知らされたのである。プライドの高いガンディーには辛い時間だったであろう。留学で使ったお金を返すどころか、妻や子を養うお金さえ稼げず、行き詰まったときに、南アフリカでの仕事の依頼が舞い込んだ。往復旅費や滞在費は先方が負担してくれて、一〇五ポンドの報酬が約束される。ガンディーはこの依頼に飛びつき、再び単身で海を渡ることになった。「一八九三年四月、私は南アフリカに向けてインドを出発しました。私は南アフリカの歴史については何も知りませんでした。私はただ出稼ぎのために行ったのです(7)」。

インド西北部グジャラート州の小さな藩王国ポールバンダルがガンディーの故郷だったが、ここから南アフリカに渡った商人がインド人の法律家を求めていたのである。南アフリカには、ヨーロッパ系の弁護士はいても、インド人の弁護士は一人もいなかったからである。そしてガンディーには、訴えや争いの内容を英語からグジャラート語に通訳することのみが期待されていた。それなら自分にもできそうだと、彼は考えたのだろう。「私は新しい経験が好きでした。旅行が気に入っていました」。しかも「故郷カーティヤワールでの［仕事は］陰謀のために……息苦しくなっていました。契約でいくことになっていたのはたった一年でした(8)」。仕事と報酬を求め、故郷からの自由を求めて、彼は悩むことなく旅立ったのである。

勇む気持ちで向かったガンディーだったが、彼を待っていたのは「目の覚める」ような経験だった。一九八二年に公開されたリチャード・アッテンボロー監督の映画『ガンディー』は、南アフリカのダーバンからプレトリアに向かう列車の中で、一等車の個室に乗っていたガンディーが、ヨーロッパ系の乗客や鉄道警察官に放り出される場面から始められている。有名な「マリッツバーグ駅の体験」である。いきなり、「法廷での苦い体験、鉄道列車内での苦難、途中で殴られたこと、ホテル宿泊の苦難――というよりほとんど不可能――など」に直面したのである。けれども、後年に、「人生でもっとも創造的な経験をあげるとしたら？」と尋ねられたときには、「南アフリカに到着した直後の一五日間」と答えたという(9)。

ヨーロッパ系の「白人」の暴力や差別がガンディーを怒らせたように、インドからの移民が従順にこれらを受け入れていることも彼の苛立たしさを掻き立てた。「私たちインド人に対する白人たちの態度はひどく侮辱的である、と最初の日に私は見ることができた」が、インド人は、「同じような体験は皆がしている、しかし慣れっこになってしまっているので、気にしていないのだ」。しかし、ガンディーは踏み止まった。「危難にも耐え、引き受けた仕事をやりとげる」ために、彼はプレトリアに行き、まもなく自らの権利を守るために「インド人は戦わなくてはならない」と主張することになる(10)。

故郷から遠く離れた土地で「異邦人」となったガンディーは、現地の「白人」に差別され、人間や市民の権利を身ぐるみはがれる体験をし、そうした逆境を跳ね返すために、インド人移民の戦いを構想していった。ここでも彼は、旅の途中で新しい課題を発見し、それへの解答を見出し、土地の人々と知り合い、居場所を作り出していった。また、その過程で、自らも単なる「異邦人」から「移民」へと変わり、南アフリカの植民地社会を構成する者としての権利を要求していくのである。

ずいぶん時が経ち、一九〇九年、ガンディーは、『ヒンド・スワラージ（インドの自治）』という小冊子を刊行した。インド独立運動の「聖書」と呼ばれるようになった書だが、別の見方をすると、南アフリカの移民の視点から書かれた、「望郷のナショナリズム」論だともいえる。[11] 議論の土台には、移民の権利主張を行うために、非暴力不服従運動を構想し、「サッティヤーグラハ（satyagraha）」として実践した経験や、ロシアの文豪トルストイのアイデアに学んで、仲間が共同で生活する場として「フェニックス農場」や「トルストイ農場」を建設し、これらを後に修道場（アーシュラム）と呼ぶようになった経験が据えられていた。このように、二十代の「辺境への旅」から始まって三十代から四十代前半を過ごした南アフリカの地で、彼のナショナリズム思想や非暴力主義とその運動の骨格が創造されたのであった。

母国への旅

人生の後半にガンディーが歩むのは、「母国への旅」である。何度もインドに帰ろうとしては南アフリカの友人たちに足止めされ、一九〇六年に帰国したときには呼び戻された。だが、それほど同胞に求められ、自分と家族も根を下ろしていた南アフリカも、彼にとっては終着の地ではなかった。そのもっとも強い理由は、「スワデーシ（Swadeshi）」という言葉で呼ぶようになった彼の母国への思いだった。南アフリカ時代からインドでの最初のサティヤーグラハ運動までガンディーと行動をともにした、イギリス人の宣教師チャールズ・F・アンドリュースは、「マハートマ・ガンディーの宗教的な経験の中でも、もっとも驚かされ、ガンディー独特のものだという衝撃を受けたのは、彼がスワデーシとは宗教的な義務であると主張して譲らなかったことである」と述べている。[12]

スワ（*swa-*）は「自分の」を意味し、デーシ（*deshi*）は「国」を指すので、スワデーシとは文字通り「自分の国」という言葉である。これは、二〇世紀におけるインド史の展開の中で、「自治」「独立」を指す言葉として、ナショナリズムのスローガンとなった。一九〇六年、ベンガル分割に抗議する最初の大衆的な反英運動の中で、イギリス製品をボイコットして自国品を愛用する運動がスワデーシ運動と呼ばれ、その後もその歴史を反映して「国産品愛用」という意味合いを込めて使われた。後に、ガンディーが中心となった綿の手紡糸と手織物のカーディー（*khadi*）運動も、草の根社会におけるスワデーシ運動として展開された。

また、「スワラージ（Swaraj）」という言葉もある。スワに「王国」を指すラージ（*raj*）が接合され、「自分の王国」と訳すことができる。そのために、インド人自身の「自分の政府」を意味し、スワデーシと並んで「自治」「独立」を指すスローガンとなった。かつての東インド会社の支配は「会社王国（Company Raj）」、大反乱後の英領インドの支配は「イギリス王国」と呼ばれた。こうした語源の元には、古くから民衆に信じられてきたラーマ王子の理想の王国、「ラーマの王国（Ramaraja）」もある。ラーマ王子の語り継がれる伝記が古代叙事詩の『ラーマーヤナ（*Ramayana*）』であり、「光の祭り（*Diwali*）」は、南の国の悪王を征伐して許嫁のシータ姫を取り戻したラーマ王子の凱旋を祝う秋祭りである。要するに、英語の「独立（Independence）」や「自治（Home Rule）」では代替できない意味合いを、ガンディーはスワラージという言葉に込めた。そこには、神への信心と重なる、祖国への愛があった。「自分自身に与えられた環境が自分にとってもっとも望ましいものであり、だからこそ自分の生まれた国に対しては他の国々に対するよりも大きな尊敬を払わなければならない[13]」、と。

旅人、異邦人、移民という「移動する人（nomad）」に共通して抱かれるのは、「私はどこから来てどこへ行くのか」という問いだろう。なぜ故郷を後にしたのか。なぜ異国に来たのか。なぜ移民として暮らしているのか。そのような自分自身についての頼りない思いとともに、日々、文化や言語や人種や民族の異なる多数の人々に囲まれて、「いったいお前は何者なのか」と問いかけられ、そのたびに「自分は何者なのか」と自問し、「私はインド人である」と答え続けなければならない。そのためには、自分なりにインド人であるための条件を定義し、実演しなければならない。そうした意味では、スワデーシとスワラージについてのガンディーの考え方は、母国で暮らし続ける人々よりも、外国に暮らす移民として自らのアイデンティティを問い直し取り戻す思想という性格を帯びているのかもしれない。

よく知られるガンディーの姿は、生まれながらの社会に根を下ろし、古い文化の中で暮らした人という印象を与える。しかし、実際にはその逆だった。彼は海を渡って大英帝国の都や植民地の南アフリカに行き、西欧近代の知識や英語を学び、母語と帝国の国家語のバイリンガルな通訳者となり、さらに多様な人々と理解しあうために、トライリンガルやマルチリンガルな能力を身につけた。常に未知の信仰や思想を学び、異なる時間・地位・空間の間を移動し続けた人と言ってもよい。だからこそ、「自分は何者なのか」という問いへの答えを探し求め続けたのであり、ルーツ無き根無し草にならないよう努力を惜しまなかったのである。彼の暫定的な解答が、ヒンドゥー教への回帰と母国への帰還だったと言えないだろうか[14]。

スワラージへの旅

しかし、ガンディーのナショナリズムが「帝国への旅」や「辺境への旅」を経た移民の思想だったとするならば、つまり土着の思想というより英語を話す「外国帰り」のものだったのならば、そのような思想がなぜ英語を話すバイリンガルのエリートに流行しただけでなく、英語どころか読み書きもできないインドの貧しい民衆を引きつけたのだろうか。今のところ、この歴史的な謎を解くヒントは、「外国人」「外国生まれ」「外国育ち」「外国帰り」という言葉にあるのではないか、と考えている。

現代世界では、もともとその土地に生まれ育った民族・宗教・言語・慣習などを共有する人々、いわゆる「ネイティヴの人々（natives）」が「国民」の主体となって「国民国家（nation-state）」という政治体を形作るという原理に、強い正統性が与えられている。それを側面から強化する思想と運動がナショナリズムにほかならない。そのため、グローバルな市場経済や国家を超えた人々の結びつきが注目されているにもかかわらず、国境の壁や国籍の仕切りを立ててウチとソトを区別しようとする制度・政策・運動はむしろ強化されている傾向すらある。「外国人」「外国生まれ」「外国育ち」「外国帰り」の人々は、自分たちと異質な「他者（Others）」として区別されるだけなく、多くの場合にはさまざまな害悪をもたらす恐れのある脅威として認識されやすい。しばしば、そうした動きは、外国人やマイノリティに対する排斥や暴力的迫害の原因となっている。

しかし、このような排外的動きは、国民国家の時代にのみ妥当するわけではない。むしろ伝統的な社会には古くから存在してきたものである。外に出ていく人やモノはもちろん、外から入ってくる人やモノには強い警戒感が抱かれ、そうした出入りを制限するために、共同体的な規範や制裁が設けられていたことはめずらしくない。農村社会では、厳しい労働や地代の支払いから農民たちが逃げ出さないように、土地を支配する権力者は農奴制や小作制などさまざまな支配の制度を作ってきた。また、インド亜大陸では、ヒンドゥー教を背景にしたカースト的な社会の規範が、共同体の中の人々が外に出て行くことを止めるとともに、外から誰かが入ってくることを制約する機能を果たした。たとえば、ガンディーがイギリスに行こうとしたとき、親戚のカースト会議の長老は断固として反対し、彼がボンベイで船に乗るときまで追いかけてきた。「黒い海を渡ると、カースト身分を失う」と信じられていたからである。逆に言えば、その掟を守らなかったガンディーは、渡英を機に、穢れたものとしてカーストの血縁集団から追い出され、身分を失った「不可触民」になったともいえる。この問題は、その後もガンディーに深い影響を与えたと考えられるだろう。

確かに、「外国人」「外国生まれ」「外国育ち」「外国帰り」、さらに「見知らぬ旅人」や「帰郷した人」が、危険や脅威をもたらすことは少なくない。ペストやコレラのような病気、銃や爆薬といった武器、煙草や酒のような消費物、土地の神を滅ぼす新しい宗教など、外来のものは土地の社会秩序や人々の暮らしを攪乱し、緊張や対立を生み出しかねない。したがって、排外的な警戒心にはもっともな根拠がある。けれども、そちらだけを強調する視点も偏っているだろう。文化人類学的な研究は、どんなに自給自足的な傾向の強い農村社会でも、まったく外界から孤立していることはなく、村の外からやってくる人々を必要とし、彼らを受け入れ歓迎するための儀式、モノやサーヴィスを交換するための慣習を保持してきたということを示してきた。

言いかえれば、「見知らぬ旅人」や「帰郷した人」は、新しいもの、貴重なもの、ときには奇跡的な効能を持つものを届けてくれる存在でもある。町から来た行商や職人、修道僧や布教する僧侶、めずらしい食べ物や工芸品を交易し、結婚式などの音楽や芸能を司る山の民などは、昔からなじみのある人々である。たとえば、ヨーロッパでかつてジプシーと呼ばれた人々は、インド起源だと言われる。また、政治や社会の激動期には、迫力のある新しい外来者も訪れて、半ばその力ゆえに、歓迎されることも起こった。インド亜大陸における新興宗教としての仏教やジャイナ教の広まりもそうであったし、後代に到来したイスラーム教やキリスト教もそうであった。目新しい強力な神を連れてくるバイリンガルな僧侶たちは、神々の知恵とともに都や遠くの国の医療とか農業とか工芸の技術を伝え、実際に「奇跡」を引き起こしたのである。

先述のB・アンダーソンは、ナショナリストを生むことになった「クレオールの旅」を行政的な中心への「世俗の巡礼」と呼んだ。「キリスト教徒・イスラーム教徒・ヒンドゥー教徒にとっては、ローマ・メッカ・ベナレスが聖地の中心都市であったばかりでない。それらの都市の中心性は、遠くの、本当なら何の関係もないような土地からこれらの都市をめざして止まることなく集まる巡礼の人々によって経験され、演劇的な意味で『実演された』」(15)。産業革命後の欧米諸国は、科学主義的な技術革新のもたらした「奇跡」によって、アジア社会を植民地化した。新しい世俗的な神力である。だからこそ、ガンディーも帝国の都に向かったのである。

けれども、故郷を飛び出してイギリスへ渡り、インドに戻って近代都市ボンベイで暮らし、さらに南アフリカに渡り、成功もしたものの数々の挫折や恐ろしい事件も経験したガンディーは、結局、イギリス人やイギリス風のインド人になるのではなく、本来のインド人らしい自分を取り戻すことで自己を救済しようという原点に戻る。まさに、母国に自由への聖地を見出そうとしたのである。

翻って、「外国帰り」の知識人を英雄的な指導者として歓迎する社会とは、どのような社会だったのだろうか。安定した閉鎖社会なら、外からの来た人への期待は低いかもしれない。あるいは、断固として異邦人は拒まれたかもしれない。しかし、植民地化されたインドの社会は、激しい変化の中で、かつての安定性を急速に失いつつあった。外国人の支配する国で、市場経済が拡大し、農村や都市の住民は貧困に苦しめられ、戦争や暴力が襲ってくる。そうした危機の中でこそ、よそから来た「バイリンガルな僧侶」としてのマハートマを歓迎し、彼が「ラーマの王国」のようなスワデーシへの回帰を説くことを歓迎する、特殊な社会状況が準備されていたのではないか(16)。

アンダーソンは、巡礼の祭祀の演出において、「バイリンガルな僧侶」が担う役割をこう述べている。「偉大な宗教の巡礼の振り付けには常に二重の側面がある。まず、無学で自分の母語しか話せない民衆が、祈りの舞台に群れをなして続々と集まってくるとともに、それぞれの土地からやってきた学のあるバイリンガルな僧侶が、自分と同じ母語を話す民衆に集団的な身振りの意味を解釈して説明することによって、儀式を取りまとめていく役割を果たすのである(17)」。この論理に従うならば、「自分と同じ母語を話す民衆に集団的な身振りの意味を解釈して説明」する上で、もっとも人気があったのがガンディーであり、ナショナリズム政治という新しい「儀式を取りまとめていく役割を果た」したと考えられるのではないか。

別の観点から見ると、「母国への旅」は、ガンディー自身のスワラージを獲得するために必須のものだった。「帝国への旅」や「辺境への旅」によって、ガンディーは大英帝国の西欧的職業人に変わり、都会人に変わり、さらにアフリカという異国に暮らす人に変わった。その後迎えた「母国への旅」によって、彼はどう変わることができるのか。大きな試練である。子どものころの自分に戻れるわけではないが、母国インドの求める自分へと変身できるのだろうか。それこそが、彼自身の「スワラージへの旅」となった。しかし、高年のガンディーにとって、インドの現状は忌むべきものに映った。根本的に変革されなければならない――彼のめざすインドは、「ラーマの王国」のように実現すべき理念であり、復古という意匠をとりながら、未来への前進を促す構想だったのである。

クレオールの自由から奴隷の解放へ

先述の「クレオール・ナショナリズム」論には、いくつかの重要な要素がある。第一が、すでに述べたように、中央集権的な国家や帝国は行政的に有能な「新しい人間（homines novi）」を必要とし、植民地の若者が仕事と出世をめざして帝国の都へと「巡礼の旅」に出かけ、古い身分社会を崩す動きが始まったという点である。そのような世俗の「巡礼の旅」をアンダーソンは以下のように描く。ある青年がまず「V階級でA町に派遣され、次に都に戻るとW階級に上がる。今度はB県にX階級で赴任させられ、さらに副王国Cに着任しY階級になる。ついに、首都でZ階級に上り詰め、巡礼の旅を終える」。まさに、出世の階段を上る人生である。しかし、「この旅には休息はない。どの地点も一時の通過点にすぎない。しかも、役人は帰郷を望まない。故郷は価値をもたらすものではないからだ(18)」。このような過程で、見知らぬ土地や家柄の人々がかけがえのない「旅の仲間」になり、「一つの国家言語（a single language of state）」を話す集まりを形成する。そしてこれが、植民地におけるナショナリズムへの一歩となると、アンダーソンは考えた。

すでに見たように、若き日のガンディーのイギリス留学は、帝国の中心である都ロンドンへの「巡礼の旅」であった。アンダーソンの描いた一八世紀のアメリカ植民地に類似して、一九世紀後半から二〇世紀前半にインド国民会議派というナショナリスト政党に集った多くの政治指導者たちは、イギリスの大学に留学し、あるいは植民地の中心都市であるカルカッタ、ボンベイ、マドラスの大学で学んで、法律家、教師、ジャーナリスト、作家などの職業についた、英語を話せるバイリンガルのエリートであった。大英帝国の「一つの国家言語」を共有する、インド人エリートが生み出されたのである。

第二に、植民地においても帝国への旅を行う人々が続出するようになると、逆説的に、本国人と植民地人の違いが強調されるようになった。新大陸のヨーロッパ系アメリカ人は「クレオール」と呼ばれ、「言語」や「才能」において本国人と差異がないにもかかわらず、就職や出世について差別された。こうした人々が、やがて植民地の経済的な利益のみならず、新しい政治的なアイデンティティを主張するようになったのである。

一九世紀後半以降のインド亜大陸における大英帝国の支配についても、同じような状況がもたらされたが、ヨーロッパ系のクレオールというよりも、土着社会の中から帝国支配を支える人々をリクルートしようとしたために、より複雑な様相となった。インド政庁が旗を振って、英国式のハイスクールや大学が建設され、帝国の国家言語としての英語を使いこなす能力を持つ、バイリンガルの「教育を受けた階級」、そして「インド人ミドルクラス」が大量に登場したのである。十代のガンディーは、このような「肌の黒いクレオール」としての教育を受け、アジア型のクレオール・ナショナリズムを体現することになった。人種をめぐる厳しい差別をはらむ点が、アメリカのクレオールとは大きく異なる点だった。

第三に、このようなナショナリズム意識の伝播する土台が、ローカルな新聞や印刷物の普及にあったという視点から、アンダーソンは「印刷資本主義（print capitalism）」という概念を提起した。植民地の人々が共通の新聞や書籍を購読し、同じ地理的・行政的な枠組みの下での経験やその意味合いを、日常的に共有する共同体が形成されたと指摘する。北アメリカにおけるベンジャミン・フランクリンはそのような資本家の一人であり、新聞を発行して購読者数を伸ばし、郵便局を開設して情報革命を引き起こし、それによってナショナリズムの土台を創造したと論じた(19)。

ガンディーも、イギリス時代には菜食主義協会の英字新聞を編集し、南アフリカでは自分の使える英語とグジャラート語のみならず、当初はヒンディー語とタミル語の版も試みた『インディアン・オピニオン』紙を刊行し、インドに帰国後は英語の『ヤング・インディア』とグジャラート語の『ナヴァジヴァン』という新聞を発行した。彼は、これらの新聞の編集・印刷・配布とともに経営を行いながら、毎号に自分の論稿やスピーチの文章を掲載する書き手でもあり、前述した『ヒンド・スワラージ』という冊子や『私の真理の実験』という自伝を出版する有能な執筆者でもあった。ガンディーは資本主義的な利潤追求は否定したが、新聞や本を刊行する費用を節約し、購読者の数を増やし、十分な購読料を集めて、それを元手に印刷事業を維持するだけでなく、他の活動費用をも捻出するという経営感覚に優れた人物でもあった。フランクリンとは異なるが、まさに「印刷資本主義」的な精神を持ったナショナリストだったのである。

さて、以上のような三つの特徴を持つ植民地ナショナリズムは、実はきわめてエリート主義的な性格を帯びている。ナショナリズムを主張する指導者たちのほとんどが、地元社会の豊かな階層の出身であり、高等教育を受けるだけの身分を保持していた人々だったとすれば、不思議なことではない。興味深いことに、こうしたエリート主義を、「イギリス人のサーヒブ〔ご主人様〕にインド人のサーヒブが変わるだけの独立となるならば、それは真のスワラージではない」とガンディーは批判し続けた。

それならば、なぜ、ガンディーはエリート支配を批判するラディカルな視点を獲得していたのだろうか。彼の生まれや育ちからすれば、特権を持つエリート層に属していて不思議はないし、警官に打擲され刑務所に入れられてまで、民衆とともに生きるというライフスタイルを自らに強いる必然性はない。にもかかわらず、大英帝国の権力に抗し、伝統社会の大地主や市場経済を動かす大資本家にも対峙し、民衆の正義を掲げ続けたのがマハートマであった。なぜだろうか。

その決定的な理由として挙げられるのが、南アフリカという厳しい社会への旅があったのではないかという仮説を提起したい。それは「帝国への旅」や植民地の中での「都への旅」であるどころか、危険で貧しい外国への「都落ちの旅」であった。母国インドでは、ガンディーがグジャラートの町中やボンベイという大都市で仕事をし、家族とともに暮らしている限りは、イギリス人の支配はそこまであからさまな暴力性を発揮しなかった。植民地政府の下で「法と秩序」が機能し、市場経済も発展し、それとともに宗教、カースト、ジェンダー、貧富の格差などのさまざまな差別を抱える農村社会もなんとか維持されているところで、安全に暮らしていくことができただろう。けれども、南アフリカは全くそうではなかった。インドから来た人々は、アフリカ系の人々と同じように、「黒人」として過酷な扱いを受けていたのである。

エリートであるはずのガンディーも、例外ではなかった。故郷から出てきた身寄りのないインド人にすぎず、英語を話せるか、イギリス仕込みの法廷弁護士資格を持っているか、お金を持っているかなどという「言語」や「才能」とは無関係に、ただの「黒人」にすぎなかった。絶対的なヨーロッパ系の「白人優位」の人種主義、鉱山やプランテーションや工場における債務労働という名の奴隷制と資本主義的な搾取と弾圧、インド人移民に対する権利剝奪、不当な課税と強制退去政策、ブーア戦争やズールー戦争の戦場で目撃した原住民のジェノサイドなどの経験を通して、彼が獲得したものは、社会のどん底に押し込められ、人間的な権利を奪われ、貧困や暴力的な虐待によって命を失わざるを得ない人々の視点であり、そうした人々もまた彼と同じ人間であり、尊厳を持つ存在だという仲間意識であった。さらに、インド人の権利や自由を訴える母国の人々も、世界の片隅で苦しむ同胞については無知と冷淡さを変えないという厳しい現実も、身に染みるものだっただろう。

その意味で、南アフリカに着いた途端、殺されることも覚悟した「マリッツバーグ駅の経験」は決定的な衝撃を与えたであろう。そして、故郷へ逃げ帰ることなく南アフリカの現状と苦闘した過程で、ガンディー自身の中で新しいアイデンティティが芽生えていったにちがいない。いいかえれば、最底辺の人々と自らを重ね合わせる独自の思考方法を獲得したと言ってもよい。

たとえば、以下のようなエピソードがある。一九三〇年代には、不可触民とされた人々の権利を代表するビームラーオ・アンベードカルが登場し、自分たちの集団は独自の政治集団であり、新しいインド統治法に基づいて新議会の代表を選ぶ選挙制度では、一般のヒンドゥー住民とは異なる「分離選挙区」を与えられるべきだと主張した。これは、ガンディーやインド国民会議派の国民統合構想と鋭く対立するものであった。しかし、イギリスのマクドナルド政権は、「分断統治（divide and rule）」の視点からもこの政策を取り入れようという姿勢を示した。が、ガンディーは正面から反対し、法案化を阻むために抗議の断食を実施した。その結果、アンベードカルは妥協を迫られ、ヒンドゥー社会の最下層の人々は別個の政治集団としての選挙区を与えられないことになった。歴史的な大事件であった。

このときのガンディーの主張と行動については、人権派からの厳しい批判とともに、さまざまな議論がなされてきた。有名なのは、マハートマが断食で失命するようなことになれば、全国各地で不可触民の人々への暴力的な復讐が実施され、流血の事態を招く恐れがあったから、非暴力主義とは言いながら、ガンディーはアンベードカルを脅して譲歩させたのだという批判である。確かに、彼や会議派の側にそうした戦略があったことは否定できないだろう。ただ、自身の命さえ賭けて、インド社会のこれ以上の分断を回避しようとしたガンディーの胸の中には、そのような政治的考慮を凌いで、自分こそカースト差別、とくに不可触民制に対して徹底的に戦ってきたという自負があったと思われる。不可触と差別されてきた人々を「神の子（Harijan）」と呼び、こうした人々もともに暮らす経験を、南アフリカの共同農場でも、インドで建設したアーシュラムでも、そして「塩の行進」やその他の改革運動でも、誰より強く唱え実践してきたという気持ちがあったのではないかと思う。さらに、前述したように、若き日に自らもカースト身分を奪われるという扱いを受けたことも影響していたかもしれない。彼にとって、人種と身分をめぐる差別、それらに基づく人間の奴隷的な支配からの解放という問題は、おそらく国家の独立以上に根本的なものだったのではないだろうか[20]。

ガンディー思想のグローバルな旅

さて、「帝国への旅」「辺境への旅」「母国への旅」は、ガンディーとともに彼と同時代の多くのナショナリストの共有した旅である。イスラーム国家パキスタンを樹立したジンナー、ガンディーの弟子を志願したジャワーハルラール・ネルー、ネルーのライヴァルとして強力な反英運動を訴えたスバース・チャンドラ・ボース、アウトカーストの指導者となり新仏教を唱えたアンベードカルも、それぞれの旅に出かけ、独自の思想と運動を発見して故郷への帰還をめざした。他のアジアに目を向ければ、フィリピンのホセ・リサール、中国の周恩来、ベトナムのホー・チ・ミンなど、ヨーロッパへの遠く長い旅をしたナショナリストの一群が見出せる。

一般的には、西欧とアジア、帝国と植民地、工業と農業、都市と農村、近代と伝統、科学と迷信、世俗国家と宗教、エリートと民衆など、二項対立的に捉えられる要素を、これらの指導者たちは重層する旅の過程で学習し、互いの矛盾を自らの中に抱え込みながら、その矛盾を乗り越えて人間と社会の再統合を実現するために、創造的なナショナリズムの思想や運動を編み出した。独特の旅を経て、民衆的な英雄の多くがナショナリストの衣装をまとったこと自体が、二〇世紀という時代の特徴でもあった。

そして、ガンディーの思想と運動の影響は、植民地独立をもたらしたナショナリズムに止まらなかった。アメリカでM・L・キング牧師の率いたアフリカ系の人々の市民権運動、南アフリカにおけるアパルトヘイト撤廃運動、ポーランドやフィリピンなどでの民主化運動、バスクやパレスティナなどの紛争地域における平和運動など、植民地独立の波が去った後の時代にも、ガンディーの思想と運動は世界各地で学ばれ利用されてきた。最近では、武装勢力とテロリズムに抵抗するパキスタンのマララ・ユスフザイや、性暴力のサバイバーとともに戦うコンゴのデニ・ムクウェゲ医師やイラクのナディア・ムラドらの人々が、ガンディーの非暴力主義について語っている。さらに、自由を求める香港の運動や気候変動に抗する市民行動などでも、ガンディーの名が語られている。

いいかえれば、ガンディーの提起したものは、大英帝国や英領インドや南アフリカという空間的な制約、一九世紀後半から二〇世紀前半という時間的な制約、さらにはインド亜大陸にちなむ人々という人種や民族や言語や階層の社会的制約を超えた、人間的な普遍主義の領域に宿っているようである。その理由として第一に思いつくのが、ガンディーはさまざまな旅に出かけ、異郷に暮らし、見知らぬ人々をも理解しようとし、違いを超えて協力しながらより良い人間社会への改革をめざしたという、彼の生き方そのものである。彼にとっては、人間の尊厳を奪われ、苛酷な搾取を受け、暴力的な虐待を受け、奴隷として遇される人々の悲劇は、全く他人事ではなかった。彼自身の問題として捉え、そうした問題に命がけで挑んだ。それが、サッティヤーグラハであった。そうした努力の根底にあったのは、国境や国籍の壁に囚われたナショナリズムの限界を越える、普遍的なヒューマニズム、あるいは人間愛ではなかったか。だからこそ、人々が主体性を回復する民主化運動や、人間の命を守ろうとする平和運動の過程で、今なおガンディーの思想が繰り返し想起されるのだろう。

振り返ってみれば、二度と戦争を起こさない、核戦争を許さないという立場を守ってきた第二次世界大戦後の日本においても、ガンディーの思想と実践を学ぼうとする人々は絶えなかった。彼が銃弾に倒れたのが一九四八年一月三〇日。二〇一八年はガンディー没後七〇周年であった。また、モーハンダース・カラムチャンド・ガンディーとして彼がグジャラートに生まれたのが、一八六九年一〇月二日。二〇一九年は生誕一五〇周年にあたった。これほどの年月を経ても、マハートマの行脚は終わっていないようだ。グローバリゼーションの波に洗われる二一世紀の人間社会も、ガンディーを必要としている。その事実に驚きつつ、ここで不出来な筆者のガンディー論の筆を擱きたい。

（1）竹中千春『ガンディー平和を紡ぐ人』（岩波書店、二〇一八年）。

（2）Rajmohan Gandhi, ***The Good Boatman: A Portrait of Gandhi*** (New Delhi: Penguin, India, 1998), p. 445.

（3）引用は、Benedict Anderson, ***Imagined Communities: Reflections on the Origin and Spread of Nationalism*** (London: Verso, 1983), pp. 55-56. 翻訳は、ベネディクト・アンダーソン『想像の共同体——ナショナリズムの起源と流行』（白石さや・白石隆訳、NTT出版、一九九七年）。See, Victor Turner, ***Dramas, Fields and Metaphors: Symbolic Action in Human Society*** (Ithaca: Cornell University Press, 1974); Victor Turner and Edith Turner, ***Image and Pilgrimage in Christian Culture: Anthological Perspectives*** (New York: Columbia University Press, 1978).

（4）マハトマ・ガンジー『ガンジー自伝』（中央公論新社、一九八三年）、六一―六二頁。

（5）竹中千春「近代インドにおける国家と宗教の相剋——ガンディー現象とは何だったのか」『東洋学術研究』第四三巻第一号（二〇〇四年六月）、一八〇―二〇〇頁。

（6）Anderson, ***Imagined Communities***, pp. 50–52.

（7）M・K・ガーンディー『南アフリカでのサッティヤーグラハの歴史〈1〉非暴力不服従運動の誕生』（田中敏雄訳、平凡社、二〇〇五年）、七四頁。

（8）同右。

（9）Louis Fischer, ***Mahatma Gandhi: His Life and Times*** (London: Jonathan Cape, 1951), p. 49. なお、ロマン・ロラン『マハトマ・ガンジー』（宮本正清訳、みすず書房、一九七〇年）、一〇―一一頁も参照。

（10）前掲『ガンジー自伝』、一三三―一三六頁。

（11）M・K・ガーンディー『真の独立への道――ヒンド・スワラージ』（田中敏雄訳、岩波書店、二〇〇一年）。

（12）Charles F. Andrews, ***Mahatma Gandhi: His Life and Ideas*** (Mumbai: Jaico Publishing House, 2013), p. 76.

（13）Ibid.

（14）ガンディーの人間としてのアイデンティティを分析した古典として、『ガンディーの真理――戦闘的非暴力の起源』全二巻（星野美賀子訳、みすず書房、新装版、二〇〇二年）。

（15）Anderson, ***Imagined Communities***, pp. 52–54.

（16）一九八〇年代に南アジアの民衆史として提起された「サバルタン研究（Subaltern Studies）」は、こうした視点からガンディーの指導した各地の民衆運動を分析した。ラナジット・グハ、G・パーンデー、P・チャタジー、G・スピヴァック『サバルタンの歴史――インド史の脱構築』（竹中千春訳、岩波書店、一九九八年）。

（17）Anderson, ***Imagined Communities***.

（18）Ibid., p. 57.

（19）Ibid., pp. 61–65.

（20）Mary Elizabeth King, "How South Africa forced Gandhi to reckon with racism and imperialism", https://wagingnonviolence.org/2019/10/south-africa-forced-gandhi-reckon-with-racism-imperialism/.

第3章　「朝子」のインド独立運動
――日本に生まれ育ったインド人少女が見た戦前・戦中のアジア

笠井　亮平

はじめに

一九四七年八月一五日、インドはイギリスから独立を果たした。それは英領インドからムスリムが多数を占める地域がパキスタンとして「分離」するという大きな痛みをともなったものだったが、圧倒的な強さを誇った「大英帝国」からの自立の獲得は世界史上の快挙であることにはちがいなかった。

インド独立の立役者として一般に想起されるのは、なんといってもモーハンダース・カラムチャンド・ガンディーだろう。(1)「非暴力」という斬新な手法で大英帝国を揺さぶり、度重なる投獄に屈することなく独立を勝ち取った彼は、まさに「建国の父」と言うにふさわしい。初代首相となったジャワーハルラール・ネルーをはじめとするインド国民会議派の主流派もガンディーを支持した。

独立運動の最大の舞台はインドだったことは言うまでもない。しかし、それとは別にもうひとつの重要な拠点があった。日本である。「中村屋のボース」として有名なラース・ビハーリー・ボース（以下R・B・ボース）や元インド国民会議派議長、チャンドラ・ボース(2)はいずれも日本との協力によるインド解放を目指した。日本側も一九四一年一二月から始めたアジア太平洋戦争（大東亜戦争）において対インド戦略を重視していくなかで、両ボースに協力する形でインド独立運動を支援していった。

日本でインド独立運動を展開したのは二人のボースだけにとどまらず、さまざまな活動家が参画した。アーナンド・モーハン・サハーイもそのひとりである。一九二五年にインドから来日した彼は、R・B・ボースらとも連携しつつ神戸を中心に独自の活動を展開し、のちにチャンドラ・ボースの補佐役として重要な役割を担った。シンガポールで樹立された「自由インド仮政府」では閣僚も務めた人物である。

サハーイはインド人の妻とのあいだに一男三女をもうけ、全員に日本の教育を受けさせた。なかでも長女のアシャは一七歳まで日本で過ごしたこともあり、母語のベンガル語以上に日本語を自由に操るようになった。インド名の音にちなんで日本ではもっぱら「朝子」と呼ばれ、本人も好んで使うようになった。当時そうした在日インド人子弟がほかにいなかったわけではないが、そのなかでアシャが特別な存在なのは、彼女が女性士官になったことである。チャンドラ・ボースを最高司令官とする「インド国民軍」には、当時としてはきわめて珍しかった女性だけの部隊があり、アシャは日本から唯一参加したのである。

本章では、この「朝子」ことアシャの半生や父サハーイ、また彼女たちに多大な影響を及ぼしたチャンドラ・ボースの活動を紹介することで、戦前・戦中に日本を中心とするアジアで展開されたインド独立運動について論じていくこととしたい。それは「中村屋のボース」に勝るとも劣らない、波瀾万丈の歩みである。

戦前日本におけるインド独立運動

一九一五年六月、R・B・ボースが日本の地を踏んだ。のちに「中村屋のボース」として、またインド独立運動家として知られることになる彼だが、このときは「お尋ね者」であり、身分と名前を偽っての入国だった。というのも、R・B・ボースは一九一二年に起きたチャールズ・ハーディング総督暗殺未遂事件の首謀者とされたほか、その後着手していた武装蜂起計画が事前に露呈したことから、これ以上インドにとどまることは危険と判断しての国外脱出だったからである。日本に入国した際も、高名な文学者ラビンドラナート・タゴールの親戚ということにしていた。

しかし、R・B・ボースの来日はすぐさま英国の知るところとなり、同国政府は当時同盟を組んでいた日本に対し拘束を要請した。当局の捜索が及ぶなか、R・B・ボースはアジア主義者で結社「玄洋社」を率いていた右翼の大物・頭山満の庇護を受け、新宿中村屋を経営していた相馬愛蔵の自宅に匿ってもらうことで追手を逃れることができた。これが縁で彼は愛蔵の娘・俊子と結婚し、中村屋が一九二七年に喫茶部を開設した際に「純印度式カリー」を開発する。これが中村屋の人気メニューとなり、彼は「中村屋のボース」の名で知られるようになっていく(3)。

こうしたなかで、日英関係とR・B・ボースをめぐる環境も変わっていった。なかでも、一九二三年八月の日英同盟失効[4]は彼の活動に大きな影響を与えた。相馬家に匿われた後も日英双方の当局から追われる身の「お尋ね者」だったのが、同盟失効により英国の手が及ばないようになったからである。R・B・ボースは同年に日本に帰化し、日本で主に言論を通じたインド独立運動を展開していったほか、日本陸軍上層部との関係を深めていった。戦後に銀座でインド料理店「ナイルレストラン」[5]を開業するA・M・ナイル[6]をはじめとする在日インド人もR・B・ボースに協力した。

R・B・ボースの来日からちょうど一〇年後の一九二五年、もうひとりのインド人が本国から日本に到着した。アーナンド・モーハン・サハーイである。一八九八年に英領インド・ビハール州パトナーに生まれたサハーイは元々医学を学んでいたが、M・K・ガンディーの独立運動に魅了されてインド国民会議派の活動に加わり、同党幹部で同郷のラージェンドラ・プラサード（インド独立後の初代大統領）に師事するようになる。しかし、運動が独立や自治の獲得に直結しない状況に行き詰まりを感じた彼は、いったん国外に出ることを決意する。当初はアメリカで医学の勉強を続けようと考えていたようだが、同国への渡航に必要な書類を取得することができなかった。次善の策として、まずは日本に赴き、そこでアメリカ行きの機会をうかがおうと決意する。結果的にはこの決断が彼のその後の人生に決定的な影響を及ぼすことになる。

サハーイは上陸地の神戸でまずは生活基盤を整えようと、貿易会社の事務員や英語教師などの仕事を始めた。しだいに彼は本国で取り組んでいた独立運動を日本でも展開するようになり、「インド国民会議派日本支部」[7]を立ち上げ、一九三〇年には日英二カ国語による機関誌『ボイス・オブ・インディア（***Voice of India***）』を創刊した。インドの現状や英国による植民地支配を糾弾する書籍を日本語で出版することも

写真1 R・B・ボース（前列中央）と
アーナンド・モーハン・サハーイ（前列左から2人目）

した。また、神戸を訪れるインド人の若者が食事や宿泊場所で困らないようにと、資金集めに奔走して「インディア・ロッジ」という施設を設立するなど、在日インド人のサポートにかかわる事業も手がけた。サハーイのこうした活動から伝わってくるのは、R・B・ボースや後述するチャンドラ・ボースのようなカリスマ的なリーダーというよりも、フットワークの軽いビジネスマンのようなイメージである。こうしたなか、サハーイは一九二七年に一時帰国した際に日本渡航前から面識のあったサティという女性と結婚し、妻を伴ってふたたび日本に戻った。サティはインド国民会議派の幹部でカルカッタ（現コルカタ）市長を務めたC・R・ダースの姪に当たる。ダースの妻、バサンティー・デーヴィーはチャンドラ・ボースから母のような存在として敬慕された女性であり、サティも彼のことを知っていた。こうしたつながりをその頃サハーイがどこまで認識していたかは

写真2　サハーイと子どもたち
（後列右がアシャ）

定かではないが、後年この人脈が日本で活きることになる。

「朝子」の生い立ち

一九二八年二月二日、サハーイと妻サティのあいだに初めての子どもが生まれた。[8] 赤ん坊は女児で、ヒンディー語で「希望」を意味する「アシャ」と名付けられた。当時サハーイ家は神戸・北野町の借家に住んでいたが、翌二九年には次女ラジア（ツル）が生まれ、その後も三女スモナ、長男アショークと子どもが四人になったため、兵庫県魚崎町（現・神戸市東灘区魚崎）に引っ越した。

子どもたちに日本の教育を受けさせたいという父サハーイの考えで、アシャと妹のツルは地元の魚崎小学校に通った。アシャもツルも日本の学校生活に溶け込んでいった――いや、むしろインドを直接知らない彼女たちにとってはそれこそが当たり前の生活だったのである。アシャはその音の響きから「朝子（あさこ）」という日本名で呼ばれるようになった。家ではベンガル語、外では日本語という生活だったとアシャは語っている。また、筆者は当時姉妹の家庭教師をしていたという日本人女性に二〇一六年に出会ったことがあるが、アシャたちが魚崎での生活を楽しんでいた思い出話を懐かしそうに語ってくれたものだ。

アシャは魚崎小学校を卒業後、上京した。インド独立運動に注力していたサハーイが、神戸ではなく東京を拠点としたほうが活動にとってプラスと考え、荻窪に家を借りており、アシャもそこに住むことになった。東京でアシャが最初に通ったのは、文化学院だった。ところが、その自由な校風が災いして同学院は閉鎖されてしまう。そこで東洋英和女学校に転校するが、今度はアシャ自身が英語教育を重視する同校のカリキュラムに合わず、再度転校先を探すことになる（本人によると、当時の彼女は英語が苦手だったためという）(9)。その頃には妹のツルも魚崎から荻窪に合流していた。父サハーイは二人の娘の教育について大東亜省の知人に相談したところ、紹介されたのが昭和女学校（現在の昭和女子大学の前身）だった。アシャ、そしてツルにも同校の水が合ったようで、ふたりは女学校生活を満喫していった。このときの教育のおかげで、いまでもアシャは日本人顔負けの美しい日本語をあやつることができる。当時の彼女は文学少女で、愛読書は『源氏物語』だったというから驚きだ。また、昭和女学校では生徒に授業や生活のさまざまな場面で和歌を詠ませるのを習慣としており、アシャたちもみるみるうちにマスターしていった。彼女の日記には、当時詠んだ和歌が何首も記されている。

チャンドラ・ボースとの出会い

アシャたちが女学校生活を謳歌する一方、日本と世界の状況は激変していた。一九四一年一二月に開戦したアジア太平洋戦争（大東亜戦争）は、序盤こそ日本軍が破竹の勢いで東南アジアや南洋で進撃を続けていったが、一九四二年六月のミッドウェー海戦で米海軍に敗北を喫したのちは守勢に置かれることが多くなっていった。

こうしたなか、日本のインド独立運動への関わりには大きな変転が生じていた。開戦直後、日本軍がマレー半島を席巻していくなかで、多数の英印軍捕虜のなかから希望者を英国によるインド支配に対抗させる案が具体化し、一九四二年九月に約四万人からなる「インド国民軍」（ＩＮＡ）が編制された[10]。ところが、ＩＮＡ側で司令官を務めたモーハン・シン（捕虜になった時点の階級は大尉だったが、ＩＮＡでは将官となった）と日本軍の関係が当初の良好な状態から悪化に転じた。ＩＮＡを独立した軍隊と位置づけるモーハン・シンと彼らをコントロールしたい日本陸軍の対立が要因だった。この結果、一九四二年末にモーハン・シンは解任され、ＩＮＡの活動は停滞を余儀なくされた。

一九四三年五月、空中分解寸前の状態に陥っていたＩＮＡ、さらにはアジアにおけるインド独立運動に新たなモメンタムをもたらした指導者が来日した。チャンドラ・ボースである。彼は一八九七年に英領インドのベンガル州（現オディシャ州）カタックに生まれ、カルカッタ大学を経てイギリスのケンブリッジ大学に留学した。一九二〇年には超難関のインド高等文官試験（ＩＣＳ）に合格して植民地官僚というエリートコースを歩むかに思われたが、英国による統治に疑問を感じて任官する道を選ばなかった。この頃からインド独立への思いを強くしていったボースは、Ｍ・Ｋ・ガンディーによる非協力運動に参加するようになった。その後インド国民会議派内で急進派の若手リーダーとして頭角を表していき、カルカッタ市長を経て一九三八年にはガンディーの推薦により議長の座に就いた。しかし、ガンディーとの路線の違いが表面化した結果、翌年に議長辞任を余儀なくされる。「非暴力」を掲げるガンディーと「必要なら武力闘争も辞さず」というボースは相容れなかったためだった。

一九三九年九月に第二次世界大戦が勃発すると、チャンドラ・ボースはこれを機に国外に脱出して反英勢力と組んで外からインド解放を実現する方針を固めた。ボースは一九四〇年一二月に当局の厳しい監視をかいくぐりカルカッタの自宅を脱出、インド亜大陸を横断してアフガニスタンのカブールにたどり着いた。当初ソ連を協力相手として想定していたボースはカブールでソ連大使館との接触を試みたが色よい返事が得られなかった。そこで、英国と交戦中のドイツに目を向け、一九四一年四月にベルリンに到着した。ドイツでは英軍のインド人捕虜を組織して「インド人部隊（Indian Legion）」を立ち上げるなどしたものの、期待していたような支援をヒトラーから得ることはできなかった。

焦燥感を募らせていたスバース・チャンドラ・ボースに転機が訪れたのは一九四一年一二月のことだった。米英に対し開戦した日本は、海軍による真珠湾攻撃だけでなく、陸軍がマレー半島にも上陸し、現地の英軍を降伏させた。翌四二年前半にはシンガポールやビルマからも英軍を駆逐し、占領に成功した。これを千載一遇の機会ととらえたボースは、駐独日本大使館と接触し、日本と連携したい考えを伝えた。日本の陸軍参謀本部はボースについて十分に理解していなかったこともあり直ちに前向きな反応を示したわけではなかったが、戦況が推移するなかでボース招聘にゴーサインを出した。これを受けて一九四三年二月にボースはドイツ海軍の潜水艦に乗って出発し、約二か月半の航海を経てインド洋上で日本海軍の潜水艦に乗り換えた。そこからさらに約一〇日をかけて東南アジアに移動し、最後は飛行機で日本入りした。東京にたどり着いたのは五月一六日のことだった。

東京滞在中、ボースは東条英機首相や杉山元陸軍参謀長をはじめ、政軍要路と会談を重ね、インド独立運動への日本の支援を要請した。なかでも東条首相との会談では、それまでインドへの関心が薄かった同首相を協力姿勢に転じさせることに成功した[11]。東条は翌七月上旬に南方を歴訪した際、シンガポールの市庁前広場でチャンドラ・ボースとともにＩＮＡの閲兵式に参加しており、このことからもインド方面に積極的な関与を行っていこうとする考えがあったことがうかがえる。

アシャがチャンドラ・ボースに初めて会ったのもこのときだった。先述したとおり、アシャの母サティはインドにいた頃から実家のつながりでボースと面識があった。日本の新聞報道でボース来日を知ったサティは、直接彼に会いに行こうと長女アシャと次女ツル、それに義弟サティヤデーヴ（サハーイの弟）を伴って滞在先の帝国ホテルを訪ねた[12]。このとき、こんな一幕があったという。ホテルのロビーにボースが姿を現すと、アシャとツルがひざまずいて足に触れようとした。目上の者や尊敬する相手に敬意を表する、インドの伝統的な習慣だ。それを見たボースは、母親のサティに向かってこう言ったという。

「サティ、君は子供達に何を教えている。私達は、百五十年前から頭を下げているのに、まだ続けなければいけないのか。頭を上げて真っ直ぐに立ち、ヂャイヒンド（引用者注：「インド万歳」の意で、ＩＮＡ関係者の間で挨拶の言葉として用いられた。現在では「ジャイヒンド」とのカナ表記が一般的）と言うのだ。私達が独立人民になるまで、これからは決してお辞儀はしてはいけない。」

ボースの言葉に衝撃を受けたサティたちは、「真っ直ぐにネターヂ（引用者注：「指導者」を意味するNetajiのこと。注（２）参照）を視て、一緒に『ヂャイヒンド』と言った」とアシャは記している[13]。

ボースによるインド独立運動の再活性化

日本の支援取り付けに成功したチャンドラ・ボースは、すぐさま構想を実行に移した。Ｒ・Ｂ・ボースも独立運動の指揮を譲りたい意向で、一九四三年七月にシンガポール――当時は日本の軍政下にあり「昭南」と呼ばれていた――で開かれた「インド独立連盟」（ＩＩＬ）の大会で自身が務めていた代表ポストをチャンドラ・ボースに譲った。チャンドラ・ボースはＩＮＡの指揮権も受け継ぐことになり、最高司令官に就任した(14)。これによってモーハン・シン解任後停滞していたＩＮＡに新たな息が吹き込まれ、活動が再開されていくことになる。

日本側としても、南方における戦争を有利に進めるためにボースの合流はプラスだった。当初、アジア太平洋戦争（大東亜戦争）の戦域にインドは含まれていなかった。しかし、一九四二年三月に日本軍がラングーン（現ヤンゴン）を陥落させるなどビルマ（現ミャンマー）攻略に予想以上のスピードで成功したこともあり、大本営は「二十一号作戦」と呼ばれるインド進攻作戦の準備を命じた。連合軍によるインドから重慶政府への物資補給ルート（いわゆる「援蒋ルート」）を遮断して日中戦争の状況を好転させるとともに、英国を戦線から離脱させたいとの意図からだった。第一五軍司令官として一九四四年のインパール作戦を強硬に推進した牟田口廉也中将（当時は第一八師団長）ですらこのときは補給の態勢が十分でないことを理由に作戦実施は困難との考えを示したため実現はしなかったが、「インドへの進攻」がオプションのひとつになったこと――のちにインパール作戦として実施される――は確かだった。また、ボース

写真3　チャンドラ・ボース（右から2人目）とアーナンド・モーハン・サハーイ（右から3人目）

は一九四三年一一月に東京で開かれた日本主導のサミット「大東亜会議」に出席した[15]。インドは「大東亜共栄圏」には含まれていなかったためオブザーバーとしての扱いだったが、会議で発言の機会もあり、日本と協力する形でインド独立を達成したいとの考えを表明した。なお、会議出席のために来日したボースに対し、東条は日本軍が占領したインドのアンダマン・ニコバル諸島[16]を自由インド仮政府に委譲する決定を下した旨伝えており、これにより仮政府が「領土」――実質的な統治は日本による軍政が続いたが――を獲得した格好になった。

チャンドラ・ボースは軍事面だけではなく、政治面でも独立運動の組織化に着手した。一九四三年一〇月、ボースはシンガポールで「自由インド仮政府」の樹立を宣言し[17]、自ら主席兼首相に就任した。INAは仮政府の軍として位置づけられた。樹立翌日、仮政府は英米に対し宣戦布告を行った。アシャの父アーナンド・モーハン・サハーイは官房長官的

ポストに任命されており、独立運動のなかで重要な存在になっていたことがうかがえる。(18)

インド国民軍女性部隊と朝子

チャンドラ・ボースに会ったとき、アシャはある「直訴」をしていた。それは、自分を「ラーニー・オブ・ジャーンシー連隊」(The Rani of Jhansi Regiment) に入隊させてほしいという要請だった。この連隊はインド人女性だけで編制されるＩＮＡの一組織で、ＩＮＡの最高司令官に就いたボースによって新設された。戦闘部隊にかぎって言えば、こうした組織は当時のアジアはもちろん、米欧でも見られないものだった。(19) 連隊名に付けられた「ラーニー・オブ・ジャーンシー」とは、一八五七年のインド大反乱で勇猛果敢に戦ったジャーンシー藩王国の王妃のことを指す。ボースはインドが英国から独立を勝ち取るためには男性だけではなく、女性を含むすべてのインド人が立ち上がることが必要だと考えていた。彼は男女だけでなく、各宗教を平等に扱っていたこと――彼の副官やＩＮＡの幹部にはイスラーム教徒が多く含まれていた――でも知られ、一部のグループだけではない、インド全体としての「ナショナリズム」を掲げ、その理想のもとに祖国の自由を達成せんとする指導者だった。折しもインド本国ではヒンドゥー教徒とイスラーム教徒の対立が激化しつつあった。この対立は戦後になって修復不可能なレベルまで達し、最終的に印パ分離独立にいたる。もし戦後もネータージーが生きていて、インドで活躍してくれたら分離独立も、それに伴う多数の犠牲者発生という悲劇も避けられたのではないか――いまでもそう考えるインド人は多い。

女でも独立のための闘争に参加できる――思いもよらなかったボースの呼びかけにアシャは興奮し、自らも身を投じたいと決意した。そこで彼女は母サティに頼んで、女性部隊への入隊をチャンドラ・ボースに働きかけてもらった。ところがボースは「こんな花のようにデリケートな娘達が戦えるのか」と最初はつれない返答をした。しかしアシャは諦めなかった。「私達が国のために死ねるのを閣下は知らない」と言うと、彼女の心意気に胸を打たれたボースは「外見は柔弱だが心は強いな」と答えて将来の入隊を認めたという。[20]

ＩＮＡの「女性部隊」を率いていたのは、ラクシュミー・スワミナタンという女性だった。南インド出身のラクシュミーは、シンガポールで医師として仕事をしていたが、現地でＩＩＬの活動にも関わっていた。チャンドラ・ボースが来てＩＮＡの指揮権を引き継ぎ、女性部隊創設の考えを披露したのに対し、いちはやく志願したのが彼女だった。先述したとおり、そもそも当時のアジアには女性が参加できる軍隊などなかったため、ラクシュミーにも当然軍隊経験はなかったが、彼女にはリーダーとしての才能が備わっていたようだ。大尉の階級を与えられ、「ラーニー・オブ・ジャーンシー」連隊の指揮をとることになった。ラクシュミーの回想によると、女性部隊の規模は最大で将兵一〇〇〇人、看護兵二〇〇人に達したという。[21] ＩＮＡ本隊と同様、女性部隊も彼女の指揮の下でインド解放の戦いに備えるべく連日激しい訓練に取り組んでいった。

一方のアシャは一九四五年二月に一七歳になり、念願の女性部隊入隊が許可された。しかしこのころ、日本の戦局は悪化の一途をたどっていた。ビルマ方面軍隷下の第一五軍を率いていた牟田口廉也司令官のもと、一九四四年三月には起死回生を期して「ウ号作戦」、すなわちインパール作戦が始められた。しかし、補給の見通しの甘さとモンスーンによる豪雨、こうした環境の下での赤痢をはじめとする感染症の蔓延、英印軍の強力な迎撃によって日本軍は手痛い敗北を喫した。インパール作戦にはＩＮＡも友軍としてシャー・ナワーズ・カーン大佐率いる第一師団が加わった。インド・ビルマ国境を越えて祖国の地に足を踏み入れはしたものの――アシャの父、アーナンド・モーハン・サハーイも文官ながらこのとき現地を視察した――、多くの犠牲者を出して撤退のやむなきにいたった(22)。チャンドラ・ボースはインパール作戦でインド北東部に進入して自由インド仮政府の拠点を構築し、そこからインド各地の国民に決起を促す考えだったとされるが、その計画も頓挫してしまった。

太平洋方面でも、一九四四年七月にはサイパンが陥落し、いわゆる「絶対国防圏」が米軍によって突破された（この責任をとる形で東条英機首相は辞任した）。サイパンとテニアンを確保したことで米軍はこれらの島を基地に日本本土への空襲を開始するようになり、一九四四年秋からは東京も標的になった。それまで「銃後」だった本土が「戦場」と化していったのである。そのことは、東京の女学校に通うアシャも肌で感じていた。それだけに、一日も早く自分も祖国解放の闘いに加わりたいという思いを募らせていたことだろう。

アシャがＩＮＡ女性部隊に入隊するために東京を発ったのは、一九四五年三月下旬のことだった。東京に戻っていた父サハーイが同行してくれた。同月一〇日には東京大空襲があり、下町を中心に帝都は灰燼に帰していた。東京駅から列車に乗り込み、まず神戸へ。生まれ故郷への立ち寄りも、やはり激しい空襲で大きな被害を受けた有様を目の当たりにして懐かしさだけではなく悲しさや怒りの感情が彼女の胸中を去来したのではないだろうか。そこからさらに九州に移動し、軍用機で台北へ。さらに海南島やサイゴン（現ホーチミンシティ）を経て、五月七日に女性部隊の訓練キャンプがあるタイのバンコクに到着した。

女性部隊に正式に入隊したのは五月三〇日。厳しい訓練が始まった。

異国、それも軍隊という、まったく新しい、経験したことのない環境での日々。戸惑いや体力的な負担も大きかったに違いないが、同時に待ち望んでいた場にいることの高揚感といずれ加わることになるであろう戦闘への緊張感で充実した日々だったようだ。後年『アシャの日記』として出版された彼女の日記からは、当時の様子が生き生きと伝わってくる。ところが、入隊してから約一か月後、彼女は体調を崩してしまう。マラリアだった。訓練どころではなく、高熱にうなされながらベッドで過ごすしかなかった。

写真4　インド国民軍女性部隊の軍服を着用したアシャ

おわりに

マラリアに罹患したアシャは二五日間にわたって寝込んだ。体力を回復して日記を書けるようになったのは七月一四日のことだった。日本の戦争は続いていたが、本土決戦を主張する一部の強硬派を別にすれば、最終的な決断――降伏という形で――が時間の問題であることは誰の目にも明らかだった。広島・長崎への原爆投下とソ連の対日参戦を経て、万事休した日本は一九四五年八月一五日、ポツダム宣言受諾という形で連合国への降伏を表明した。

これを受けて、日本軍と緊密に連携してきた自由インド仮政府およびＩＮＡの活動も停止となった。それでもなお指導者のチャンドラ・ボースは自由獲得のための闘争を諦めず、ソ連との協力を模索することにした。日本軍のはからいで大連に向かう軍用機に同乗させてもらえることになったので、当時の満州でソ連軍と接触を図るという算段だった。八月一八日、ボースは副官一人を伴ってサイゴン発の軍用機に乗った。悲劇が起きたのは給油のために立ち寄った台北の松山飛行場でだった。離陸しようとした際、エンジンがひとつ外れてしまい、バランスを失った機体は墜落。ガソリンに引火した結果、周囲は火の海となり、ボースも全身に重度の火傷を負った。台北市内の陸軍病院で日本人医師の手当てを受けたものの、その甲斐なく同日夜にボースの死亡が確認された。ガンディーやネルーと並ぶ、インド独立運動の傑出した指導者がこの世から姿を消した(23)。

チャンドラ・ボース亡き後、仮政府やＩＮＡ幹部の多くは英印軍に拘束された。アシャの父、サハーイもそのひとりで、シンガポールの監獄に留置されて尋問を受けることになった。一方のアシャは日本の降伏後もバンコクに留まっていたが、その後シンガポールで釈放された父と再会を果たし、一九四六年にインドへと帰国――日本で生まれ育った彼女にとって祖国の地を踏むのはこのときが初めてだったが――した。その後、母サティや妹弟も東京・荻窪の家を引き払ってインドに渡り、サハーイ家が再びひとつになった。

本章で取り上げた人物の歩みを振り返ると、彼らはインド独立運動において具体的な成果を挙げていないかのように見える。チャンドラ・ボースは武力によるインド解放の夢を実現することは叶わず、志半ばで事故死を遂げた。ボースに従ったサハーイは戦後も生き長らえたものの、インド独立後に政府の要職に就くことはなかった[24]。アシャはＩＮＡ女性部隊に入隊こそしたが、現地で病に倒れ、気がついたときには戦争は終わりかけていた。では、こうした数々の努力は無意味だったのだろうか。インド独立を成し遂げたのは、「非暴力」を掲げたＭ・Ｋ・ガンディーら国民会議派主流派によるところが大きいのは間違いない。しかし同時に、ボース率いる国外の独立運動が果たした役割も忘れられるべきではない。一九四五年一一月から翌四六年五月にかけて、ＩＮＡ幹部三人を反逆罪等の容疑で裁く軍事裁判がデリーのレッド・フォートで行われた。このとき、愛国者を罰するとは何事かとインド国民から猛烈な反発が巻き起こり、英国側は危機感を強め、インドからの撤収を決断する大きな要因になった[25]。こうした反応をもたらしたのも、ボースらの独立運動が形だけではなく、実際に人員と資金を調達し、軍隊を組織し、政府機構を整備するなど「本気」で祖国の自由を勝ち取ろうとしたからこそである。その意味で、彼らの努力はインド独立における「影の立役者」と言えるのではないだろうか。

（1）　Ｍ・Ｋ・ガンディーは「マハートマー・ガンディー」として知られるが、この「マハートマー」とは「偉大な魂」を意味する彼への一種の敬称である。
（2）　日本では「スバース」を省略して「チャンドラ・ボース」と表記するのが一般的であり、本章も便宜上それに従う。ただし、彼には独立運動指導者だったサラット・チャンドラ・ボース（Sarat Chandra Bose）という兄がおり、本国では区別するため「スバース・チャンドラ・ボース（Subhash Chandra Bose）」とフルネーム表記されることが一般的である。また、ボースは「ネータージー」（英文での綴りはNetaji。ネタジ、ネタージの表記もある）という、「指導者」を意味する敬称で呼ばれることも多い。

（3） R・B・ボースについては、中島岳志『中村屋のボース　インド独立運動と近代日本のアジア主義』（白水社、二〇〇五年）を参照。

（4） 一九二一年のワシントン海軍軍縮会議の成果として米英仏日の間で四カ国条約が締結され、これに伴い日英同盟が失効となった。

（5） ちなみに、独立運動家関係者がインド料理店を開業した例は他にもあり、インド独立連盟の日本支部長を務めたラーマ・ムールティの弟ジャヤによる「アジャンタ」という店（当初阿佐ヶ谷で開業し、九段を経て現在は麹町）がある。

（6） A・M・ナイルは一九〇五年に英領インドのトリヴァンドラム（現ティルヴァナンタプラム）に生まれたインド人。一九二八年に来日し、京都帝国大学工学部に学んだ。同大卒業後、R・B・ボースのインド独立運動に加わり、満州でも活動した。彼の活動については、A・M・ナイル『知られざるインド独立闘争　A・M・ナイル回想録』（風濤社、一九八三年）を参照。

（7） ただし、これは本国の会議派による正式な承認を得たものではないようで、その後「在日本インド国民協会（Indian National Assoiation of Japan）」と改称している。

（8） アシャの歩みについての記述は、笠井亮平『インド独立の志士「朝子」』（白水社、二〇一六年）にもとづく。

（9） 戦時中の一九四二年一一月に設置された中央省庁で、「大東亜共栄圏」の統治が所掌とされた。敗戦後の一九四五年八月下旬に廃止され、外務省に統合された。

（10） インド国民軍立ち上げに際しては、日本陸軍の藤原岩市少佐と彼が率いた通称「F機関」と呼ばれる組織がバンコクやマレー半島で果たした役割が大きい。藤原岩市『F機関――アジア解放を夢見た特務機関長の手記』（原書房、二〇一二年）。

（11）当初、東条首相はＩＮＡに良い印象を持っておらず、インド独立への関心も持っていなかったが、ボースとの会談で考えを一変し、支持に転じたという。
（12）このときアシャの父サハーイがボースに面会した様子はうかがえない。別の案件で東京にいなかった可能性が考えられる。
（13）このエピソードは、アシャが当時日本語でつけていた日記を戦後になって整理し、二〇一〇年に昭和女子大学から非売品として出版された『アシャの日記』（一一三頁）に収録されている。
（14）チャンドラ・ボースが最高司令官に就任する前のＩＮＡを「第一期ＩＮＡ」、就任後を「第二期ＩＮＡ」と呼ぶ。
（15）正式メンバーとして出席したのは日本（東条英機首相）、中華民国南京国民政府（汪兆銘行政院長）、満州国（張景恵総理）、フィリピン（ラウレル大統領）、ビルマ（バー・モウ首相）、タイ（ワンワイタヤーコーン親王）。
（16）インド洋でインドとビルマの間に位置する島嶼群の総称。一九四二年まで英国の統治下にあったが、同年三月に日本軍がビルマ作戦の一環で占領した。同諸島の中心都市、ポート・ブレアには英領時代に政治犯を収容する監獄があり、日本軍に引き継がれた。
（17）自由インド仮政府を承認したのは、日本、ドイツ、イタリア、中華民国南京国民政府（いわゆる汪兆銘政権）等の九カ国で、いずれも枢軸国側の政府。インドの宗主国である英国が加わる連合国側から仮政府の承認を行った政府はいなかった。
（18）正式名称は「閣僚待遇の次官（Secretary with ministerial rank）」。
（19）米欧の軍でも、後方業務や事務職で女性が任務に従事するケースはあった。なお、ＩＮＡの女性部隊には戦闘部門のほかに看護任務を専門にする部門もあった。なお、ソ連では女性が兵士として実戦に投入され、ドイツ軍と戦った。
（20）『アシャの日記』には六月一五日に帝国ホテルで開かれた茶会の席でこのやりとりに関する記述がある（一

六ー一七頁)。この時点(ボースの初来日)ではINAに女性部隊は設置されておらず、ボースもまだINAの指揮権を委ねられていないことから、二回目以降の来日時に交わされたやりとりと混同している可能性が考えられる。
(21) Lakshmi Sahgal, ***A Revolutionary Life: Memoirs of a Political Activist***, New Delhi: Kali for Women, 1997, p. 169.
(22) このとき、INA女性部隊は直接戦闘に参加することはなかったものの、ビルマ北部のメイミョー(現ピンウーリン)で負傷して後送されたINA兵の看護業務に従事した。Ibid., pp. 84-85.
(23) ただし、「飛行機事故によるボース死亡」はカモフラージュで、本人は別ルートでソ連に渡ったという「生存説」を信じる向きもインドには依然として存在する。独立後、インド政府は三度にわたり調査団を組織し、日本等での現地調査を行ってボースの死の真偽を検証しようとしたが、いずれも確固たる結論を出すにはいたらなかった。ボースは台北で荼毘に付され、遺骨は日本に移送され、紆余曲折を経て、東京都杉並区の蓮光寺という仏教寺院で保管・供養されている。上記のようなインド側の状況により、現在に至るまで遺骨の返還は実現していない。
(24) サハーイは独立後、タイ等でインド大使を務めたが、中央政府の閣僚や州首相等になることはなかった。一九九一年没。
(25) この裁判では、かつてボースと立場を異にしたインド国民会議派がINA被告のために弁護団を結成し、ジャワーハルラール・ネルーも名を連ねた。

第4章　モディの静かな革命
――BJPによる統治の再検討　二〇一四年――二〇一九年

マリー・ラル

二〇一九年の総選挙が近づくにつれて、インドの内外で論争を引き起こしてきたモディ首相率いるヒンドゥー民族主義政権が、国内的におよび国際にどんな実績があげたのかが改めて問い直されている。この章では、モディ首相の対外・対内政策を再検討し、五年前の公約に照らしてこれを評価してみよう。[1] 何十年にもわたる国民会議派による、被差別カーストや被差別集団に対する雇用などの割り当て政策に幻滅していた非常にぶ厚い若年層の期待に、モディ首相が応えることができたかどうかをまず論じる。アブドゥル・カラーム前大統領は、「若年世代に、経済成長と文明的な遺産の結果として得られる繁栄と安全を提供できて、我々は初めて未来において記憶されるだろう[2]」と述べた。本章では、モディがこの目標をどれほど達成できたかという問いに答えるべく努めたい。

背景

モディ政権の誕生は、インドの独立とその後五〇年にわたってインドの国内を支配してきた国民会議派の政策そのものが背景となっている。一九四七年から一九八〇年までインド経済の成長は遅々としたものであった。国内発展よりも、ネルー主義的な自主独立という冷戦下の非同盟主義のビジョンが優先された。よって社会主義的理想主義の下、経済成長は「ヒンドゥー的」と揶揄された遅々としたものに過ぎなかった。しかし世界は変化を遂げ、冷戦が終わるとインドの経済モデルも弱体化し、一九九一年には経済改革が行われて国家の運営方法に変化が訪れた。直接投資の受け入れ政策でも対外政策でも、ネルー主義的理想が支配的なものだったが、インドの巨大な人口に開発の恩恵が及ぶためには、自給自足を基礎とした経済モデルではとてもうまくいかなかったのである。

経済改革の中心的な要素は、政策決定の権限を各々の州に分権化することで、その結果新たな地域政党が誕生するとともに、豊かな南部と貧しい北部との間の格差が拡大することになった。地域政党はそれぞれの州のニーズを、中央政治で与党（当初は国民会議派、一九九八年以降はＢＪＰ）と連立することで表出することができた。もっともこれによってインド全体が均衡のとれた発展ができたかどうかは疑わしい。インド人口の三分の二を占める農村部の人々の生活はあまり改善せず、ＩＴ関連、製薬産業やサービス産業の成長は、都市中産階級に有利に作用した。インドでは依然として人口増加が続いていることから、インド経済が成長しても農村に取り残された巨大な人口は雇用が限られ、農業部門の技術進歩が限られていることから、利益を得ることができない。また、都市に移住した人々も、ちゃんとした職につくのは簡単ではなかった。

インドのアイデンティティの再定義

一九九一年以降おこってきたのは、経済成長によって社会の特定分野が恩恵を受けてきたことだけではない。パキスタンの場合とは違い、インド独立の際には、新生インドのアイデンティティは民族や言語や宗教が共通していることではなく、歴史を共有していることに求められた。ネルーのドクトリンは、世俗的で多元的であり、多様性を包摂するビジョンであった。一九九〇年代の末まで権力の座にあった国民会議派は、この考え方を教育を通じて普及させ、市民権をもって国民的アイデンティティとする態度をとってきた。一九九一年の経済改革によって、インド経済は国際的に開放されるようになり、その結果都市の中産階級の興隆がおこった。そうすると彼らは、こういった世俗的なインドのアイデンティティに疑問を呈し始めたのである。ヒンドゥー民族主義者運動と並行して、運動の政治組織であるインド人民党（ＢＪＰ）の人気が高まり、ヒンドゥー文化に基づいてインドのアイデンティティを再定義しようと企てられたのである。ＢＪＰの主要な目標は、「ヒンドゥー至上主義（Hindutva）」のイデオロギーを未来の世代に植え付けることであった(3)。

ヒンドゥー至上主義は、インドは主としてヒンドゥー教徒の人々の国であるという前提に基づいており、インドに居住しているヒンドゥー教徒以外の少数派は、多数派の支配を受け入れるか、それともインドを去るかの選択をしなくてはならない。経済改革後の一〇年間で、ＢＪＰは一層勢力を強め、一九九八年の選挙でＢＪＰに率いられた政党連合である国民民主連合（National Democratic Alliance）が、政権の座に就くことになった。さっそく彼らは、インドの社会過程を教育によって変えようとし、二〇〇〇年に制定されたＮＣＦ（National Curriculum Framework：全国教育課程枠組み）によって、新たな教育政策の基本となる指針が公式に示された。このＮＣＦは、非常にヒンドゥー至上主義的色彩が強く、ＢＪＰのスローガンだった「インド化され、民族化され、インド精神に基づくインドへ（Indianise, nationalize and spiritualise）」に基づくものだった。このスローガンの持つ言説としての意味は極めて大きい。というのは、「インド化」ということは、今のインドは実際にはインドではないということなので、真のインドにならなければいけないということを意味する。「民族化」ということは、インドは本来の意味でインド的ではない要素が多すぎ、十分に民族的ではないからより純化しなくてはならないということを意味しよう。非インド的な要素とは何かと言えば、イギリスの持ちこんだ要素の遺産とともに、インド文化の中でムガール朝（つまりイスラム）の侵略者によって持ちこまれたとされるものが含まれる。「インド精神」ということは、今のインドは、経済のグローバル化によって持ちこまれた消費文化ではなく、外来の非ヒンドゥー的要素によって魂を奪われていることとされる。こういった教育政策によって、ヒンドゥー教徒ではない少数派に対抗的な形で、大規模な教科書の改訂が行われた。新たな教科書では、ムスリムは歴史的に一体で、敵対的で常に攻撃的で聖なるヒンドゥーの土地、女性、牛、そして寺院を蹂躙する存在と描かれている。

ＢＪＰがインドの中央政界で権力の座についたことによって、公立学校以外でも宗教と教育の分離には事実上終止符が打たれたと見てよい。ＢＪＰの唱える多数者支配の論理によって、インド国民は、ヒンドゥー教によって概念化し直されたのである。しかしながら、これは包摂的なヒンドゥー的性格のことではなく、ヒンドゥーとそれ以外との間を区別する性質のものである。この議論の背後にある政府側の論理は、これまでは少数派の役割が重視され過ぎていたために、多数派のヒンドゥー教徒が冷遇されていたのだ、というものである。ＢＪＰは、この状況を「是正」してヒンドゥー教徒を正当に取り扱い、それは教育から始めるというのである。以上のようなヒンドゥー民族主義者の政策目標は、インドのアイデンティティの急進的な再解釈であり、これまでとはまったく違うものをインドのアイデンティティの核心に置こうとするものなのである。

この時期ＢＪＰのビジョンは経済開発よりもイデオロギーを指向していて、この点では国民会議派と同様であった。経済的にはそれまで政権を担ってきた国民会議派より、急進的な改革を続けると約束した。しかし結局、大した改革はできなかった。地方の住民や都市の大衆層のための経済開発が成功したかどうかははっきりしなかった。そのため、二〇〇四年の総選挙でＢＪＰは敗北し、国民会議派主導の連立政権に二期連続で政権を明け渡すことになった。その一〇年間、国民会議派は地方の貧困層を優遇する様々な仕組みに集中したが、一二億もの人々にとって開発が意味するものを一つのビジョンでまとめ、それを実現することには失敗した。とは言え都市部の若年層の多くは、職や教育機会の割り当てといったアファーマティブ・アクションで被差別カーストを保護する政治には回帰したくなかった。二〇一四年には、不満を持つ大衆はＢＪＰを再び政権の座につけたが、この度のＢＪＰは、前グジャラート州知事で何かと物議を醸すナレンドラ・モディの率いるＢＪＰだった。モディは、急進的なヒンドゥー民族主義者ではあったものの、雇用創出、官僚的規制の廃止、そして政府内の腐敗一掃といった開発ビジョンの刷新を訴えて選挙戦を戦った。

モディの選出

モディ首相は人気があるものの論争を呼ぶ人物である。彼は、ヒンドゥー民族主義を掲げる武装組織である民族奉仕団（RSS: Rashtriya Swayamsevak Sangh）に一貫して所属してきた。ヒンドゥー民族主義者のグジャラート州知事として、側近達とともに、グジャラート州で二〇〇二年の反ムスリム政策から非合法の殺害にいたるまでの犯罪に関与したとして非難されており、アメリカへの入国が禁止されていたことすらある。しかしモディは、若い支持者達（インドの人口の三分の二は三五歳以下である）に、腐敗した古い政治秩序を破壊するために革命に加わるとともに、インドの栄光のための必要不可欠な枠組み、つまり市場経済を強化するよう、熱心に訴えた。モディは、マネージメント、安全保障、それにインド文明の栄光などの用語を巧みに操り、ヒンドゥー民族主義を開発のレトリックと結びつけたのである。

モディが首相になる以前、グジャラート州知事時代は、グジャラート州では、州政府黙認のムスリムへの暴力行為が頻発し、「ヒンドゥー至上主義の実験室」[4]と描かれていた。モディはヒンドゥー至上主義を自分流に再定義して、開発、民族主義、そしてヒンドゥー的アイデンティティを結びつけた。「民族主義とは開発である」「民族主義者であることが、ヒンドゥー至上主義の本質である」と彼は宣言したのである。またＢＪＰは選挙で大勝したので、様々な地域政党と連立を組んで妥協する必要はなくなっていた[5]。政府の優先的な政策分野は、経済成長、雇用創出、インフラ整備、腐敗のない清潔な統治、そして国民会議派のものとは違う、貧困層や地方住民のための社会政策であった。

五年後の現実――モディ政権の実績

モディ政権の「静かなる革命」に対する国民の審判が下る選挙が二〇一九年四月～五月に実施されたが、選挙戦ではいくつかの問題が大きくクローズアップされた。モディは経済成長を約束し、事実それを実現した。経済成長はインド社会全体で見られ、それは「メイク・イン・インディア」のかけ声の下で行われた数々の雇用創出プログラムの結果である。海外からの直接投資も雇用、とりわけ製造業での雇用を生む部門に焦点が当てられた。モディ政権の性格を物語っているのは、以下の二つの非常に論争的な経済政策である。一つは全国一律の消費税（GST: Goods and Service Tax）を導入して税制を統一すること、それと紙幣の切り替えである。これを執筆している段階では、これらの政策がどれほどの恩恵をもたらしたのかは不明確である。しかし、中小企業に対する支援プログラムは、資本設備の近代化投資や技能開発のための低利融資を通じてＧＤＰ成長に寄与し、こういった部門に依存している人々の生活を改善したことは事実である。

しかしながら、議会で歴然とした多数議席を誇っていたにもかかわらず、過去四年間に公約した急進的経済改革には、実行できなかったものもある。まず第一に民営化は進まなかった。金融システム、とりわけ公的銀行の民営化は、依然として喫緊の課題である。公共企業、例えばインド航空、インド国営鉄道そしてその他多くの企業の民営化が、少なくとも部分的には必要である。ＢＪＰは、国内の零細企業を保護するために、マルチブランドの小売業に対する直接投資は禁止すると約束したが、ウォルマートはＥコマースのプラットフォームであるフリップカートをスタートさせるのに、世界最大の投資を行った。これはインドの小売業に大きな影響を及ぼすであろう。

次節以下で、モディの静かな革命への道であった国内政策の道標を、より詳しく検討し、彼が首相としてどれくらい成功したのかを評価してみよう。実際には二〇一四年～一九年の五年間に開始されたプログラムの多くは評価が難しい。というのは、多くがまだ初期段階だからである。しかし可能な範囲で、二〇一九年段階での一定の評価を試みよう。

経済計画

一九四七年の独立以来、インドでは中央レベルの計画委員会が、経済計画の策定も実施も担当してきた。一九九一年に経済改革が行われ、州レベルへ権限委譲が行われたが、すでに中央集権的な上に、放っておくと一層集権化が進む制度的力学を抑えることはできなかった。モディ政権はあまりにも官僚的で上意下達が過ぎるとして計画委員会を廃止し、代わって政策委員会（NITI Aayog）を設けた。それは計画に関して、中央と州が同等の権限を行使することを約束するものであった。政策委員会は、法人のようにＣＥＯと説明責任のある代表がいて、起業家や中小企業を支援して、あらゆる部門の雇用を促進することが求められた。二〇一七年以降、政府は五カ年計画も廃止し、今では課題と目標が明確な三カ年計画と一五カ年計画だけが策定されている。この改革がどの程度成功したのか判断するには、時期尚早である。しかしながら、古くからはびこってきたインドの官僚主義がある程度は改革され、国全体の改革がより容易になることが期待される。

インフラ整備

モディはインドの都市住民が直面している問題の対策として、インフラ整備を約束した。二〇三〇年までにはインドの総人口の半分が都市に住む見通しである。現在は都市住民の六人に一人がスラムに住んでいて、ムンバイやデリーでは住民の半数が、屋根もトイレも電気も水道もろくにない、スラムに住んでいる。モディはスマートシティを一〇〇建設し、道路や高速鉄道で結ぶとともに、そのすべてに一〇万八〇〇〇メガワットの再生可能エネルギー施設を設置している。これは二〇一四年に比べて三倍の発電容量になるが、五年前に約束したような革命的な変化とは言えない。確かにスラムはブルドーザーで整地されたものの、約束されたように、必ずしも十分な設備の整った住居へ住民が再居住できたわけではない。スマートシティは建設に時間がかかるだろうし、現在のところこれが都市の貧困層に開かれたものになるとは思えない。

地方

モディの選挙戦は、都市の若年層だけをターゲットにしたものではなく、地方の生活水準の向上も約束し、多くの首相直轄の事業でこれを実現しようとした。例えば、「首相公的資金事業」(PMJDY: Pradhan Mantri Jan Dhan Yojana)は、地方の女性がボトル詰めのガソリンなどクリーンなエネルギーを得られるようにするために、政府が裕福な都市住民に補助金を諦めるよう求めるものである。農業灌漑事業(Krishi Sinchai Yojna)は、資源、とりわけ水資源の有効活用によって、灌漑設備が不足していてモンスーンに依存しているインド農業の生産性の向上が狙われている。首相住宅事業(Pradhan Mantri Awas Yojna)は、すべての社会階層に廉価な住居を提供することを約束するものだが、特に地方部の住宅事情を改善しようとする事業が含まれている。多くの若者が自分の故郷で自分の家を建てる手段がないために、地方から都市のスラムに流入するので、これも重要課題である。以下に見るように地方住民は他の様々な事業の対象となっていて、それには衛生、保険、女児などを対象とする事業がある。

社会事業

BJPによる政権は、独立以来攻社会的公正と下層カーストの保護に基づいた政治を推進してきた国民会議派とは、異なった社会事業を始める必要があった。おそらくモディのもっとも論争的な社会事業は、アドハー(***Aadhaar***)と呼ばれる一二桁の国民識別番号で生体情報や顔写真情報で本人照合をする世界最大のIDシステムである。アドハーカードは、政府事業の対象となるために必須とされている。そのもともとの目的は、腐敗だらけの政府の給付システムを透明にするとともに、なんらかの身分証明書を国民全員に提供することだった。二〇一八年までにインド人の九九%がデジタルの身分証明証を持っている。(6) これによって社会経済的な利益、例えば銀行口座の開設、携帯電話やガスの契約、それに現金給付や食料や燃料、また肥料などの現物給付などが得られる。今や政府の現金補助金は銀行口座に振り込まれるので、腐敗や不正を防ぐことができる。しかし当初から、政府が市民の生体情報を保有することはプライバシーを侵害するものだとして、この制度の導入を批判する人もいる。

モディ政権の他の社会事業としては国民健康保護事業（NHPS : National Health Protection Scheme）があり、これにはある種の保険を国民の約四〇%に政府が提供することが含まれている。このプロジェクトはまだ初期段階でその評価は時期尚早だが、これが社会の貧困層をターゲットに地方で医療サービスを提供するのなら、普通は医療を受けられない人々の生活水準を向上させる可能性が高い。モディの目玉プログラムは、クリーン・インディア・ミッション（Swaach Bharat Abhiyan）である。モディ自身が箒を手にして公邸から出て、インド市民には美化に責任があるとして手本を見せたくらいである(7)。しかしこれは道の清掃に留まるものではない。中心的なものは、トイレ建設で、依然トイレの数が十分ではない地方で広く行われている屋外排泄を止めさせることである。政府は各々の家庭でトイレを作るための補助金を提供し、家の外で共有トイレを利用しなくてもよいようにしようとしている。しかしながらラジスタンで収集されたデータによれば、トイレ建設のための資金は不十分で、人々はあえてトイレを作ろうとしない。屋外排泄は依然として大きな問題である(8)。

金融上の包摂、貧困と少額ローン

一部でキャッシュレス化が進んでいるため、より多くの人々が銀行口座を持つようになっている。「首相公的資金事業」(Pradhan Mantri Jan Dhan Yojana: PMJDY)によって、三年間で二億九四〇〇万の新たな銀行口座が作られ、これによって銀行サービスがより広く受けられるようになった。これは大成功だと喧伝されている。ジョージタウン大学による独自の研究では、利用状況は当初低調だったが、六カ月後には一挙に拡大したという(9)。このプログラムと関連して、「首相少額資金事業」(Pradhan Mantri Mudra Yojana)と呼ばれる貸し付けプログラムも始められた。この「ローン不適格者へのローン」によって、新たな機会を創出し、それによって得られた収益で返済ができると期待されている。これによって五万から一〇〇万ルピーのローンが提供される。政府のデータでは、すでに総額三五兆ルピーが九〇〇〇万以上の借り手に融資されている。興味深いことに、借り手の七六%は女性でその過半数は指定カーストや指定部族およびその他の少数派コミュニティに属する人々である。このプログラムは、企業家の事業を支援して雇用を創出することでもある。しかしながら、銀行を通じて提供される五〇万ルピーを超える大口のローンや投資は、雇用創出の面では効果的だが、全体のわずか一・三%でしかない。

教育

教育分野では相当の改革と変化があった。モディ政権は、技能訓練とそれに基づいた（学位に匹敵する）資格を重視し、それは公式の教育機会を逸した人々に就業機会を提供することが目的だった。独自の技能開発省を設けて、こういった雇用に直結する種類の教育を支援した。他方で中央政府の教育予算は二〇一三―一四年の四・七七％から二〇一八―一九年には三・四八％と配分割合が減少したが、これは不都合な話だった。というのは、インドでは国民すべてに初等教育は無償ということになっているが、現実には八年次以降は学校に行かなくなる生徒が多いのが相変わらず実情なので、教育制度に投資を続けていた方が賢明だったからである。政府は国家教育政策を策定し、これによって二〇一九年以降カリキュラムや教科書の内容を変更しようとしているが、現在は初等中等教育の質的改善に重点があり、教員の訓練を重視するとともに、八年次までは放課後の居残り授業をしないという方針を放棄して、読み書き、そして計算ができなければ進級できなくするようにしようとした。

高等教育はモディ政権がとりわけ力を入れた分野で、質的向上（つまり外国人の学者がインドを訪れてコースを担当する制度の導入）のため資源を投入してグローバルな競争力を強化しようとしてきた。主要な改革としては、様々な機関、とりわけ国家重点機関（INI: Institutes of National Importance）と認定された、機関の自主性を拡大したことがある。高等教育の拡大の一環として、研究大学（中核大学およびＩＮＩ）の増設も行われ、これによって良質の高等教育をうける機会を拡大しようともした。また、特別の資金を分配して州立大学の地域的な不均衡を是正しようともした。しかしながら、全般的にみると、公的資金は削減され、教育の民営化が奨励され、個別の教育機関の説明責任が強く問われるとともに、ビジネスに応用可能な研究が奨励される傾向が強まった。

環境保護

開発と雇用が重視されたものの、それは当然環境に大きな影響をおよぼすと考えられるので、モディ政権は環境保護事業も開始した。その一例が「水をすべての人々に（Jalyukt Shivar Yojana）」と呼ばれる節水事業がある。これはマハーラーシュトラ州政府が始めたもので、これによって地下水位が上昇したとのことである。同州政府によれば、干ばつのあった二〇一四年には五〇〇〇以上の村と一〇〇〇以上の集落に飲料水を提供したが、その時には六〇〇〇以上の給水装置が使われた。二〇一八年にはわずか一五二しか使われなくなった。政府はマハートマ・ガンディー全国地域雇用保証法（MGNREGA）を発動して節水に努め、五〇〇億ルピーを支出して一〇〇万の保水施設を作った。また他の事業としてはエネルギー節約のために、ＬＥＤ電球を五千万個輸入したことがある。これによってＬＥＤ電球の価格は二〇一四年には五〇〇ルピーだったが、二〇一九年には五〇ルピーにまで低落した。温暖化防止のためのパリ合意で、エネルギーの四〇％を再生可能エネルギーとすると約束しているが、モディ政権はこれを履行するべく行動していると主張している。

ジェンダー

ＢＰＪは議席の三分の一を女性議員に割り当てると約束したが、この公約は守られなかった。しかしながら、二〇一八年四月には二六人の閣僚のうち六人が女性でその中には、国防や外務という重要ポストも含まれていた。

政府は「女児に保護と教育を」(Beti Bachao Beti Padhao) と呼ばれる女児保護事業を二〇一五年に開始し、それ以降国内六四〇の地域で導入されている。その目的は、女児の教育や福祉を充実させ、女児の嬰児殺しを減らすことである。二〇一五―一七年の間に、一六一のうち一〇四の地域で女児の出生率に改善が見られたことが報告されている。[10] しかしながら、強姦件数の増加も伝えられている。政府はこれに対して一二歳以下の未成年に対する強姦には死刑を導入するとともに、その他の事件についても審理を迅速化することで対応している。

カーストと宗教

ここまで見てきた事業は、カーストにも宗教にも無関係にインド人すべてを対象としたものだ。このことはインドにある種の社会的正義をもたらすために、社会の最貧層で歴史的に差別を受けてきた人々には、ある種のアファーマティブ・アクションによる能動的な是正措置が必要だとして、国民会議派が資源を優先的に分配してきたのとは大きく異なる。モディ政権の下で、国民会議派は指定カースト（Dalitis）や、指定部族、それにＯＢＣと呼ばれるその他の後進的階級は、依然として他のグループの人々が享受できる権利を平等に享受できていないと指摘している。

ムスリムの人々はヒンドゥー民族主義の政治でもっとも影響を受ける少数派集団の中で、最大のグループである。いくつかの右翼的ヒンドゥー主義集団によって絶えず加えられている政治的圧力によって推進されているヒンドゥー至上主義的政治運動によって、ムスリムに対する露骨な差別が受容されるようになってきている。このことは、例えば彼らに対してとられた牛の屠殺禁止措置に顕著である。ほとんどの屠殺場やなめし皮工場はムスリムが運営しており、牛の屠殺禁止措置は多くの人々の生活を直撃する問題である。経済的な影響だけではなく、ヒンドゥー過激主義者は自警団を組織し、ことの真偽にかかわらず牛を屠殺していると嫌疑をかけたムスリムを、勝手に殺害したりする行為に及んでいる。結局の牛の屠殺禁止措置は廃止されたが、多くの州で自警団による監視は続いている。

ＢＪＰはマニフェストで、統一民法典を設けると約束していたが、これはいつの間にかうやむやにされてしまった(11)。しかしながら、二〇一七年八月には、最高裁判所はイスラム法による簡易な離婚手続き（triple talaq）を違憲であると宣言した。このことは多くの保守的なムスリムに衝撃を与えたが、ムスリムの女性には広く好意的に受け止められている。

州選挙――変化はどう評価されたのか

二〇一八年一二月に、ラジスタン、マディヤ・プラデシュ、テランガーナ、チャッティスガルおよびミゾラムの各州の選挙結果が宣言された。ＢＪＰはラジスタン、チャッティスガルそしてマディヤ・プラデシュで敗れ、これら三つの州では国民会議派が勝利した。そしてテランガーナ州とミゾラム州では地域政党が勝利を収めた。これら五つの州の選挙戦では、カーストや地域的な問題が争点となり、それは州政府の開発問題で実績をあげてこなかったことから関心をそらそうとしたためかもしれない。この方針は逆効果となった。国民会議派はただちに政府を強く批判して、モディが政権に政権発足前にした約束を守っていないと指摘した。

この地方選挙における敗北は二〇一九年に予定されていた総選挙の結果に疑問を投げかけたが、モディ政権はこれがあくまでそれぞれの州の実績に関するものであり、中央政府およびモディ個人を評価する二〇一九年の総選挙結果を左右するものではないとした。確かにこれまでの例では、州選挙はほとんど総選挙の結果と関係してはいない。事実二〇一九年五月の選挙では、ＢＪＰは五二三議席中三〇〇以上を獲得した。過半数を十分に上回る多数議席を獲得したのだから、モディの政策が国民に支持されたと言える。だが、州選挙の結果はモディの一連の政策が州レベルそして一連の改革がターゲットにしていた階層に均霑していないことをしめす事実ではある。

対外政策――継続性か変動か

モディがずっと民族奉仕団（ＲＳＳ）のメンバーなので、対外政策面でヒンドゥー民族主義のビジョンと結びついた、いわば「超越的」文明論的アプローチをするのではないかとも考えたくなる。ＲＳＳは、インド洋に面する南アジア全体に広がる文明圏であるとインドを捉える「統一インド（Akhand Bharat）」の復活を語ってきた。しかし、モディの対外政策の優先事項は、地域を文明論に基づいて支配するというよりも、国内の経済開発政策と一体となったものであった。カンウォル・シバル（Kanwal Sibal）前外相が言っているとおり、「経済開発、近代化商業環境の改善、デジタルインド、起業インド、技術のインド、メーク・インドなどといった諸目標に集中することで、今姿を現しつつある不確実で競争のより激しい世界におけるインドの国益を確保しようとする狙いがある。また、グローバルなさまざまな課題について、建設的立場をとることでインドを支持してくれる国を増やすことも、目標である」[12]。そしてモディは、インドの首相として二〇年ぶりに二〇一八年にダボス会議に出席したことから窺えるように、これはある程度正しい。しかし、依然として識者のあいだには、インドの対外政策がかつての国際社会から一目置かれる倫理的立場から、国内政策を支えるためのものに実際に変化したかどうかについては、論争がある。以下では、モディの過去五年間の任期中における、インドと中国、アメリカ、パキスタン、およびその他の南アジア諸国との関係を見てみよう。

対米関係

選挙戦の間は外交政策がモディにとって優先度の高い分野ではなかったことは、興味深い点である。しかし、ひとたび地位に就くと、モディは対外政策を外相のスシャマ・スワラジに任せようとはせず、二〇一八年一二月までには三五回の外遊をこなし、五三カ国を訪問した。もっとも重要な外遊の一つは、二〇一七年七月にトランプ大統領と初めて会談するための訪米で、これはモディの五回目の訪米になる。ここでの最大の目的は、「アメリカ第二」を声高に語るトランプに、なぜインドがアメリカにとって重要で、今後も重要でありつづけるかを強調することだった。米印貿易ではアメリカが赤字を計上していることを考えると、これは簡単なことではない。しかしモディはどうやらドイツのアンゲラ・メルケル首相やベトナムのグエン・スアン・フック首相の経験からトランプをどう扱うかを学んだようだ。「インドの国益は協力で繁栄し、成功しているアメリカにあると確信している」と述べて、トランプの「アメリカ第一」という信条を暗黙に支持した[13]。米印の核合意によって、インドがアメリカの核技術を買うことで、アメリカの貿易赤字も埋め合わせがつくはずである。言うまでもなく、米印核合意はインドが核不拡散条約に加盟しなくとも、インドを事実上の核保有国として認知するための手段であった。実際には、モディ政権がアメリカ議会の政策を変えさせたというよりも、これは従来の外交の延長線上にあるもので、米印核合意によって民生用の原子力技関連物資の輸出規制が解除されたとともに、ミサイル技術管理レジーム、ワッセナー協定やオーストラリア・グループへの加盟の道を開いた。原子力供給国グループへの加入は依然ハッキリしないが、二〇〇五年までは非同盟諸国をまったく受け入れてこなかった上記の三つのクラブに入れたことは、インドにとって大きな成果である。これに加えて二〇一七年には、アメリカが「主要防衛パートナー国」の地位をインドに与え、アメリカの防衛技術を事実上アメリカの同盟国と同等の条件で獲得できるようになった(14)。

対中関係

中国は独立以来インド外交にとって主要な頭痛の種である。中国もインドもともにアジアにおける巨大国家であり、過去の文明に対する強い誇りを持つとともに、一九四〇年代から五〇年代には自分たちの経済的後進性を痛感していた。インドと中国がライバルなのは自然なことであり、両国関係は常に問題含みであった。ネルーの政治観は友好的な政策を指向するものであり、インドの後に独立した中国が孤立しないようにしようとするものであった。このような方法で、ネルーは印中協力によって第三世界の新独立諸国を指導する「正常な」世界秩序を確立しようと望んだ。一九五四年に両国はチベットの地位について協定を結び、そこで平和五原則が謳われることになった。しかし一九六〇年代に印中が国境問題で対立し、それが一九六二年に本格的な戦争に発展した。インドはその戦争で手痛い敗北を喫することになった。

両国の経済関係は発展し、両国間の貿易も増加してきたが、二〇一三年に開始された一帯一路によって安全保障上の懸念が強まっている。一帯一路は、インドを取り巻く三本の現代のシルクロード経済回廊を構想している。西の「中パ経済回廊（ＣＰＥＣ）であり、北のカトマンズとラサを結ぶトランス・ヒマラヤ鉄道、そして東にはバングラデシュ―中国―インド―ミャンマーを結ぶ経済回廊（BCIM-EC）である。インドはこういった地域における連結性を向上させる政策を既成事実として捉え、二〇一六年三月ニューデリーで開かれたいわゆるレイジナ対話の席で、ジャイシャンカル外務次官は「問題はこういった連結性構築を、協議を通じて行うのか一方的な決定によって行うのかである(15)」と述べるに至った。

ＡＩＩＢ（アジアインフラ投資銀行）についても両国間には意見の相違がある。インドは同銀行の創設メンバーではあるが、これが地域において一帯一路を支えるもので、中国に支配されている機関だと理解している。モディのアプローチは国民会議派のものと異なるものではなく、中印はともにアジアにおける文明圏国家であり、いずれも他方に従属するものではないことを強調する。二〇一五年のモディは以下のように述べている。「もし前世紀が同盟の時代なら、今世紀は相互依存の時代である。よって、お互いが対立関係にたつような同盟について云々することには根拠がない。いずれにせよ、我々はともに古典文明を継承する大国なのであり、相互に依存しているのである。われわれはともに、封じ込めることはできないし、他国の計画の駒になることもない(16)。」

とは言え、ブータンが領有権を主張しているドクラム地域に中国が道路建設を開始すると、印中両国軍は七三日間にらみ合いを続け、両国関係は一挙に冷却化した。インド軍は速やかに介入して中国側を驚かせ、中国のいつもの攻撃的威嚇や被害者を気取る恩着せがましい言動に動ずることはなかった。両国軍のにらみ合いは二〇一七年八月に終わり、中国が建設しようとしてインド軍の展開が始まった、問題の道路は建設しないという了解が成立した。しかし、中国軍は依然として現地にとどまっているし、中国はブータンの東に位置するアルナチャル・プラデシュ州全体の領有権を主張しつづけており、雪解けとともに両軍の間で毎年繰り広げられる国境問題は依然として手つかずである。二〇一八年四月に武漢で行われた習近平とモディの首脳会談で、両国関係はやや改善し、一部ではデタントも語られた。これはインドで、二〇一八年初めに外務次官がジャイシャンカルから前駐中国大使だったビジャイ・ゴーカレに代わったことが関係しているかもしれない。しかしながら、インドが中国の一帯一路計画によって包囲され締め上げられていると感じている限り、印中関係は円滑化しそうもない。

パキスタン

パキスタンとの関係では、インドはカシミールの一部の領有権を主張し実効支配線をまたいで小競り合いが繰り返されてきた。二〇〇一年のインドの国会や二〇〇八年にムンバイ市へのテロ事件を始めとする越境テロ攻撃のために、ずっと緊張状態が続いている。アフガニスタンにおけるインドの役割も物議をかもす問題で、インドは数十年にもおよぶ戦争の後のアフガニスタンの開発復興を支援しているに過ぎないと主張しているが、パキスタン側はこれはパキスタン包囲の試みだと見なしている。

モディは就任式の際にパキスタンのシャリフ首相をデリーに招待することで、関係改善の姿勢を見せた。しかし、パキスタン筋によると、パキスタン軍部はこれがより広範囲の会合の一環でないとシャリフ首相の訪印を認めないという姿勢をとったので、南アジア地域協力連合（SAARC）諸国のすべての指導者が招待されたのだという。(17) また、二〇一五年一二月に、モディは突然ラホールを訪問したが、インドの指導者がラホールを訪問するのは二〇〇四年以来のことであった。その直後に、インドのパサンコット空軍基地に侵入したパキスタンの過激派戦闘員によってインド兵七名が殺害される事件が起こり、両国の関係は急激に冷却した。関係悪化は、この事件のせいでもあるが、同時にインド側に長期的なビジョンがなかったからでもある。国民会議派の有力議員であるシャシ・タルール（Shashi Tharoor）が述べているが、「インド政府はパキスタンというもっとも難しい隣国との交渉で、まとまった政策の枠組みを持っていないし、ましてや恒久的な平和への説得力のあるビジョンももっていない」(18)。

モディはパキスタン領からのインド軍への攻撃に対しては、ずっと強硬で非妥協的な一面をみせた。二〇一六年九月に、ウリにあるインド陸軍の駐屯地がパキスタンに本拠のあるイスラム過激派組織のジャイシュ＝エ＝ムハンマドに攻撃され、インド軍に一九名の戦死者と一〇〇名近くの負傷者が出たときは、モディはパキスタン支配下の軍事施設に局地的空爆を命じた。実効支配線を越えてインド空軍が攻撃したことそのものはなんら目新しいことではないが、それを公式に行う決定をしたことは重要である。この意味で、モディは、ヴァジパイやシンらが従ってきた、実効支配線における紛争管理上の不文律をはっきりと破ったことになるからである。これによって紛争が拡大しなかったのは、ひとえにパキスタン側がこの件を大っぴらに問題とせず、インド空軍機が境界を越えたことすら公式には否定したからである。

南アジア諸国

南アジアでインドがややこしい関係にあるのはパキスタンだけではない。モディは、インド自身に大いにマイナスだったが、インドがこれまでとってきた、南アジア地域の支配と地域諸国への干渉を続けた。二〇一五年に新たに制定された憲法の変更を求めて、インドがネパールとの国境を封鎖したことは、この点を示す好例である。[19] ネパール側は、当然こういった姿勢をインドという地域覇権国による民主主義政府に対する圧迫と認識し、代わりになる同盟相手を模索した。ネパールで選挙戦に勝利した左派連合は、インドに代わって中国との関係強化を謳った。スリランカも、南アジア地域連合の加盟国であってインドとの関係が悪化し、中国共産主義体制と直接的な関係のある中国企業に戦略的港湾施設を九九年間にわたって租借を許すことになった。モルディブは南アジアの国としてはパキスタンに次いで二番目に中国との自由貿易協定を批准し、インドの覇権主義的な地域政策とバランスをとろうとした。モディは地域に対するインドの外交政策を転換し南アジア地域連合を通じた経済統合を推進するとともに、地域を越えたより重要な問題に注力することもできたはずだ。しかし結局、国民会議派の伝統的対外政策を変えることにも、またインドの国内開発を地域市場に結びつけることにも失敗した。インドと世界の関係に本当の変化が認められるのは、首相を務めたことのあるグジュラール（I. K. Gujral）の以下の言葉が、真剣に受け止められたときだろう。「インドの世界的な役割は、そのエネルギーを地域の問題から解放して初めて可能になる、と私は一貫して信じている。そうなって初めて、世界から尊敬されるとともに、未来が開けるだろう。」

モディと日本

あるインド政府関係者によると、日本はインドのアジアにおける最重要の戦略的パートナーである。日印の間では、日米豪印によるいわゆるクワッド（QUADD）という四つの民主主義国によって構成される安全保障協力枠組みに鑑みれば重要な役割はあるものの、貿易や投資が関係を支配していると言えよう[20]。モディはすでに三回訪日しているし、安倍も二〇一四年、一五年、そして一七年に訪印している。経済関係の目玉プロジェクトは、アハメラバードとムンバイの間の高速鉄道建設計画だが、これはすでに土地買収に難航している。モディ政権が都市間の連結性を強化するために多くのことを約束したのに、なぜたった一本の路線しか建設されないのか訝るインド人も多い。日本は最近になって、インドの北東地域の開発についても協力することに関心を示しているが、これは日本が中国の一帯一路イニチアチブに対抗するために推進している、開かれたインド太平洋戦略に絡んだものであろう[21]。

以上のように、全般的に見てモディの外交政策は変化というよりも継続性の要素が強い。インドのグローバルな経済的政治的パワーとしての地位を獲得するという目標は、まったく揺らぐことのない中心的な目標である。対米関係、対パキスタン関係は過去の国民会議派時代とおおむね変わっておらず、国内の開発問題となんらはっきりした関連はない。また、この点は地域政策にも反映されていて、インドが南アジアで妥協の余地のない覇権的な地位を保つという点にも一切変化はない。しかしながら、インドが地域諸国の内政に介入したことによって南アジア地域連合の諸国との関係が悪化し、それによって中国が一帯一路イニチアチブを通じて、これらの諸国との関係を強化するのをかえって容易にしてしまったのである。

結論

本章では、二〇一四年～二〇一九年の五年にわたって、モディ政権がインドの新たな政策パッケージをどのようにもたらしたのかを検討してきた。ＢＪＰ一般に言えることだが、とりわけモディについては国内の開発問題に集中したことで成功してきたと考えられてきた。こういった様々な変動は近代化を目指すもので、下層カーストをアファーマティブ・アクションで保護しようとする政治に魅力を感じなくなった若い世代の期待に応えようとしたものだった。政府は多くの新たな事業を開始したが、その多くは成功の度合いは限定的だが、まだ結果のはっきりしないものもある。しかし重要なことは、ＢＪＰによる政権は、それまでの国民会議派の開発へのアプローチから、その内実はともかくレトリックの面では明らかに異なっていることだ。二〇一八年の終わりに行われた五つの州での選挙結果からわかることは、モディの始めた諸事業は、まだ社会の末端にまで効果を及ぼしていないということであり、宗教的争点で闘った選挙戦は、開発を実現するという約束が果たされることを望んでいた有権者を引きつけることが出来なかったということである。

しかしながら、たとえＢＪＰ政権による民生面での諸事業の成功が限定的なものであっても、二〇一九年の総選挙で、モディ政権は一九八四年以来最大の地滑り的勝利を収め、二〇一四年の選挙より一層大きな支持を獲得した。この成功の理由は、彼の積極的で清潔な個人的イメージと、彼のコミュニケーション技術に求められよう。インド人はモディ政権下での失敗をモディ個人の責任に帰してはおらず、多くのインド人が彼を理想的な指導者だと見なしている。しかも再選に向けたモディの選挙戦は、二〇一九年二月のプルワマにおける自爆テロとそれに対抗するインド軍のパキスタン攻撃を背景に高まった、ナショナリズムと愛国主義にも助けられた。もっともモディの外交政策は前政権のとってきたものとほとんど変わらない。政府は新たな外交政策は国内政策と結びついていると主張しているが、この二つの政策領域は、依然として結びつけられてはいない。

（1）　インド社会は四つの主要カーストに分かれ、それは何千ものより細かな下位カーストに分類できる。これに加えて、主要宗教集団の他に指定カーストや指定部族が存在し、それらの集団は憲法によって保護されている。そのため、政府による雇用や高等教育の一定割合が、これらのカーストに割り当てられている。この割り当て制度は政治的争点となり、中産階級に属する若年層が能力主義に反する逆差別だとして不満を持っている。国民会議派はこの制度をずっと支持してきたのに対して、ＢＪＰは廃止までは提案してはいないものの、より批判的な立場をとっている。地域政党はしばしばカ特定カーストに基盤があり、彼らは自分たちのカーストの利益を守ろうとしてこれらの政党に票を投じている。

（2）　https://citatis.com/a2804/05a14/

（3）　この点は、筆者による以下の文献を参照されたい。M. Lall, "Educate to hate: The use of education in the creation of antagonistic national identities in India and Pakistan." ***Compare***, 38(1), 2008. および、'Globalisation and the fundamentalisation of curricula – lessons from India', in Lall, M. and Vickers, E. (eds.) ***Education as a Political Tool in Asia***, London: Routledge, 2009.

（4） H. Spodek, "In the Hindutva laboratory: Pogroms and politics in Gujarat 2002", ***Modern Asian Studies***, 44(2), 2010, p. 349.

（5） ＢＪＰの得票率は二〇〇九年の一九％から二〇一四年には三一％に達し、連立を組む必要のない単独過半数の議席を得た。これについては、以下の文献を参照のこと。L. T. Flåten, "Spreading Hindutva through education: Still a priority for the BJP?" ***India Review***, 16(4), 2007.

（6） https://medium.com/@pavankumar7/aadhaar-a-huge-success-story-and-the-issues-of-security-privacy-dc0e4a97770e

（7） https://www.ndtv.com/photos/news/the-pm-and-a-broom-clean-india-mission-launched--18588

（8） これは二〇一六―一八年にラジスタン州のバスワラ地域で採集された現地調査によるもので、ここではトイレは作られても倉庫として使われていた。また他の問題として、トイレを作っても配管がされていないと水質汚染がおこるが、調査チームの見たトイレは配管が施されていなかったという。

（9） https://www.livemint.com/Opinion/wfertnZlyGRTmGiyGnJLrI/The-admirable-success-of-the-JanDhan-Yojana.html

（10） https://timesofindia.indiatimes.com/india/beti-bachao-beti-padhao-programme-extended-to-all-640-districts-to-improve-child-sex-ratio/articleshow/61759269.cms

（11） 統一民法典は現在も議論されており、それはインドにおけるそれぞれの主要な宗教集団の経典や慣習に基づく属人法に代わってすべての市民を共通のルールで起立しようとするものである。

（12） https://economictimes.indiatimes.com/news/politics-and-nation/pm-narendra-modi-expands-on-his-foreign-policy-vision-of-india-as-a-strategic-global-player/articleshow/62643491.cms

（13） https://www.whitehouse.gov/briefings-statements/remarks-president-trump-prime-minister-modi-india-joint-press-statement/

（14） https://www.livemint.com/Politics/eCHMGqDy5bl2MpFrtgRd4H/India-gets-unique-status-of-major-defence-partner-of-US.html

（15）　https://mea.gov.in/Speeches-Statements.htm?dtl/26433
（16）　https://newsroom24x7.com/2015/05/15/if-the-last-century-was-the-age-of-alliances-this-is-an-era-of-interdependence-narendra-modi-to-students-in-beijing/
（17）　パキスタンの元外交官との匿名インタビューによる。
（18）　https://www.project-syndicate.org/commentary/india-has-no-cohesive-pakistan-policy-by-shashi-tharoor-2018-10
（19）　https://www.bbc.com/news/world-asia-35041366
（20）　https://thediplomat.com/2017/11/us-japan-india-and-australia-hold-working-level-quadrilateral-meeting-on-regional-cooperation/
（21）　https://www.forbes.com/sites/wadeshepard/2017/07/31/india-and-japan-join-forces-to-counter-china-and-build-their-own-new-silk-road/#35747e804982

（田所昌幸／訳）

第5章　二〇〇〇年代のインドにおける庶民党の盛衰

三輪　博樹

はじめに

インドは独立以来ほぼ一貫して議会制民主主義を維持している国として知られるが、その「民主主義」は、あくまで手続きの部分に限られる。人々の自由・平等・安全、社会正義の実現などを民主主義の重要な構成要素であると考えれば、インドが民主主義の国であるかどうかは、甚だ疑わしいものとなってしまうのである。

国際NGO「フリーダム・ハウス（Freedom House）」が二〇二〇年に発表した「世界の自由度二〇二〇（Freedom in the World 2020）」によれば、インドは一〇〇点満点中七一点で「自由」な国とされているが、この得点はそれほど高いものではない。自由とされている国々の中では、インドは最下位に近い。インドの場合、公正な選挙が行われているか、自由な政治的競争と政治参加が見られるかといった項目に関する得点は高いが、思想・信条の自由が保障されているか、集会や結社の自由が保障されているか、法律がきちんと機能しているか、個人の自由や権利が守られているかといった項目の得点は低い。政府がうまく機能しているかという項目でも、得点はやや低いものとなっている[1]。

次節で述べるように、二〇〇〇年代以降のインドの政党政治と選挙政治はかなり安定的なものとなり、それにともなって政府の政策の一貫性も高まった。しかし、このことは同時に、インドにおける政党政治の活力低下を招くことにもなり、各政党は、様々な新しい政策課題に関する人々の要求に応えることができなくなった。こうした中で、停滞したインド政治の変革を期待されて登場してきたと考えられるのが、汚職防止対策を求める人々の運動の中から結成された「庶民党（Aam Aadmi Party：AAP）」である。本章ではこの庶民党に着目し、同党の結成までの経緯、選挙における成功、党組織の変化、党活動への若者の参加などについてまとめる[2]。

実のところ、庶民党の「絶頂期」は二〇一〇年代前半の一時期に過ぎなかった。庶民党は現在もなお一定の勢力を保持しており、インド政治の変革の担い手としての役割も失われたわけではないが、同党の組織は以前とは大きく異なったものとなっており、党組織自体も衰退の一途をたどっているように思われる。変革に対する国民の期待は今や、二〇一四年に首相に就任したナレンドラ・モディ（Narendra Modi）が一身に背負っていると言っても過言ではない。しかしそれでも、庶民党の誕生から衰退までの過程を検証することは、インド政治が大きく変化していった二〇一〇年代において、人々が何を考え、何を期待していたのかを理解する上で役に立つはずである。

１　二〇〇〇年代以降のインド政治の状況と新たな動き(3)

(1) インド政治における安定と停滞

独立後のインドの政党政治は、長らく、独立運動を担ったインド国民会議派（以下、「会議派」と略）を中心としたものであった。しかし、会議派の勢力低下、ヒンドゥー・ナショナリズムを主張するインド人民党（Bharatiya Janata Party：BJP）の勢力拡大、政党数の急激な増加といった変化によって、一九八〇年代末以降には「競合的多党制（competitive multi-party system）」と呼ばれる政党システムが見られるようになった［Yadav 1996: 95; Yadav 1999: 2393–2394; 三輪　二〇一五ａ：五五―六四］。

ただし、一九八〇年代末から一九九〇年代末までの約一〇年間は、人々（特に社会的弱者層）の政治参加が拡大したこと、政党間の連合・協力関係が不安定であったこと、選挙における流動性が高まり、選挙結果が与党にとって不利なものになりやすくなったことなどから、中央での政党政治も不安定な状態が続いた。中央の政党政治がようやく安定化に向かったのは、二〇〇〇年代に入ってからである。二〇〇〇年代半ば以降は、主要二大政党である会議派とＢＪＰを中心として、それぞれが政党連合を形成して競合するという、二極的な対立構図が見られるようになった［Palshikar, Suri and Yadav 2014: 3–4; 三輪　二〇一九：四五］。

この二極的な対立構図の中で、会議派は「統一進歩連合（United Progressive Alliance：UPA）」という政党連合を、ＢＪＰは「国民民主連合（National Democratic Alliance：NDA）」という政党連合をそれぞれ結成し、中央や州での政権樹立を目指して競合した。連合を構成する政党は選挙のたびに変化したが、中央では、これら二つの連合のどちらかが政権を担当するという状況が続いた。これに対して、会議派とＢＪＰ以外の政党による「第三勢力」の形成を目指す動きもあったが、この動きが成功することはなかった。

　このような、中央での政党政治の安定化、会議派とＢＪＰによる二極的な対立構図の完成にともなって、選挙政治における各政党の主張内容にも大きな違いが見られなくなっていった。経済・外交・安全保障など、国全体に関わる政策や、社会正義・マイノリティー・環境保護などの問題に関して、各政党の主張は似通ったものとなった。こうした状況は、「イデオロギーに関する収斂状態」とも呼ばれる。各政党にとっては、電力・道路・水利など狭い意味での開発政策や、雇用や物価など人々にとって身近な問題について良いガバナンスを提供できるか、人々にとって魅力的な強い指導者を提示することができるかが、州議会選挙や連邦下院選挙で勝利を収める上で重要なものとなった［Yadav and Palshikar 2009: 400; Palshikar, Suri and Yadav 2014: 4, 16–17, 22–23］。

　各政党の主張内容に大きな違いが見られなくなったことは、政党政治の安定化、さらには政策の一貫性に寄与することとなったが、これは同時に、政策上のポジションという点では、有権者がとり得る選択肢を狭めることにもなった［Palshikar, Suri and Yadav 2014: 2］。また、中央での連立政権の常態化によって、選挙期間中の政党間の協力関係は流動的なものとなり、政権樹立の見通しはもっぱら、選挙後の政党間の交渉に委ねられる場合が多くなった。二〇〇九年の連邦下院選挙の際には、選挙期間中にはＵＰＡと

ＮＤＡのどちらにつくのか態度を明らかにせず、選挙結果を見てから支持する側を決定するという、「勝ち馬戦略」を採用する政党もあった［三輪　二〇一五ａ：六六―六七、七〇］。このような状況は、有権者にとっての選挙の重要性を低下させることにつながった。

このようなインドの政党政治と選挙政治をめぐる状況について、インドの政治学者Ｓ・パルシカル（Suhas Palshikar）とＹ・ヤーダヴ（Yogendra Yadav）は以下のように指摘している――「政治参加の拡大が減速し、政治参加の拡大にともなって生じていた選挙における流動性が低下したことで、第三の選挙システムによって解き放たれていたエネルギーは、微小な社会的ブロックの形成という方向に断片化し、イデオロギーに関する収斂という全般的な原則によって抑え込まれてしまっている。一九九〇年代の民主主義的拡大において見られた変革への可能性は、選挙による定期的な政権交代の中で抑え込まれ、飼い慣らされてしまったのだ」［Yadav and Palshikar 2009: 421］(4)。

(2) 政策課題をめぐる新たな動き

その一方で、最近のインドでは、これまではあまり顧みられてこなかったような政策課題が重要なものとなり、それらの課題をめぐる人々の運動が活発になっている。具体的には、以下のような項目が挙げられる(5)。政策課題としては特に目新しいものではないが、注目すべきは、これらの課題が重要なものとして人々に認識されるようになったこと、人々が政党や政治家に対して、これらの課題に対してより真剣に取り組むことを求めるようになってきたことである［三輪　二〇一九：四九］。

（１）農業／農民――借金を苦にした農民の自殺などの問題。カーストや宗教によって分裂している農民をまとめ、強い圧力団体を作り上げることができるか。

（2）若者の雇用――職業や機会が十分にないため、若者の間には将来への不安感が広がっている。公務員採用の手続きにおける透明性に対しても疑念の声が広がっている。

（3）政治腐敗――政治資金をめぐる透明性の問題や、ブラックマネーの問題など。公務員採用の手続きにおける透明性の問題は、若者の雇用の問題であると同時に、政治腐敗に関する問題でもあると言える。

（4）環境問題――大気汚染や水質汚染など。人口の増加や都市化の進展にともなって、インドの環境問題はさらに悪化している。

（5）女性の安全――伝統的なインド社会において女性の地位が低いこと、女性に対する性犯罪、女性に対する「イヴ・ティージング」と呼ばれる嫌がらせなど。

これらの政策課題が重要視されるようになっている状況に関して、インド国内のメディアでは、「オルタナティヴ政治」「新しい政治」といった用語が用いられている。ただし、前述のとおり、これらの政策課題自体は特に目新しいものではないし、「オルタナティヴ政治」「新しい政治」とは言うものの、その実態ははっきりしない。インドの政治学者E・シュリダラン（E. Sridharan）は、インドで言われているオルタナティヴ政治とは、特定の政策課題にもとづいた運動（movement）に過ぎないとの見方を示している（二〇一八年三月一二日に聞き取り）。

とは言え、こうした政策課題が重要なものとして人々に認識されるようになり、これらの課題に対して真剣に取り組むよう、政党や政治家に求める声が強まっているという事実は、新しい動きとして注目すべきであろう。これらの政策課題はもはや、選挙のときに有権者の動員のために使える便利な「道具」ではない。各政党は、これらの課題について、人々の要求に真摯に応えなければならなくなっているのである［三輪　二〇一九：四九―五〇］。

（3）中間層と若年層の政治意識

政策課題をめぐる新たな動きとともに、現在のインドでは、新たな社会集団の動向も重要になっている。そうした社会集団のひとつが中間層、もうひとつが若年層である。

インドの中間層をどのように定義するかは調査機関などによって異なっているが、デリーの研究機関である発展途上社会研究センター（Centre for the Study of Developing Societies：CSDS）が二〇一四年の連邦下院選挙の際に行った調査では、収入や家屋の種類などの経済的な指標と、職業などの社会的な指標を組み合わせた定義が用いられている。このような定義にもとづいて、ＣＳＤＳのこの調査では、回答者の一一％が富裕層、三六％が中間層、三三％が下層、二〇％が貧困層とされている［Sridharan 2017: 270–271］。

二〇一四年の調査と二〇〇九年の調査を比べると、貧困層の割合が四一％から二〇％に半減し、その一方で、富裕層は六％から一一％に、中間層は二〇％から三六％に、それぞれ増加している。また、貧困層よりも富裕層や中間層のほうが選挙において高い投票率を示しており、特に、中間層の投票率はすべての階層の中でもっとも高い値となっている［Sridharan 2017: 274–275］。中間層の人口が急速に増加し、さらに政治に対しても高い関心を示していると見られることから、これらの中間層の動向がインドの政治において重要なものになることは間違いない。

図１　政治に対する関心度（2011年、男女別、最終学歴別）

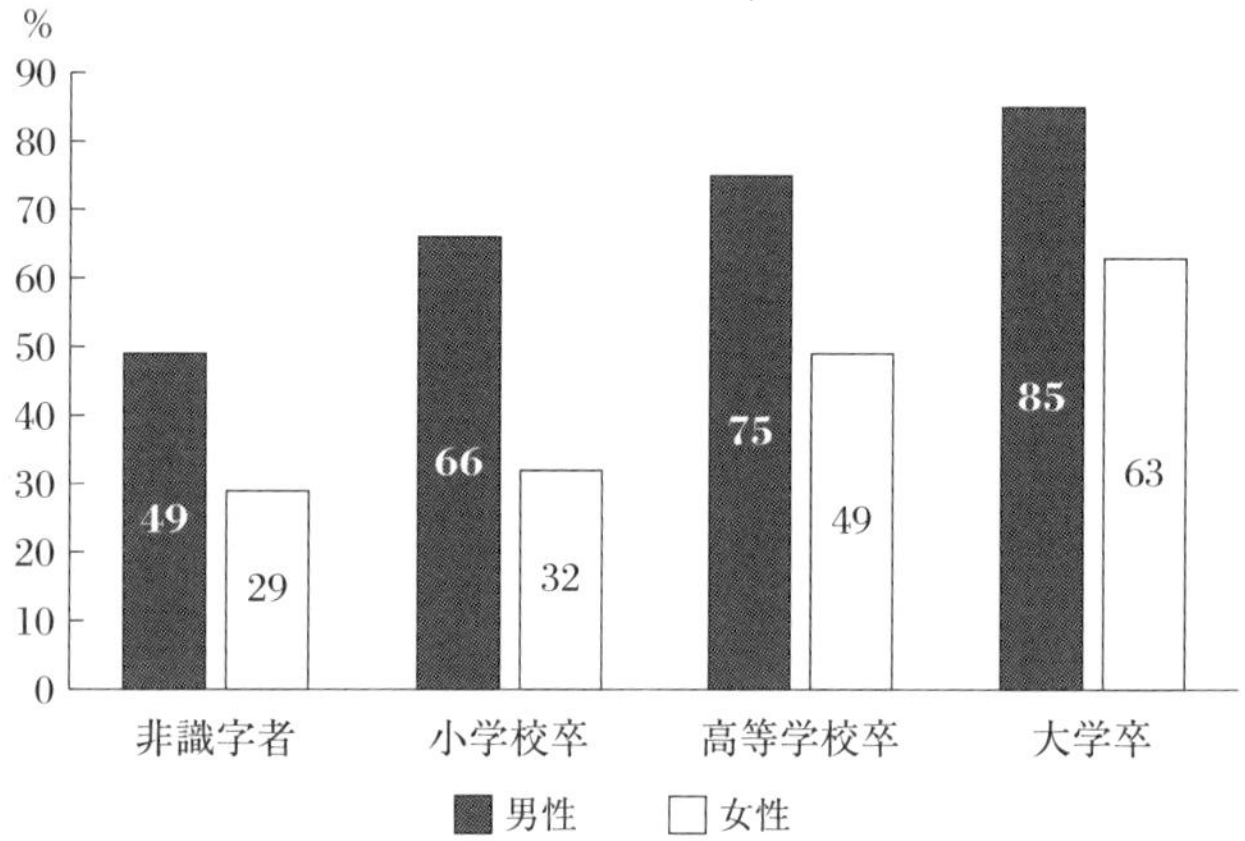

注：「政治に関心を持っている」と回答した者の割合。数値の単位は％。
出所：Sampat and Mishra［2014: 25］.

インドの若年層については、近年、政治意識の高まりと政治参加の拡大の傾向が指摘されている。若者の意識に関するＣＳＤＳの調査によれば、一九九六年から二〇一六年までの二〇年間に、政治に対して関心を持つ若者の割合は顕著に増加している。この調査によれば、政治に対して関心を持っていると答えた若者（一八―三四歳）の割合は、一九九六年の調査では三七％にとどまっていたが、この割合はその後一貫して上昇し、二〇一六年の調査では五一％に達した［Mishra and Gupta 2019: 42–43］。また、若者の意識に関する二〇一一年の同様の調査では、女性よりも男性のほうが政治に対する関心度が高く、さらに、最終学歴が高いほど政治に対する関心度が高くなるという傾向が示された（図１）［Sampat and Mishra 2014: 24–26］。

選挙での投票に関しては、若者の意識に関するＣＳＤＳの二〇一六年の調査によれば、若者（一八―三四歳）の五四％が「これまですべての選挙で投票した」と答え、二〇％が「ほとんどの選挙で投票した」と答えた。二〇〇七年の調査と比べると、「すべての選挙で投票した」と答えた若者の割合は九ポイントの増加（四五％→五四％）であった［Mishra and Gupta 2019: 44–45］。他方、ＣＳＤＳが一九九九年から二〇〇九年までの三回の連邦下院選挙の際に行った別の調査では、一八歳から二五歳までの若者の投票率は五〇％台で推移しており、有権者全体の投票率よりもやや低かった。しかし、二〇一四年の連邦下院選挙の際の調査では、これらの若者の投票率は六八％にまで上昇し、有権者全体の投票率（六六％）を上回るものとなった［Kumar 2017: 241］。

これらの中間層や若年層の人々が、前項で述べた政策課題に対して強い関心を抱いている可能性は高い。しかし、二〇〇〇年代以降の安定・停滞した政党政治のもとで、各政党は、これらの政策課題に対する人々の要求に応えることができなかった。そのような状況に対する人々の不満は、時として、デモや座り込みなど、政府に対する直接的な行動となって現れることもあった［三輪　二〇一五ａ：六八―六九、三輪　二〇一九：五〇］。二〇一二年に結成された庶民党は、停滞したインド政治の変革を期待されて、人々からの支持を集めたのではないかと考えられる。

2　反汚職運動の高まりと庶民党の結成

⑴　反汚職運動と汚職防止対策法

庶民党の結成に至るまでの「前史」と考えられるのは、二〇一一年に行われた反汚職運動と、汚職防止対策法の制定をめぐる動きである。二〇一一年四月五日、退役軍人の社会運動家であったアンナ・ハザレ

（Anna Hazare）という人物が、政治腐敗に対処するための法律の制定を求めて、デリー市内の史跡ジャンタル・マンタルでハンストを開始した。ハザレが要求した「汚職防止対策法」、通称「ロークパール（Lokpal）法」は、政府職員や連邦議員、連邦政府閣僚などが関わった汚職に対して、捜査や訴追などを行うための権限を持ったオンブズマンを設置するというものである。(6) この法律は、一九六九年以来何度も制定が試みられてきたが、いまだ制定には至っていなかった。

ハザレはインド国内でそれほど有名な人物ではなかったため、中央政府の当初の対応は冷淡なものであった。しかし、ハンストに対する国民の支持が日を追うごとに大きくなり、メディアにも大きく取り上げられるようになると、政府もハザレの要求を無視することはできなくなった。その結果、ハザレがハンストを開始してから三日後の四月八日、政府側が彼の要求を受け入れる形で、汚職防止対策法案の起草委員会の設置が決定された。

政府が設置した起草委員会は、政府側の代表者と社会運動家側の代表者から構成されていたが、法案の内容をめぐって両者の間で対立が続いた。最終的には、社会運動家側が示していた草案の内容を一部反映させる形で汚職防止対策法案が閣議承認され、二〇一一年八月に連邦下院に提出された。しかし、この法案では、現職の首相や上級司法関係者が法律の監視対象外とされるなど、社会運動家側が求めていた重要項目は盛り込まれなかった。ハザレら社会運動家側は、この法案の内容では不十分であると批判し、二〇一一年から二〇一二年にかけて抗議活動を行ったが、この時期になると抗議活動はかつてのような勢いを得ることはできなかった。その後、この法案は修正や再提出などを経て二〇一三年に可決・成立し、二〇一四年一月一日に汚職防止対策法として発効した。

一方、ハザレとともに反汚職運動を行っていた運動体「India Against Corruption：IAC」の内部では、中心メンバーの一人であったアルヴィンド・ケジュリワル（Arvind Kejriwal）を中心に、新党結成の動きが進められた。二〇一二年八月初旬には、最高裁の元判事や軍の元幹部、ジャーナリストなど二三人の知識人が、ハンストを続けていたハザレに向けて声明を発表し、ハンストを中止して、「既存のものに代わる政治勢力」の結成に力を注ぐよう求めた。同じく二〇一二年八月には、ＩＡＣの幹部による会合が開かれ、新党結成に向けた準備委員会を設置することが決定されたが、ハザレはこのような動きを批判し、自身は新党の結成に加わらないとの意向を示した。

(2) 庶民党の結成

ケジュリワルらは結局、ハザレと袂を分かつ形で、マハトマ・ガンディーの誕生日にあたる二〇一二年一〇月二日に新党の結成を発表した。続いて一一月二六日、新党の名称を「庶民党（Aam Aadmi Party）」とすることが発表され、ケジュリワルが同党の党首（正式な肩書きは「全国委員長（National Convenor）」）に就任した。

ケジュリワルは一九六八年生まれで、一九八九年にインド工科大学カラグプル校を卒業した後、製鉄会社タタ・スティールに入社した。その後、一九九二年にインド歳入庁に入って国税庁の管理官を務めたが、二〇〇〇年に長期休暇をとり、「パリヴァルタン（Parivartan／変革）」という名前のＮＧＯを設立した。ケジュリワルはこのＮＧＯにおいて、デリーのスラム問題への取り組みや、情報公開法の制定を求める活動などを行い、これらの活動が評価されて、二〇〇六年にはアジアのノーベル賞と言われるラモン・マグ

表１　デリー準州議会選挙の結果（2013年・2015年／定数70）

	2013年		2015年	
	議席数	得票率	議席数	得票率
インド人民党（BJP）	31	33.1％	3	32.2％
庶民党（AAP）	28	29.5％	67	54.3％
インド国民会議派	8	24.6％	0	9.7％
その他・無所属	3	—	0	—

出所：インド選挙管理委員会のウェブサイト https://eci.gov.in/statistical-report/statistical-reports/（2019年12月14日閲覧）。

サイサイ賞を受賞した。受賞後、ケジュリワルは政府職員を退職し、マグサイサイ賞の賞金をもとにして、二〇〇六年一二月に「公共主義研究財団（Public Cause Research Foundation：PCRF）」という新たなＮＧＯを立ち上げた。このＰＣＲＦというＮＧＯが、後に結成される庶民党の母体となった(7)。

庶民党が結成されてから約二カ月半が経過した二〇一二年一二月、首都デリーにおいて、国内を震撼させる婦女暴行致死事件が起こった。この事件は、一二月一六日夜、二三歳の女子学生がバスの車内で集団で性的暴行を受け、その後路上に置き去りにされたというものである。被害者の女子学生はデリー市内の病院に収容され、後にシンガポールの病院に移送されたが、一二月二九日に死亡した。この事件を受けて、デリーでは事件に対する抗議活動が激化し、庶民党の関係者もこれに参加した。抗議活動は二〇一三年一月には沈静化したが、結成されたばかりの庶民党にとっては、本件に関する一連の動きが、勢力拡大のための追い風となった可能性は高い。

この事件の後、庶民党にとっての最初の試金石となったのは、二〇一三年一一月から一二月にかけて行われたデリー準州議会選挙であった。この時点まで、デリーでは会議派とＢＪＰによる事実上の二大政党制が長く続いており、庶民党がそれにどこまで割って入れるかが注目された。選挙結果は表１に示すとおりである。七〇選挙区すべてに候補者を擁立した庶民党は得票率二九・五％を記録、二八議席を獲得して、ＢＪＰ（三一議席、得票率三三・一％）に次ぐ第二党に躍進した。選挙後にはまず、第一党となったＢＪＰが政権樹立を目指したが、最終的には断念し、その後、庶民党が会議派などからの閣外協力を得て政権を樹立した。庶民党は結成からわずか一年でデリー準州の政権を手に入れ、ケジュリワルが準州首相に就任した。

　前項で述べたとおり、二〇一三年末には中央政府が提出した汚職防止対策法案が可決・成立しており、翌二〇一四年一月一日に法律として発効したのであるが、この法律に対する社会運動家側からの批判は強かった。こうした状況の中、ケジュリワル準州首相はデリーにおいて、独自の、より厳しい内容の汚職防止対策法の制定を目指したが、制定にあたっての手続きなどの問題をめぐって、庶民党に対して閣外協力を行っていた会議派との間で対立が生じた。この対立は結局解消されず、その結果、ケジュリワル準州首相は二〇一四年二月一四日に辞任、デリーにおける庶民党政権は発足からわずか四九日で崩壊した。汚職対策などに関して具体的な成果を上げられないまま、庶民党が政権を投げ出したことに対しては、専門家などから批判の声も上がった。

表２　デリーにおける連邦下院選挙の結果（2014年・2019年／定数７）

	2014年		2019年	
	議席数	得票率	議席数	得票率
インド人民党(BJP)	7	46.6%	7	56.9%
庶民党（AAP）	0	33.1%	0	18.2%
インド国民会議派	0	15.2%	0	22.6%

出所：表１に同じ。

3　デリーにおける単独政権

（1）二〇一五年のデリー準州議会選挙

デリーにおける庶民党政権が崩壊した後、二〇一四年四月から五月にかけて、第一六次連邦下院選挙が行われた。庶民党はこの選挙で勢力拡大を狙い、連邦下院の全五四三選挙区中四三二選挙区に候補者を擁立した。しかし結果は、パンジャーブ州で四議席を獲得したのみで、期待されていたデリーやハリヤナ州では議席を獲得することはできなかった。表２は、二〇一四年の第一六次連邦下院選挙と、二〇一九年の第一七次連邦下院選挙の、デリーにおける結果を示したものである。二〇一四年の選挙においては、デリーでは会議派の一人負けの状況で、庶民党の得票率は二〇一三年のデリー準州議会選挙のときと比べてむしろ上昇している。しかし、ＢＪＰが得票率四六・六％を記録して圧勝を収めたことで、庶民党はデリーにおいて議席ゼロに終わった。この結果は、庶民党の幹部にとっては大きな衝撃だったようである。

一方、デリーでは、庶民党政権の崩壊後、二〇一四年二月一七日に大統領直轄統治が導入され、準州議会は一時停止状態となっていた。その後、九月上旬になって、ＢＪＰが単独政権の樹立に向けた動きを始めたが、これに対して庶民党から、ＢＪＰが準州議会における過半数の確保を目指して、庶民党所属の議員に対して買収を試みたという告発がなされた。ＢＪＰはこの告発に対して強く反発したが、結局、同党による政権樹立の動きは頓挫してしまった。これ以降、政権の樹立に向けた各党の具体的な動きは見られなくなり、結局、一一月四日に準州議会が解散、再選挙が行われることになった。

再選挙は二〇一五年二月に行われた。結果は表１に示したとおりである。選挙期間中の世論調査などでは、庶民党とＢＪＰによる僅差の争いになるとの予想も示されていたが、蓋を開けてみれば庶民党の圧勝であった。庶民党は得票率五四・三％を記録し、七〇議席中六七議席を獲得する歴史的大勝を収めた。この結果、デリーでは庶民党による単独政権が樹立されることとなり、二月一四日にケジュリワル党首が再び準州首相に就任した。

ＢＪＰはこの選挙において、社会運動家のキラン・ベーディー（Kiran Bedi）を同党の準州首相候補として擁立し、庶民党に対抗したが、わずか三議席の獲得に終わった。ベーディーはインド初の女性警察官僚として著名な人物で、退職後には社会運動家としてハザレの反汚職運動にも参加していたが、二〇一二年に庶民党が結成されたときには同党から距離を置き、その後ＢＪＰに接近していた。ＢＪＰとしては、ベーディーのこのような経歴から、庶民党のケジュリワルに対抗していく上で最適な人物と判断したようであるが、ＢＪＰにとって「よそ者」である彼女が同党の準州首相候補となったことで、むしろ党内の不協和音を招いてしまったとの見方も示されている［Venugopal 2015］。

（2）庶民党に対する支持

二〇一五年のデリー準州議会選挙における庶民党の勝因について、インド国内のメディアでは、同党が選挙に先駆けて「デリー対話」という活動を行い、デリーのすべての選挙区で人々との対話に務めたこと、選挙戦において他党を攻撃しないという「ポジティブ・アジェンダ」という戦略を採用し、これが好感を持って受け止められたことなどが指摘されている［Ramakrishnan 2015］。また、ＣＳＤＳの研究者は、この選挙での庶民党の勝因について以下の四点を指摘している。①庶民党がデリーにおいてある程度の支持基盤を既に築いていた。②庶民党がＢＪＰと会議派の両方から支持を奪うことに成功した。③この選挙は「誰がデリー準州首相になるか」を選ぶ住民投票的なものであったため、ＢＪＰ支持者もベーディーではなくケジュリワルを支持した。④庶民党が今回、イスラム教徒、後進階層、貧困層の間での支持拡大に成功した［Palshikar and Kumar 2015］。

二〇一三年から二〇一四年までに行われた世論調査の結果にもとづいて、階層別の庶民党の支持率を見てみると、庶民党はもともと中間層や下層の人々の間で比較的高い支持率を保ってきたが、その一方で、富裕層や貧困層の間での支持率はそれほど高くなかった［Mohanty and Sardesai 2017: 60; Kumar, Sardesai and Gupta 2015］。しかし、二〇一五年のデリー準州議会選挙では、庶民党は富裕層や貧困層の間で支持の拡大に成功し、このことが同党の大勝をもたらしたと考えられる。ＣＳＤＳの世論調査によれば、庶民党はこの選挙で、富裕層の四七％、貧困層の六六％の支持を獲得した。富裕層の支持はＢＪＰと分け合う形（庶民党：四七％、ＢＪＰ：四三％）となったが、貧困層の支持については、ＢＪＰ（二二％）と会議派（九％）に圧倒的な差をつける結果となった［Kumar and Gupta 2015］。

図２　2015年デリー準州議会選挙における年齢別支持政党

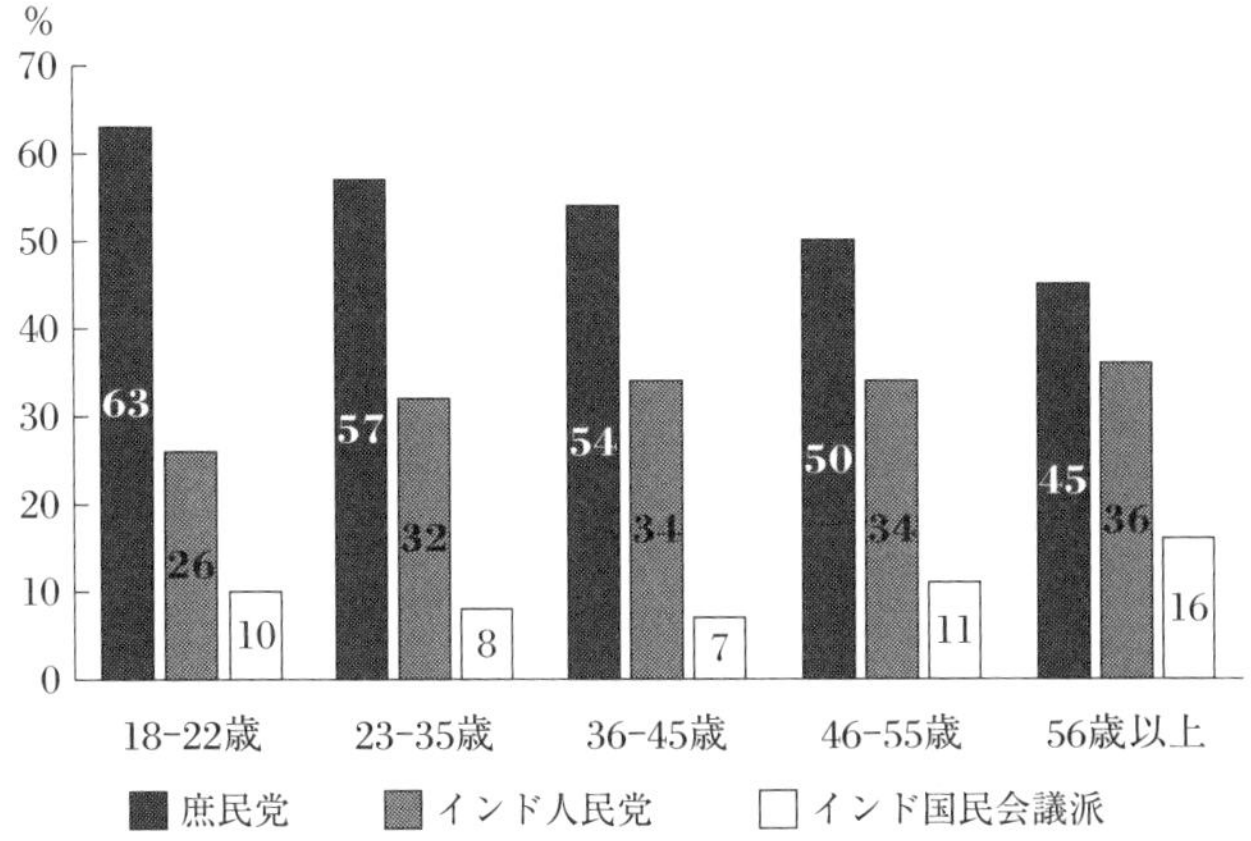

注：数値の単位は％。
出所：Rukmini［2015］.

一方、同じく二〇一三年から二〇一四年までに行われた世論調査の結果にもとづいて、庶民党に対する年齢別の支持率を見てみると、調査時期によって若干のばらつきはあるものの、年齢が低いほど庶民党を支持する傾向が強かった［Mohanty and Sardesai 2017: 60］。このような傾向は、二〇一五年のデリー準州議会選挙の際にも見られた。図２は、ＣＳＤＳの世論調査にもとづいて、この二〇一五年の選挙における年齢層別の支持政党を示したものである。どの年齢層でも庶民党に対する支持がもっとも高かったが、年齢が低いほど庶民党に対する支持率が高くなるという傾向が見られた。これに対して、ＢＪＰについては、年齢が高いほど同党に対する支持率が高くなるという傾向が見られた［Rukmini 2015］。

これらの調査結果や、庶民党がもともと二〇一一年の反汚職運動の中から結成された政党であったこと、後述するように、多くの若者が同党のボランティアとして活動していたことなどから、庶民党は第一節で述べたような政策課題に取り組むことを期待され、若年層を中心に幅広い層の支持を受けて、勢力を拡大していったと考えられる。庶民党の勝利について、S・パルシカルとS・クマールは以下のように述べている――「この票はひとりの個人や指導者だけに向けられたものではなく、何らかのコミュニティにもとづいたアイデンティティの主張でもない。このような大きな動きが、もっぱら分配と統治への期待にもとづいて発生したのは、インドの選挙史においては稀なことである。そのほとんどが都市に住み、自らの願望を自覚しているデリーの有権者は、今回の投票を通じて、デリーをより良く管理していくことと、より広く富を分配することを要求したのである」[Palshikar and Kumar 2015]。

（3） 庶民党政権の実績

次節で述べるように、デリーで単独政権を樹立した後の庶民党では、党組織の活力低下とケジュリワル党首を中心とする個人政党化が進んだ。その一方で、準州議会における圧倒的な多数派であることを背景として、デリーの庶民党政権自体は安泰であった。

政権発足後のデリー準州政府の政策については、子供の教育機会の拡大やコミュニティ病院の建設など、教育や公衆衛生の分野では、不十分だという批判はあったものの一定の成果が見られた。このほか、電力料金の引き下げ、水道料金の無料化、市民が自宅で行政サービスを受けられるようにする「doorstep delivery service」の実施などについても、政策実績として一定の評価が示された。しかしその一方で、無料Ｗ・ｉ・Ｆ・ｉの普及、大気汚染や水質汚染への対策、女性の安全対策などについては、十分な成果が上げられていないとの批判が多かった［Bhakto 2019; Jeelani 2019］。

二〇一四年二月の庶民党政権崩壊の原因となったデリー独自の汚職防止対策法については、新政権成立後の二〇一五年一一月に、「デリー人民オンブズマン法案（Delhi Janlokpal Bill）」として準州議会に提出され、修正を経た後、同年一二月に可決された。二〇一四年一月から中央で施行されている汚職防止対策法と比べて、この法案ではオンブズマンの権限が強化され、汚職に対する罰則もより厳しいものとなった。また、内部告発者の安全や社会的地位を守るための規定も盛り込まれた。この法案の成立は庶民党にとっては悲願とも言えるものであったが、二〇一六年六月、手続き上の不備を理由に中央政府から準州政府に法案が差し戻され、現在もなお法律として施行されていない。

また、デリーは正式な州ではなく連邦直轄領（準州）であるため、デリー準州政府が進める政策の可否や、公務員の人事などの管轄権をめぐって、中央政府および中央政府によって任命される準知事（Lieutenant Governor）と、準州政府との間で対立が生じることも多かった。たとえば、デリー準州政府が準州議会に法案を提出する際には、事前に中央政府からの承認を得ることが必要とされているのであるが、二〇一六年六月には、こうした事前の承認が得られていなかったとの理由で、一四本の法案が中央政府から準州政府に差し戻された。これらの法案には、前述の「デリー人民オンブズマン法案」も含まれている。ケジュリワル準州首相は、「ＢＪＰが与党を務める中央政府が、デリーの庶民党政権の政策を妨害している」と主張しているが、この主張は、デリー準州政府の政策の不備の言い訳として用いられてきたという面も否めない。

4　庶民党の党組織の変化

（1）党の分裂と新党の結成

二〇一五年のデリー準州議会選挙での勝利が、庶民党にとって大きな成功であったことは間違いない。しかしこの勝利は同時に、庶民党の党組織にとって大きな転換点でもあった。この二〇一五年の準州議会選挙では、庶民党の公認候補者の選出にあたって、汚職や犯罪歴がないかといった候補者の素性よりも、「選挙で勝てるかどうか」が重視されたと言われている。また、庶民党の執行部による候補者選出のプロセスも、それまでとは異なり、透明性を欠いたものとなっていたようである。

この点について、庶民党の設立メンバーであった元幹部は、「日和見主義」と批判した上で、以下のように語っている――「公認候補者の選出のしかたは、以前はボランティア・ベースのものだったが、現在は党の上層部を通したものになってしまった。以前は、汚職や犯罪歴のない人物を公認候補者としていたが、二回の選挙での敗北によって、庶民党は、「いかなるコストを払っても選挙で勝つことが必要だ」という考えに至ってしまった。党組織の透明性も失われてしまった」（二〇一六年三月一一日に聞き取り）[8]。

このような庶民党の戦略の変化は、党内に不協和音をもたらす結果となった。二〇一五年四月一四日には、同党の設立メンバーであったY・ヤーダヴ（Yogendra Yadav）とP・ブーシャン（Prashant Bhushan）を中心とするグループが、「スワラージ・アビヤーン（Swaraj Abhiyan／「自治運動」の意）と称する新たな運動体を結成した。両氏は、スワラージ・アビヤーンは政党ではなく、自分たちには庶民党を離れる意思はないとしていたが、この動きは執行部に対する挑発とも受け取られた。結局、庶民党の執行部は翌一五日、ヤーダヴとブーシャンを含む四人の幹部を除名し、事実上の党分裂という事態となった。その後、ヤーダヴとブーシャンらはスワラージ・アビヤーンをもとに、二〇一六年一〇月に新党「スワラージ・インディア（Swaraj India）」を結成した。

この分裂劇は、党勢の拡大などのためにはある程度現実的な路線をとらなければならないと考えるケジュリワル党首らのグループと、党の設立理念に忠実であるべきだとするヤーダヴやブーシャンらのグループとの間の、路線をめぐる対立であった。この点について、『インディア・トゥデイ』誌の記者であるA・ティヤギ（Ankit Tyagi）は以下のように説明している――「庶民党が分裂したのは、（二〇一五年の）デリー準州議会選挙をめぐる意見の対立によるものだった。庶民党としては、選挙での勝利のために、党のイデオロギーには一定の妥協をした上で、「勝てる可能性」にもとづいて候補者を選ばなければならなかった。しかし、彼ら（＝スワラージ・アビヤーンを結成したメンバー）はこれに反発した。基本的な主張は堅持した上である程度は妥協しようという現実主義と、あくまで党のイデオロギーを守るべきだという考え方の対立であった」（二〇一六年三月一六日に聞き取り）。

（2）党組織の活力低下と個人政党化

庶民党はデリー準州議会で圧倒的な勢力を保持していたため、二〇一五年四月の党分裂以降もデリーの庶民党政権が揺らぐことはなかったが、この分裂劇以降、庶民党の党組織は活力を失い、インド国内のメディアでも批判的に報じられることが多くなった。選挙でも不振が続き、二〇一七年四月に行われたデリー自治都市体の議会選挙では、(9)庶民党はＢＪＰの前に大敗を喫した。この結果は庶民党にとって大きな打撃となり、同党のデリー支部の委員長が敗北の責任を取って辞任する事態となった。

また、二〇一五年以降は、庶民党関係者による不祥事や事件も相次いだ。報道によれば、政権発足から二〇一七年三月までの二年間で、庶民党所属のデリー準州議会議員一三名が、婦女暴行、恐喝、詐欺、公文書偽造、騒擾などの容疑で逮捕された［Lama and Kausar 2017］。二〇一七年五月には、デリー準州政府のカピル・ミシュラ（Kapil Mishra）観光相兼水利相がケジュリワル準州首相との対立によって大臣を解任され、これに対してミシュラ氏が、ケジュリワル準州首相や庶民党の幹部が関与したとされる不正疑惑を告発することで反撃に出るという出来事があった。ミシュラ氏の告発には信憑性に欠ける部分もあり、同氏の政治的なパフォーマンスという面も否めなかったが、この出来事は、庶民党内部での対立の激化や、ケジュリワル党首の求心力低下を如実に示すものであった。

さらに二〇一八年二月には、デリー準州政府の政策をめぐる対立から、同政府の首席次官が庶民党所属の議員によって殴打されるという事件が起こった。事件の真相に関する官僚側と庶民党側の主張は大きく食い違い、庶民党側は首席次官を殴打したという事実を否定したが、この事件をきっかけとして、庶民党とデリー準州政府の官僚との間で対立が激化する結果となった。その後、この事件についてはデリー警察による捜査が行われ、二〇一八年八月に、ケジュリワル準州首相を含む一三名の議員が起訴された。

こうした状況の中で、庶民党の党組織も大きく変化し、ケジュリワル党首個人を中心とした組織となっていった。この点について、Ａ・ティヤギは以下のように説明している――「庶民党のように、幹部（cadre）をベースにした政党ではなくボランティア・ベースの新しい政党の場合には、組織を維持するためには選挙で勝ち続けなければならない。庶民党は以前は運動のようなものであったが、現在では組織化された政党になった。そして、庶民党の中でもっとも多く票を集められる者（Vote Catcher）はケジュリワルであり、彼が党の最高権威者であるため、党組織は「何があってもケジュリワルを守らなければならない」という形に変化している。若い政党が急速に勢力を拡大させたとき、大衆からの支持を得ている指導者ほど独裁化しやすいというのは、よくある現実だ」（二〇一六年三月一六日に聞き取り）。

党組織が変化していく中、第一七次連邦下院選挙を直前に控えた二〇一八年八月には、同党の古参の幹部が相次いで離党した。八月一五日、庶民党の設立メンバーで、著名なジャーナリストでもあるアシュトーシュ（Ashutosh）が離党を表明した。続いて八月二二日には、同じく設立メンバーのアシシュ・ケタン（Ashish Khetan）も離党を表明した。両氏はともに、ケジュリワル党首に近い重要幹部と見られていたため、この離党は驚きをもって受け止められた。両氏は、離党は個人的な理由によるもので、庶民党を批判する意図はないとしていたが、報道によれば、二〇一八年三月に行われた連邦上院議員選挙の候補者の人選をめぐる対立が、両氏の離党の背景にあったと見られている。

5　庶民党と若年層

（1）党活動への若者の参加

結成直後の庶民党において特徴的であったのは、多くの若者が党の活動に活発に参加していたことである。実のところ、庶民党の党員やボランティアの人数、年齢、職業などについての正確な資料が入手できていないため、会議派やＢＪＰなどの既存の政党と比べて、庶民党における若年層の参加の度合いがどれほど大きかったのかは分からない。しかし、二〇一三年から二〇一五年にかけて、筆者が庶民党を含む主要政党の党本部を複数回にわたって訪問し、聞き取り調査を行った際の印象では、会議派やＢＪＰなどの政党の党本部と比べると、庶民党の党本部では活動している若者の数が非常に多く、また活気に満ちていたように思われた。

庶民党の活動に若者が多く参加した理由について、ＣＳＤＳのＳ・クマール（Sanjay Kumar）前所長は以下のように指摘している――「会議派やＢＪＰなどの、既存の「既に出来上がっている」政党では、若者がその組織の中に入って地位を上げていくことは難しい。そうした既存の政党と比べると、庶民党のような新しい政党では、多くの人々にとって、その内部で地位を上げていけるチャンスがある。また、全体として見ると、既存の政党に対する人々の信頼度は低い。これに対して、庶民党のような新しい政党は、組織の透明性などを重視することにより、そうした既存の政党とは異なるのだということを示すことができた。これに、ジャーナリストや法律家などの専門家が引き付けられた。庶民党の組織では、職がないためにボランティアになった者よりも、理想主義的な考えによってボランティアになった者のほうが多いと思う」（二〇一五年三月一六日に聞き取り）。

（2）三つのグループ

ただし、筆者が庶民党の党本部などで行った聞き取り調査の結果によれば、同党の活動に参加していた若者は大きく三つのグループに分けられ、彼らが庶民党に参加した理由や活動に対する考え方も、それぞれ大きく異なっていた。第一のグループは、庶民党の設立以前から活動していたメンバーであり、若者たちの中でも中心的な立場にあった。具体的には、庶民党の母体となったNGO「公共主義研究財団（PCRF）」の職員であった者と、二〇一一年から二〇一二年にかけて、ケジュリワルらが反汚職運動を行っていた時期に運動に加わった者である。これらのメンバーの合計は一五人から二〇人ほどであったと見られる。庶民党の活動は無償のボランティアによって支えられているというのが建前であったが、これらの中心的なメンバーに対しては給料が支払われていたようである。

庶民党の活動に参加していた第二のグループは、若い企業家や専門家たちであった。具体的には、マネージメント会社やイベント会社などを経営していた者、社会活動などを行うNGOを運営していた者、PCや映像機器、放送機器などに関する専門知識を有している者などである。彼らの多くは筆者の聞き取りに対して、ハザレやケジュリワルの運動に魅力を感じて庶民党に加わったのだと話していた。CSDSのクマール前所長も、庶民党のメンバーには専門家の占める割合が非常に高かったと指摘している（二〇一五年三月一六日に聞き取り）。

このような若い企業家や専門家の参加について、二〇一五年当時に庶民党の広報担当を務めていたR・P・ミシュラ（Richa Pandey Mishra）氏は以下のように述べている――「現在のインドでは、教育を受けた若者が海外に出ていかず、インドにとどまって村レベルで活動するという、「社会企業家」の動きが見られるようになっている。こうした若者たちは、今ではもう物質的な面では満足できるようになったので、次は精神的な面での満足を求めるようになり、インドという国のために何かをしたいと考えているのである。このような若者たちの考え方の変化については、ナラシンハ・ラーオ政権のもとで進められた経済自由化がそのターニングポイントだったのではないかと思う」（二〇一五年三月一〇日に聞き取り）。

また、若手のジャーナリストで作家のＨ・セングプタ（Hindol Sengupta）は、若い企業家の考えについて以下のように指摘している――「経済自由化が始まってから二〇〇〇年代半ば頃まで、若い小規模な企業家は政治にはあまり興味がなく、政治は無価値でナンセンスなものだと考えていた。しかし、二〇〇〇年代半ば頃からの経済の停滞、会議派政権のもとでの汚職などの経験から、良い政治がなければ良い経済もあり得ないのだと認識し、政治に対して関心を持つようになった。これらの小規模な企業家の多くは、警察官による賄賂の取り立てにも悩まされてきた。庶民党はその選挙公約において、このような賄賂の取り立てを止めさせると明言し、これが小規模な企業家からの支持を得たのではないかと考えられる」（二〇一五年三月二四日に聞き取り）。

最後に、庶民党の活動に参加していた第三のグループは、専門的な知識を必要としない作業をボランティアとして行う者で、その多くは学生であった。これらの若者とは別に、定年退職後と見られる年配者もボランティアとして活動していた。彼らの多くは、党事務所の一階で、行政などに対する有権者からの苦情の聞き取りや、一般の訪問客の受付、問い合わせへの対応などを行っていたが、第一グループや第二グループの業務の補助的な作業を行う者も見られた。

これら第三グループの若者が庶民党のボランティアとなった経緯は様々であると思われるが、キャリアアップのための機会ととらえていた者が一定数いたことは間違いない。筆者が聞き取りを行ったあるボランティアの若者（党本部で電話受付を担当）は、給料が支払われていると見られる第一グループの者に対する羨望を口にし、「良い給料がもらえる党メンバーになれるかもしれないということは、ボランティアとして活動する上で大きなインセンティヴになるのか？」という問いに対しても、明言はしなかったものの、はっきりと頷いていた（二〇一五年三月九日に聞き取り）。

（3）ボランティアの苦悩

このように、設立後間もない時期の庶民党の活動に参加した若者のバックグラウンドは様々で、彼らが庶民党に参加した目的なども様々であったが、彼らがそれぞれ理想や目標を持ち、それらを実現するための手段のひとつとして、庶民党の活動に参加していたことは間違いない。しかし、前節で述べた庶民党の党組織の変化は、ボランティアとして参加していた若者たちにも大きな影響を及ぼすこととなった。

Ａ・ティヤギによれば、庶民党はデリーで政権を獲得した後、デリー準州政府の仕事の一部を自党のボランティアにまわし、彼らが収入を得られるようにしており、これがボランティアにとってのインセンティヴになっているとのことであったが（二〇一六年三月一六日に聞き取り）、それでもなお、庶民党のボランティアの間には不安が広がっていたようである。あるボランティアの若者は、筆者の聞き取りに対して、「二〇一五年四月の対立によって、多くのメンバーやボランティアが党を離れた。残ったボランティアの側にも、「何とか生き延びなければならない」という感覚や、不安（insecurity）や心配（apprehensive）の気持ちが見られるようになっている」と語っていた。ボランティアの中には、将来の不安に対する自衛策として会社を立ち上げる者もいるとのことであった（二〇一六年三月一二日に聞き取り）。

このボランティアへの聞き取りは二〇一六年三月に行ったものであるが、それから二年後の二〇一八年に庶民党の党本部を訪れた際には、雰囲気は大きく様変わりしていた。党本部は以前と比べて閑散としており、若者の姿もそれほど多くは見られなかった。さらに一年後の二〇一九年九月に訪れた際には、デリー市内では「ケジュリワルを愛している（I Love Kejriwal）」という標語が目につき、党本部には、「デリーにはケジュリワル（Dilli mein toh Kejriwal）」という標語の書かれた大きな看板が掲げられていた。ケジュリワル党首を前面に出したこれらの標語は、庶民党の党組織が同党首を中心とする個人政党化してしまったということへの確信を深めさせるものであった。

おわりに

反汚職運動の中から結成された庶民党は、インドにおいて二つの意味での変革をもたらすことを期待されていたと考えられる。第一に、第一節で述べたような各種の政策課題に取り組み、人々に対して良い統治を提供することである。第二に、政治に対して強い関心を抱いている人々（特に若年層）の受け皿となって、政治を市民の手に取り戻すことである。しかし、これら二つを両立することは非常に難しい。

この点についてE・シュリダランは、ヨーロッパの緑の党とインドの選挙制度に言及しつつ、以下のように説明している――「ヨーロッパの緑の党が成功できたのは、比例代表制という選挙制度のおかげであった。比例代表制ならば数％の得票でも議席を得ることができるが、インドのような小選挙区制では、選挙区で四〇％以上の得票がないと議席を得られない。インドにおいて政党として機能するためには、オルタナティヴ政治の領域から離れて、メインストリームの政党になるしかない。運動という要素を維持したまま、政党であり続けることは不可能なのである」（二〇一八年三月一二日に聞き取り）。

結局のところ、庶民党はシュリダランの言う「メインストリームの政党」となることを選び、二〇一五年のデリー準州議会選挙で勝利して、人々に対して良い統治を提供することを目指した。しかし、第四節で述べたように、このことは党内に不協和音をもたらす結果となり、同年四月の党分裂、さらにはケジュリワル党首を中心とする個人政党化という道をたどることになった。現在、庶民党の党組織は衰退の一途をたどっているように思われる。二〇一九年に行われた第一七次連邦下院選挙では、庶民党はパンジャーブ州で一議席を獲得したのみに終わり、デリーでも得票率を大きく低下させた（前掲表２）。

ただし、デリーの庶民党政権自体は、現在も比較的高い支持率を維持しているようである［Mohanty 2019］。また、庶民党は第一七次連邦下院選挙で敗北を喫したものの、デリーではなお二〇％近い得票率を維持している。したがって庶民党は今後も、デリーにおける主要政党のひとつとして機能し続けるであろう。とは言え、人々に対して良い統治を提供してくれることへの期待は、今や、ＢＪＰのモディ首相が一身に背負っているという状況であり、この状況はデリーでも変わらない［Mohanty 2019］。庶民党が今後、勢力を大きく回復させて、全国レベルの政党となる可能性は低い。

一方、庶民党に期待されていた二つめの変革、すなわち政治を市民の手に取り戻すことに関しては、デリーでは現在のところ、庶民党から分裂して結成されたスワラージ・インディアがその役割を担おうとしているように思われる。しかし、スワラージ・インディアの活動はまだ道半ばといった状況である。二〇一一年の反汚職運動のときに見られたような熱情を再び呼び起こすことができるのか、それをインド全体に広げていくことができるのかは、現時点ではまだ分からない。

（1）「世界の自由度二〇二〇」については、フリーダム・ハウスの以下のWEBサイトを参照。https://freedomhouse.org/report/freedom-world/2020/leaderless-struggle-democracy このページのリンクから、インドを含めた各国の得点とその順位、各国の自由度に関する解説を参照することができる（二〇二一年二月一四日閲覧）。

（2）本章の内容は、特記のない限り、三輪［二〇一五a、二〇一五b、二〇一九］をもとに、インド国内の報道と、筆者がデリーで行った聞き取り調査の結果を合わせてまとめたものである。聞き取り調査を行った日については、本文中の該当箇所に示した。

（3）本節は、三輪［二〇一九］の第一節の内容に加筆修正を行ってまとめたものである。

（4）彼らは、政党システムという用語の代わりに「選挙システム」という用語を用いている。「第三の選挙システム」とは、本項で述べている競合的多党制のことである。なお、Y・ヤーダヴは二〇一二年の庶民党の設立に参加したが、二〇一五年に党を離れて「スワラージ・アビヤーン」という運動体（後述）を結成した。

（5）これらの政策課題は、二〇一六年に設立された新党「スワラージ・インディア」の幹部のひとりである、アヌパム・シン（Anupam Singh）氏への聞き取り（二〇一八年三月一二日）にもとづいてまとめたものである。スワラージ・インディアについては後述。なお、聞き取りの際にアヌパム氏が重要な政策課題として言及していたのは（1）～（4）の四項目だけであったが、女性の安全に関する問題は現在のインドにおいて重要であると考えられるため、五番目の項目として付け加えた。インドにおける女性の安全に関する問題については、田中［二〇一三］などを参照。

（6）ロークパールとは、ヒンディー語でオンブズマンの意味である。

（7）以上のプロフィールは、ケジュリワル自身の著作［Kejriwal 2012］と、インド国内の報道などにもとづいてまとめた。

（8）文中の「二回の選挙」とは、二〇一三年のデリー準州議会選挙と、二〇一四年の連邦下院選挙のことである。なお、この元幹部は二〇一五年四月に党を離脱し、スワラージ・アビヤーンに加わっている。

（9）デリー連邦直轄領（準州）は、ニューデリー自治都市評議会（New Delhi Municipal Council: NDMC）が管轄する中心部のニューデリー地域、デリー自治都市体（Municipal Corporation of Delhi: MCD）が管轄する地域（いわゆるオールドデリー地域と周辺地域）、国防省が直轄するデリー軍営地（Delhi Cantonment）の三地域に分けられている。デリー自治都市体（ＭＣＤ）は北部・南部・東部の三地区で構成され、有権者の直接選挙によって各地区の議員が選出される。

参考文献

田中雅一　二〇一三「現代インドにおける女性に対する暴力――デリーにおける集団強姦事件の背景を探る」『SYNODOS』。https://synodos.jp/international/3730（二〇一九年一二月一四日閲覧）

三輪博樹　二〇一五ａ「政党システムの変容と民主主義のガバナンス」長崎暢子・堀本武功・近藤則夫『現代インド３　深化するデモクラシー』東京大学出版会。

三輪博樹　二〇一五ｂ「政党システムとガバナンス――２つの運動の事例から」『現代インド研究』第五号、五―二三頁。

三輪博樹　二〇一九「インドにおける政党政治・選挙政治とモディ政権の登場」堀本武功・三輪博樹編『モディ政権とこれからのインド』アジア経済研究所。https://www.ide.go.jp/Japanese/Publish/Download/Report/2018/2018240011.html（二〇一九年一二月一四日閲覧）

Bhakto, Anando. 2019. "Mixed Bag." ***Frontline***, 36（5）. https://frontline.thehindu.com/politics/article26377218.ece（二〇一九年一二月一四日閲覧）

Jeelani, Gulam. 2019. "AAP Government Turns 4: The Big Hits, Misses and Challenges Ahead." ***Mail Today***, Feb. 14. https://www.indiatoday.in/mail-today/story/aap-government-turns-4-years-arvind-kejriwal-delhi-hits-misseschallenges-1455646-2019-02-14 （二〇一九年一二月一四日閲覧）

Kejriwal, Arvind. 2012. ***Swaraj***. Noida: HarperCollins.

Kumar, Sanjay. 2017. "Did Young Voters Make a Difference?" In ***Electoral Politics in India: Resurgence of the Bharatiya Janata Party***, edited by Suhas Palshikar, Sanjay Kumar and Sanjay Lodha, New Delhi: Routledge India.

Kumar, Sanjay and Pranav Gupta. 2015. "Poor Already Behind It, AAP Tapped Rich Too." ***Indian Express***, Feb. 12. https://indianexpress.com/article/india/india-others/poor-already-behind-it-aap-tapped-rich-too/ （二〇一九年一二月一四日閲覧）

Kumar, Sanjay, Shreyas Sardesai and Pranav Gupta. 2015. "Delhi Elections 2015: How Much will the Class Divide among Delhi Voters Matter." ***Economic Times***, Jan. 22. https://economictimes.indiatimes.com/news/politics-and-nation/delhi-elections-2015-how-much-will-the-class-divide-among-delhi-voters-matter/articleshow/45973045.cms （二〇一九年一二月一四日閲覧）

Lama, Prawesh and Heena Kausar. 2017. "13 AAP MLAs Booked in Two Years, Delhi Police Face Court Rap over Arrests." ***Hindustan Times***, Mar. 5. https://www.hindustantimes.com/delhi/police-face-court-rap-over-arrests-of-aap-legislators/story-OcmPB5hzvHl3D4QRC6uixL.html （二〇一九年一二月一四日閲覧）

Mishra, Jyoti and Pranav Gupta. 2019. "Political Engagement and Political Attitudes of Indian Youth." In ***Youth in India: Aspirations, Attitudes, Anxieties***, edited by Sanjay Kumar, New Delhi: Routledge India.

Mohanty, Biswajit. 2019. "Post-Poll Survey | Horses for Courses: Choices Differ for Assembly, Lok Sabha in Delhi." ***The Hindu***, May 30. https://www.thehindu.com/elections/lok-sabha-2019/post-poll-survey-horses-for-courses-choices-differ-for-assembly-lok-sabha-in-delhi/article27298428.ece （二〇一九年一二月一四日閲覧）

Mohanty, Biswajit and Shreyas Sardesai. 2017. "The 2014 National Election: Mapping BJP's Victory through AAP's Prism." In ***Electoral Politics in India: Resurgence of the Bharatiya Janata Party***, edited by Suhas Palshikar, Sanjay Kumar and

Sanjay Lodha, New Delhi: Routledge India.
Palshikar, Suhas and Sanjay Kumar. 2015. "An Aam Aadmi beyond Social Strata, A Victory with a Marked Social Profile." ***Indian Express***, Feb. 12. https://indianexpress.com/article/india/india-others/an-aam-aadmi-beyond-social-strata-a-victory-with-a-marked-social-profile/（二〇一九年一二月一四日閲覧）
Palshikar, Suhas, K. C. Suri and Yogendra Yadav. 2014. "Introduction: Normalization of the 'Post-Congress Polity'." In ***Party Competition in Indian States: Electoral Politics in Post-Congress Polity***, edited by Suhas Palshikar, K. C. Suri and Yogendra Yadav, New Delhi: Oxford University Press.
Ramakrishnan, Venkitesh. 2015. "A Famous Victory in Delhi." ***Frontline***, 32（4）. https://frontline.thehindu.com/cover-story/a-famous-victory-in-delhi/article6901468.ece（二〇一九年一二月一四日閲覧）
Rukmini, S. 2015. "AAP Owes It to the Young and Poor." ***The Hindu***, Feb. 13. https://www.thehindu.com/elections/delhi2015/aap-owes-it-to-the-young-and-poor/article6888673.ece（二〇一九年一二月一四日閲覧）
Sampat, Kinjal and Jyoti Mishra. 2014. "Interest in Politics and Political Participation." In ***Indian Youth and Electoral Politics: An Emerging Engagement***, edited by Sanjay Kumar, New Delhi: Sage Publications.
Sridharan, E. 2017. "Middle-Class Votes for BJP." In ***Electoral Politics in India: Resurgence of the Bharatiya Janata Party***, edited by Suhas Palshikar, Sanjay Kumar and Sanjay Lodha, New Delhi: Routledge India.
Venugopal, Vasudha. 2015. "Delhi Elections 2015: Kiran Bedi, Campaign Tone to be Blamed for BJP Loss." ***Economic Times***, Feb. 9. https://economictimes.indiatimes.com/news/politics-and-nation/delhi-elections-2015-kiran-bedi-campaign-tone-to-be-blamed-for-bjp-loss/articleshow/46168197.cms（二〇一九年一二月一四日閲覧）
Yadav, Yogendra. 1996. "Reconfiguration in Indian Politics: State Assembly Elections, 1993–95." ***Economic and Political Weekly***, 31（2/3）: 95–104.
Yadav, Yogendra. 1999. "Electoral Politics in the Time of Change: India's Third Electoral System, 1989–99." ***Economic and***

Political Weekly, 34 (34/35): 2393–2399.

Yadav, Yogendra and Suhas Palshikar. 2009. "Revisiting 'Third Electoral System': Mapping Electoral Trends in India, 2004–9." In ***Electoral Politics in Indian States: Lok Sabha Elections in 2004 and Beyond***, edited by Sandeep Shastri, K. C. Suri and Yogendra Yadav, New Delhi: Oxford University Press.

第6章　インド外交をどう捉えるか
――通底する基本特性とモディ政権

伊藤　融

1　インド外交のＤＮＡ

(1) 強い大国志向

図体は大きく、けっして小国ではないが、貧しく、世界の主要なパワーではない。インドのそうしたイメージは、もはや過去のものになりつつある。まもなく中国を抜き、世界最大となる人口は、若年層の比重が高く、労働力としても、市場としてもさらなる飛躍の基盤として期待される。実際のところ、そのＧＤＰは年々順位を上げ、いまや英仏に並び、追い越そうという水準にまで成長している。経済成長に伴い、軍事費も伸長し、こちらも日本やフランスを凌ぐ規模の予算が組まれるようになった。次世代の最新鋭戦闘機の導入や複数の空母運用計画、対衛星兵器開発など、軍事力の増強も目覚ましい。

元来、インドは強い大国志向を抱いてきた。一九四七年の独立から冷戦期を通じ、数字のうえでの国力は、人口や国土の広さを除くと、たしかに世界では取るに足らない規模でしかなかった。しかし、だからといってインドが沈黙して世界の大勢に従ってきたわけではない。初代の首相兼外相を一五年にわたって務めたジャワハルラール・ネルー（Jawaharlal Nehru）は、アジア・アフリカ会議、非同盟運動を主導し、冷戦構造を厳しく批判した。以来、インドは核拡散防止条約（NPT）の拒絶や、新国際経済秩序（NIEO）の要求など、既存の国際秩序に対し、公然と異議を申し立て続けた。ネルーは、非暴力闘争で独立を勝ち取った経験を外交上の資産とし、理念の力で世界を動かそうとしたのである。

他方で南アジア、インド亜大陸に目を転じると、インドのパワーは当初から抜きん出ていた。インドはアフガニスタンを除く他のすべての南アジア諸国と、陸か海で隣接する一方で、他の国々はいずれも互いに国境を接していない。英領インドから分離独立したパキスタンは、つねにインドに対抗するナンバー2の位置にいたものの東西に分裂していた。一九七一年の第三次印パ戦争でその東翼がバングラデシュとして独立したことで、インドの優位性は一層強まった。その他の南アジア小国にとっては、地域の超大国インドに挑戦するなど、思いもよらぬことであった。

一九九一年の経済自由化以降の、とりわけ今世紀に入ってからの急速な経済成長、一九九八年の核実験・核保有宣言に代表されるような軍事力強化、二〇〇〇年のクリントン米大統領訪印以降の主要国による「インド詣で」と相次ぐ戦略的パートナーシップ締結は、インドに大きな自信を与えた。インドはそのハード・パワーの増大に伴い、もはや非同盟のような道義に依拠せずとも、「普通の大国」として振る舞うことで、その国益を実現し、「世界大国化」への道を切り開くことができるという思考が台頭しつつある。

(2) 自主性への拘り

インド外交のもう一つの根幹にあるのは、自主性の確保に対する強い拘りである。冷戦期の非同盟の立場は、大国としての自尊心の表出であるだけでなく、世界の二大超大国によるブロックへの参画が、外交の自由を制約することを防ぐものでもあった。

この点で、一九七一年、インディラ・ガンディー（Indira Gandhi）政権が締結した印ソ平和友好協力条約は、非同盟の放棄ないし、逸脱として論じられることがある。[1] 当時のインドを取り巻く戦略環境には、たしかにソ連との関係緊密化を必要とし、また可能とする要素が存在していた。かつて蜜月関係にあった中ソの対立は、一九六〇年代末までには決定的なものとなり、一九七〇年にはキッシンジャーの訪中にみられるように、米中の接近が開始されていた。そうしたなか、ネルー・周恩来による「平和五原則」で頂点に達した印中の友好関係は、未解決の領土問題、ダライ・ラマの亡命を含むチベット問題などで、一九五〇年代末までに終わりを告げ、一九六二年に国境戦争を仕掛けてきた人民解放軍にインド軍は惨敗を喫した。さらに、その中国はそれから二年後に核実験に成功する。加えて、元来の敵国、パキスタンからは、一九六五年に二度目の正規戦を挑まれており、一九七〇年の終わりまでには、東パキスタンの独立問題をめぐって三度目の戦争が避けられない情勢にあった。こうしたことを踏まえれば、ソ連との関係強化はきわめて合理的な判断であった。

それでもインドは、ソ連との平和友好協力条約に、相互防衛の「義務」を明記することは避け、有事の際にはその対応について両国で「直ちに協議を開始する」という文言にとどめた。この条約が「同盟」として機能したかどうかは、つまるところ、中国とパキスタンがどう受け止め、インドへの攻撃が抑止されたかにかかっているといえるであろうが、この点は定かではない。しかし確実にいえるのは、軍事、経済、政治のあらゆる面でのインドのソ連依存である。その結果、一九七九年末からのソ連のアフガニスタン侵攻は、非同盟運動をリードしてきたインド外交の原則に照らすとまったく容認しがたい行為であったが、インドは批判すらできなかった。ソ連撤退後のアフガニスタンで、パキスタン軍統合情報部（ＩＳＩ）の支援するタリバーンが政権を握り、インドに安全保障上の脅威を増幅させることとなったこともあり、事後的には印ソ平和友好協力条約はインドの外交理念と国益にマイナスであったとする評価が支配的である。特定の大国との関係に依存しすぎたことで外交の自主性が損なわれた印ソ平和友好協力条約に対する反省があるからこそ、インドは東西冷戦終結後も「非同盟」の旗を降ろさなかった。またたからこそ、冷戦後唯一の超大国となった米国との関係がいくら緊密化しようとも、「同盟」という言葉を忌避するとともに、日米など西側だけでなく、ロシアや中国との関係緊密化も図り、バランスをとろうとしてきたと考えられよう。

実際のところ、冷戦後のインドは、世界のほぼすべての大国、新興国との間で「同盟」ではなく、「戦略的パートナーシップ」関係を宣言・構築・強化してきた。それは、単なる「友好国」を越えて、経済・政治・安全保障のさまざまな領域で、「同盟」には至らない緊密な関係を意味する。それは特定の国に依存しないという意味で、「全方位型戦略的パートナーシップ」といってよいが、すべての国と、すべての領域で同等の関係をつくるというのではなく、領域によって、とくに重視する相手は異なる。(2) たとえば、いまや米国は、インドにとって、中国の海洋進出やパキスタンに起因するテロの脅威に対処するための政治・安全保障上の最重要のパートナーであるが、中国はたとえ安全保障上の脅威であるとしても、同じ新興国として、既存の国際経済秩序に修正を求めるパートナーであり、また近年では、二国間経済関係も深まっている。

こうした「全方位型戦略的パートナーシップ」は、領域によって各国との関係を使い分けるという実利に適うのみならず、外交の自主性を確保するための方策でもある。インドが各国と戦略的パートナーシップを強化するなかで、強調するようになったのが、「戦略的自律性（strategic autonomy）」という概念である。それは外交・安全保障政策において他国に拘束されない自由を確保するということを意味しており、いうまでもなく冷戦期の非同盟が意図したものを継承している。二〇一二年、国民会議派主導のマンモハン・シン（Manmohan Singh）政権下で発表された戦略文書『非同盟2.0』は、グローバルな文脈では、これから当面は、不安定かつ不透明な環境が続くとし、そのなかでインドは戦略的自律性を高めるよう努めるべきだと提言した。(3) インド人民党主導のナレンドラ・モディ（Narendra Modi）政権も、二〇一八年のアジア安全保障会議（シャングリラ会合）の基調演説において、ロシアとの戦略的パートナーシップ強化を戦略的自律性の見地から正当化した。(4)

（3）プラグマティズムの伝統

初代首相兼外相のネルーの非同盟という立場、彼が推進した非同盟運動の印象から、少なくとも当時のインド外交を「理想主義（idealism）」とみる向きが強い。しかしすでに述べたことからも明らかなように、非同盟と非同盟運動は、ハード・パワーのない当時のインドが自らの大国志向を満たすとともに、インド外交の自主性が超大国に侵害されるのを防ぐという狙いがあった。すなわち、高邁な理念を掲げる裏には、冷徹な計算としてのプラグマティズムが働いていたのである。

実はこのようなプラグマティズムは、インドの伝統のなかに根ざしたものといえる。古代マウリヤ朝を興したチャンドラグプタ（Chandragupta）王がインド初の統一帝国を築くのに貢献した宰相、カウティリヤ（Kautiliya）が著したとされる『アルタシャーストラ（実利論）』は、その最初のテクストとして知られている。(5) そこでは、統治者たる国王にダルマ（道義・法）ではなく、アルタ（実利）を徹底追求するよう求めている。

カウティリヤによれば、国王のおかれた「世界（インド亜大陸）」は、「大きな魚が小さな魚を食う」、弱肉強食の原理が貫徹しており、自国を中心としたマンダラを描き、隣接国を「敵対者」として、隣接国の向こう側には、「隣接国の敵対者」、すなわち自らの「友邦」となりうる国が広がっているとする。本質的に敵対者である隣接国を打倒することが目標になるが、その際は自国・友邦と隣接国との間の慎重なパワーの計算が求められており、状況によっては直ちに戦争を仕掛けるのではなく、和平を申し出たり、より大きな国へ庇護を要請すること、あるいは和平を申し出ながら、戦争準備を進めるといったさまざまな方策が推奨される。また相手を打倒する手段として、通常の戦争以外にも、毒殺や民心の離反といった各種「非正規戦」が詳細に論じられている。極論すれば、いかに道義に反する手段であろうとも、それが実利に適うのであれば、正当化される。さらに、何らかの手段でひとたび隣接国を支配下に収めたならば、これまでの「友邦」が新たな隣接国となるがゆえに、友邦関係は終結し、それが「敵対者」に一変する。ここからは、永遠の「友邦」は存在しないというきわめてドライな認識が窺えよう。

現代インド外交の言説のなかには、プラグマティズム、ないしプラグマティックという言葉が頻繁に登場する。それはしばしばリアリズム、ないしリアリスティックという言葉と並列して、また同義語として用いられてきた。パキスタンや中国といった隣接国に対し、領土問題やテロ問題で攻勢に出る際だけでなく、対話を呼びかけることも何ら矛盾した政策ではなく、プラグマティックに判断した結果と受け止められる。パキスタンからの越境テロを受け、軍事動員を実施し、圧力をかけたヴァジパイ（Atal Bihari Vajpayee）政権は、緊張後にパキスタンとの和平プロセスを進める方向に転じた。また歴代政権は概して、パキスタンへの対応とは異なり、インドよりも大きなパワーを有する中国に対しては、たとえ実効支配線（ＬＡＣ）侵犯行為が起きようとも、「ＬＡＣの認識の違い」によるものだとして、事態の沈静化を図る傾向にあることも、カウティリヤ以来のプラグマティズムの伝統からすれば、当然のこととして受容される。いわば融通無碍ともいえるインド外交は、この伝統を継承したものといえよう。

２　インド外交の制約要因

（１）「脆弱な国民国家」としての連繫政治

大国志向と自主性への拘り、そしてプラグマティズムがインド外交のＤＮＡといえるとしても、それだけで実際のインド外交を捉え、説明することはできない。具体的外交政策は、インドという国家が、国際関係のアクターとして有する、その特性と国力に基づいて――自らの大国化と自主性を実現・確保すべくプラグマティックに――展開されるからである。

まず「国民国家（nation-state）」としてのインドの脆弱性に目を向ける必要がある。ヨーロッパ主要部に匹敵する国土のなかに、いまや一三億を超える人口を抱えるインドは、日本のような同質性の高い国ではけっしてない。そこには、言語・民族、宗教、カーストといったアイデンティティの分断線が無数に入り組んでおり、異なる集団間での摩擦・対立や、支配的な集団に対するマイノリティ集団の抵抗も日常茶飯事である。たとえば、古くは独立時から一九五〇年代までの南部のドラヴィダ運動は、北部のアーリヤのバラモン支配に抵抗するなかで過激化し、一部は分離独立を求めた。一九八〇年代のパンジャーブ州のシク教徒と、一九九〇年代以降現在に至るジャンムー・カシミール州のムスリムのあいだでも、武器を持ってインド連邦からの分離独立を公然と求める組織が台頭した。インドは西欧理念型の国民国家からはほど遠く、統治者からみるといかにも脆弱である。

そこでインド連邦の歴代政権にとっては、この脆弱な国民国家の一体性をなんとか維持し、分裂を避けるということが最大の政治課題とならざるをえない。また政権によっては、脆弱性を低減させるべく、ナショナリズムを高揚させ、完成形の国民国家に近づけようと試みてきた。

ネルーは南部をはじめ、さまざまな異議申し立てに対し、いわゆる「会議派システム」を通じて、多様な意見を議会制民主主義の制度内に吸収し反映させる、参加と調整型のアプローチを概して採用した。対照的に娘のインディラ・ガンディーは、中央集権化と権威主義的な手法で、各地の異論を封じ込めようとした。それに失敗したパンジャーブ紛争では、陸軍まで投入してシク過激派の排除を試みた(6)。ヴァジパイ、そしてとりわけその後のモディによるインド人民党政権は、いわゆるヒンドゥー・ナショナリズムを喚起し、一枚岩の強いインドを目指そうとした。

そうした国民国家の脆弱性に対処・克服しようとする課題は、インドのように、さまざまなアイデンティティ集団が国内のみならず、国境を越えて存在する場合、対近隣外交に大きな影響を及ぼさざるをえない。一九七一年にインディラ・ガンディー政権は、当時の東パキスタンで弾圧された多くのベンガル人を難民として受け入れた。宗教こそ違うとはいえ、同じベンガル人の苦境を、インドの西ベンガル州が是認するわけはなかった。かつ、他の隣接する北東部諸州へも流入したベンガル難民は、規模の小さな諸州での人口構成を変化させ、支配的民族との間に新たな軋轢を生むことも懸念された。同年末、インディラ・ガンディー政権がパキスタンとの開戦に踏み切り、東パキスタンの独立（バングラデシュ建国）を助けたのは、たんにそれが敵国パキスタンを弱体化させるための手段であるだけでなく、ベンガル難民問題を放置すれば、インドの統一が危機に晒されるからでもあった。

スリランカで一九八三年から四半世紀余りにわたって続いた内戦も、連邦政府を悩ませた。多くのタミル人難民がボートで対岸のインド・タミル・ナードゥ州に押し寄せ、同州では同胞を救うように求める声が広がった。二大地域政党はこぞってタミル・ナショナリズムを煽り、過激派組織へ支持を与えた。一九八七年、スリランカ政府軍が攻勢を強め、北部のジャフナ半島にタミル人が孤立すると、彼らを救うよう、連邦政府に介入を迫った。その声に押されるかたちで、ラジーヴ・ガンディー（Rajiv Gandhi）政権は、食糧・医療空輸を実施するとともに、スリランカ政府との二国間協定に基づいてインド平和維持軍（ＩＰＫＦ）を派遣した。連邦政府がタミル・ナードゥ州の意向を無視すれば、かつてのドラヴィダ運動を再燃させ、インドという「国民国家」の分裂につながりかねない。そうした懸念が、スリランカ内戦への介入の第一の動機であったことは、当時、駐スリランカ大使を務めていたディクシット（J.N. Dixit）元外務次官ですら認めている(7)。

もちろん、今日では「国民国家」の脆弱性は、かつてに比べると深刻なものではなくなってきている。経済、政治、軍事のあらゆる面でのインドの台頭と、メディアの普及によって、「インド人」としてのアイデンティティと自信が強まっているのはたしかである。二一世紀のインドの統治者にとって、国家分裂の懸念は小さなものに映っているであろう。しかし、インドの多様性が生みだした地域主義は、とくに一九九〇年代に入ると民主的な議会政治の制度内で大きな影響を持つようになった。国民会議派による一党優位体制の崩壊とともに、インド人民党のようなオルタナティヴな全国政党だけでなく、数多くの地域政党が台頭し、一党が連邦議会の過半数の議席を獲得する時代は過去のものとなった。二大全国政党が、地域政党の協力を得てようやくニューデリーの権力を獲得・維持できる状況は、結局のところ、連邦政府の政策が各地域の要求に制約されることに変わりはないことを意味した。

なかでも、タミル・ナードゥ州、西ベンガル州は、つねに連邦政府を悩ませる存在であった。両州ではいずれも全国政党の基盤が弱体化し、州議会のみならず、連邦議会のほぼすべての議席が地域政党で占められるようになって久しい。なおかつ、いずれも多くの人口を抱えるため、割り当てられている議席数も多い(8)。国民会議派もインド人民党も、単独過半数を取れないなかで、しばしばこの両州の地域政党がキャスティングボートを握ることとなった。タミル・ナードゥ州では、二〇〇九年にスリランカのラージャパクサ（Mahinda Rajapaksa）政権が四半世紀に及ぶ内戦を終結させるべく、タミル人武装組織、タミル・イーラム解放の虎（ＬＴＴＥ）を武力制圧した際、一般市民や女性を巻き添えにしたこと、さらに内戦後のスリランカでも、タミル人国内避難民の帰還が進まないことなどを受け、ふたたび同情とともにスリランカ政府への強い反発の声が上がった。二〇一二年、国連人権理事会に内戦時の非人道的行為やその後の民族和解の遅滞などについて、スリランカ政府を批判する決議案が欧米諸国により提出された。この決議案にどう対応すべきか、国民会議派のマンモハン・シン政権は、苦しい対応を迫られた。インドは人権問題に関しては特定の国を名指しするような決議は好ましくないという外交的立場をとってきたうえ、インド洋に影響力を拡大しようとする中国に対抗するためにも、内戦終結後のスリランカ政府とは緊密な関係を構築しようとしてきた。これに強く反発したのが、当時の連立政権枠組み、統一進歩連合（ＵＰＡ）の一角を占めるドラヴィダ進歩連盟（ＤＭＫ）であった。ＤＭＫは決議案に賛成するのであれば、連立離脱も辞さないとの強硬な姿勢で圧力をかけた。結局、インドは決議案の文言を若干弱める修正を求めたものの、採択で賛成票を投じた。

同じくマンモハン・シン政権の近隣外交に立ちはだかったのが、西ベンガル州の壁であった。西ベンガル州のほか、インド北東部の各州に国土の大半が取り囲まれているバングラデシュは、前述した独立時の経緯からも元来、インドと密接な関係を有する国であった。しかし二〇〇〇年代半ば以降、中国との貿易額が対印貿易を凌駕するようになったうえ、中国が最大の武器輸入相手国となるなど、中国の影響力浸透・拡大が懸念されるようになっていた。(9) そうしたなか、二〇〇八年末の総選挙による政権交代で、親インド的なアワミ連盟のシェイク・ハシナ（Sheikh Hasina）政権が誕生したのを機に、影響力の巻き返しを企てた。その目玉と位置づけられたのが、ヒマラヤの水源から西ベンガル州を通ってバングラデシュに流れ込むティースタ川の共同管理・利用協定案であった。ほぼすべての河川の上流がインド国内にあるバングラデシュは、毎年のように乾期の水不足、雨期の水害に悩まされ、河川の共同管理は長年の切実な要望であった。そこで、マンモハン・シン首相は、二〇一一年、自らのバングラデシュ訪問の際に、協定案の合意をハシナ首相とともに宣言することを目指した。ところが、訪問直前になって異を唱えたのが、西ベンガル州首相でUPA連立の一角をなす草の根会議派のママタ・バナジー（Mamata Banerjee）党首であった。彼女は協定が州内農民の利益を損ねかねないとし、当初予定されていたバングラデシュ訪問に同行することすら拒否したのである。結果的に、協定締結は先送りされ、シン首相の面目は丸つぶれとなった。のみならず、期待の膨らんでいたバングラデシュ側の落胆はとくに大きかった。

このように、インドの近隣外交は、たとえ連邦政府が国際関係における国家戦略上の見地から採用すべき政策があるとしても、その政策はしばしば国境横断的なアイデンティティ集団、ないしは隣接する当該州から拒絶される可能性がある。インドという「国民国家」の多様性は、インドの近隣外交の重要な制約要因となってきたといえよう。

(2)「域外修正主義」と「域内現状維持」の併存

もう一つのインド外交の制約要因が、インドのもつハード・パワーである。すでに述べたように、インドは南アジアにおいて圧倒的な存在である。ところが、地域の外に目をやると、アジアにおいては中国や日本といった国々が、そしてさらにその向こう側にはソ連／ロシア、フランス、ドイツ、イギリス、英国、米国といった列強が存在する。これらのいくつかに、インドがいま並びつつあることは事実だが、それでも、近い将来のうちにインドのパワーが米中に追いつくことはありえない。インドがおかれているこの域内と域外での客観状況の違いは、具体的外交政策の選択に影響を与えざるをえない。

インドがグローバルな舞台で大きな声を上げ、しばしば異論を唱えてきたのは、その強い大国志向というDNAに起因するのみならず、その国力を踏まえれば当然の合理的選択でもある。かつてのNIEOの要求は、米国をはじめとする先進国との経済格差のなかで、後発国として成長を果たすための手段でもあったし、今日でも世界銀行、世界貿易機関（WTO）や国連気候変動枠組条約（UNFCCC）締約国会議（COP）において、自らを「途上国」と位置づけ、先進国主導の体制やルールに公然と変更を求める姿勢は、やはりそれがインドのさらなる台頭に不可欠だと認識しているからにほかならない。同様に、より大きなパワーである中国が先行して保有した核が合法化される一方、自らの核開発・保有を禁じるようなNPT体制を拒絶したことや、核保有後もNPTのみならず包括的核実験禁止条約（CTBT）批准すら拒むのも、中国をはじめ他の保有国との核戦力の格差を考慮すれば、まったく理に適っている。

すなわち、自らの現状のハード・パワーでは他の列強にはかなわないとき、あるいはいまそこに近づきつつあるとしても、インドが取るに足らない存在でしかなかった時代に西側先進国主導で作られたグローバルな構造／制度に対し、インドは不満を表明し、その変革を求めてきたのである。したがって、領土の変更という意味ではないが、グローバルな舞台でのルールの修正を求めるという意味においては、インドは修正主義国家なのである。自らのパワーが限定的な域外では、現行の構造／制度を変えることが概して国益に資するからである。

ところが、インドは南アジア域内では、圧倒的な超大国となる。そこでは、インド優位の国家間関係の現状を維持することが基本戦略となる。したがって、まず米中、あるいは国連といった第三者の域内諸問題への介入は排除しなければならない。インドは第一次印パ戦争の際、ネルー首相が一九四八年に国連安保理に提訴して失敗して以降、カシミール問題への第三者の介入を一貫して拒否する立場をとってきた。(10)そして、カシミール問題を印パの「二国間問題」とするという文言は、インドの勝利に終わった第三次印パ戦争後の一九七二年のシムラ協定のなかに明記された。ここには第三者の介入が力の弱いパキスタンを利することになるとの認識がある。とはいえ、「二国間問題」としてのカシミール問題を「解決」することにインドが積極的であったわけではない。(11)第一次、第二次印パ戦争、また一九九八年のカルギル紛争は、いずれもパキスタン側が武装勢力、正規軍を動員して武力で分断されたカシミールの現状を変更しようとした行動であったし、和平プロセスにおいてカシミール問題を印パ間の「中心的争点」と位置づけようとしてきたのも、つねにパキスタン側であった。対照的に、インド側はカシミール問題を、建前としてはカシミールを「インドの不可分の一部」としつつも、実質的にはその主張を行動に移すことはなく、概して棚上げする政策を採用してきた。

パキスタン以外の小国での政治危機や紛争についても、インドは域外の第三者の介入を阻止すべく、いち早く自らが役割を果たそうとしてきた。これまでに繰り返し言及してきた東パキスタン独立問題やスリランカ内戦へのインドの介入は、米国や国連がこの地域に影響力を持つことを防ぐものでもあった。

インドは南アジアの国々の連携の動きにも消極的な態度を示してきた。一九八〇年代、バングラデシュなどが南アジアにおける新たな地域協力の枠組みを模索し、提案してきたとき、インディラ・ガンディー首相は、小国が「徒党を組んで」インドに対抗しようとする動きではないかと警戒したとされる。最終的には、社会経済協力に限定し、「二国間問題」を討議の対象外とするということでインドは提案を受け入れた。しかし、そうして発足した南アジア地域協力連合（ＳＡＡＲＣ）は、地域経済協力の成果をほとんどあげられていない。圧倒的なパワーを有するインドは、ＳＡＡＲＣでの多国間協力よりも、ネパールやブータン、バングラデシュ、スリランカなどとの二国間貿易協定を重視してきた。南アジア域内における超大国としてのインドにとっては、他の国々が結びつかず、それぞれバラバラでいてくれる国家間関係の現状を維持していくほうが望ましい。

このように、インド外交には、域内現状維持と域外修正主義が併存してきた。もちろん、インドのハード・パワーの増大に伴い、域内で米国が印パ間の「危機管理」的な役割を果たすのを容認したり、[12]ＳＡＡＲＣにおいて相互主義にこだわらず、「非対称的な役割」を担う意思を表明するなど、[13]頑なに現状維持に拘らない兆候もたしかにみられる。[14]また域外でも、ＵＮＦＣＣＣですべての義務を拒否するのではなく、自ら削減目標を提示するような動きがないわけではない。それでも、インドのパワーが地域では圧倒的であったとしても、米中のそれにはとうてい及ばないという現実を踏まえると、今後も当面の間は、域内での現状維持と域外での修正主義がインド外交の基本的制約要因として作用しつづけるものと思われる。

3　モディ政権による外交の変化と不変

(1) モディ外交の新奇性

これまでに論じてきたインド外交の枠組みは、二〇一四年五月に成立したモディ政権についても妥当するであろうか。たしかに、モディ外交には、これまでのインド外交にはみられなかったような特性がある。過密日程での数多くの首脳訪問、日米への政治・安全保障面での大胆な接近、首相自らが先頭に立った「メイク・イン・インディア」の呼びかけなどである。これらが、モディ首相とその側近を軸にトップダウンで決定・推進されてきた。

それを可能にしたのが、近年まれにみる強い政権基盤である。二〇一四年総選挙でインド人民党として過去最高の、そしてインド政治史上三〇年ぶりに単一政党で連邦下院の過半数の議席数を獲得して誕生したモディ首相の党内外での力は絶大なものとなった。そのことは、自らの就任式典での演出でいきなり誇示される。モディ首相は、SAARC、そしてインドと歴史的繋がりの深いモーリシャスの首脳を式典に招いてみせたのである。スリランカのラージャパクサ大統領、パキスタンのシャリフ首相の招待に対しては、タミル・ナードゥ州やマハラシュトラ州の地域政党、さらには与党内からも異論が出たが、モディ首相はいっさい耳を貸さなかった。

結果的に外交・安全保障政策においても、「モディ色」が鮮明になる。それまでに国政の経験がいっさいないモディ首相であるが、グジャラート州首相時代から知られているその特性はまず、インド人民党のなかでも際立ったヒンドゥー・ナショナリストとしての顔にある。国境問題やパキスタンからのテロ問題への断固たる態度にはそれが如実に表れた。二〇一九年の総選挙前に発生したカシミールでのテロ事件に対して、第三次印パ戦争以来となるパキスタン空爆まで強行したのは、その典型である。この空爆は国民の喝采を呼び、それまで政権与党にやや不利とみられていた選挙情勢を一変させ、結果的にモディ政権の続投をもたらすこととなった。

しかしモディ首相の特性は、それにとどまらない。州首相としてグジャラート州の経済発展を成功させたビジネスマンとしての顔もある。二〇一四年総選挙でのモディ人気の高まりは、まさにそれへの全国民的な期待によるものであった。経済浮揚のため、投資規制をさまざまな分野で緩和・撤廃し、日米などからのみならず、従来は政治・安全保障上の不信感から事実上規制してきた中国からの投資も呼び込もうという政策が採用された。

この二つの側面がよくあらわれているのが、ディアスポラ、すなわち在外インド人への積極的関与であろう。国連の統計によれば、実は世界には、一六五八万人（二〇一七年）もの在外インド人が散らばっており、その数は世界一だという。[15]モディ政権は、この膨大な在外インド人を外交資産として活用すべく働きかけを強めた。モディ首相自身が各国を訪問した際には、ほぼ例外なく現地の在外インド人を大動員した集会が組織され、インド本国との歴史的・文化的繫がりを強調するとともに、インド本国への経済的貢献を訴えてきた。

（2）過去との連続性

しかしこうした「変化」も、本章で述べてきた伝統的外交の枠組みから大きく逸脱するものとはいえまい。DNAそのものは、もちろん変わらない。インドはすでに原子力供給国グループ（NSG）の「特例扱い」によって他国との民生用原子力協力が容認されているにもかかわらず、モディ政権はNSGそのものへの加盟を目論んだ[16]。意図するのは、これによりインドの核兵器国としての地位を確立することにある。また対衛星兵器（ASAT）発射実験を、インドが宇宙の超大国となった証左だと位置づけるなど、その大国志向は明白である。自主性への拘りもすでに述べたように、いくら日米豪との事実上との関係が緊密化しようとも、「同盟」を宣言せず、二〇一八年のシャングリラ演説にみるように「戦略的自律性」を強調したことなどをみれば何ら変わらない。さらにモディは究極のプラグマティストでもある。自らの「メイク・イン・インディア」によるインドの経済浮揚のため、これまでは規制されてきた中国からの投資すら歓迎する一方で、政治・安全保障面では、日米豪との関係を緊密化させて中国を牽制した。

外交の制約要因についてはどうであろうか。なるほど、二〇一四年総選挙により、モディ首相のインド人民党は連邦下院の過半数を占めることとなり、他の勢力によって政権の帰趨が左右されるということはなくなった。しかしそれは、地域政党の要求や抵抗から完全に自由になったことを意味しない。というのも、二〇一九年までの五年間の任期中、連邦上院においては、インド人民党は連立パートナーを加えても、過半数には遠く及ばない状況が続いたからである。モディ政権は、投資を誘引するため、土地収用法や労働関連法の改正を目指したものの、上院の支持を得られず断念せざるを得なかった。インド人民党は二〇一九年総選挙で再び勝利を収め、モディ政権の続投が決まったものの、上院の過半数を欠く状況は変わっていない。

ティースタ川の共同管理・利用協定を求めるバングラデシュとの問題解決が、モディ政権下でも先送りされ続けたのは、政権のこうした「弱み」を如実に表している。二〇一五年にバングラデシュを訪問したモディ首相は、ハシナ首相との首脳会談で解決に自信を見せ、共同宣言にも「早期解決」への努力が盛り込まれた。しかしママタ・バナジー西ベンガル州首相を翻意させることはできず、二〇一七年のハシナ首相訪印時の合意は実現しなかった。連邦上院において過半数を欠く政権にとって、有力地域政党が自らの死活的利害とみなすイシューには、慎重な対応を迫られることに変わりはない。

加えて、すでに述べたように、インド人民党が、とりわけモディ首相が、ヒンドゥー・ナショナリズムを喚起して、「脆弱な国民国家」を乗り越えようとしてきたことも、外交の幅を制約した。党内でも筋金入りのヒンドゥー・ナショナリストとして認められ、頭角を現してきたモディという政治家にとって、「ヒンドゥーを中心とした強いインド」は、信念であるのと同時に、権力維持のための手段でもある。裏返せば、それに背くような政策は、自らのみならず、民族奉仕団（ＲＳＳ）をはじめとしたヒンドゥーの支持母体を裏切ることになる。

そうした政策を取り得ないことは、たとえば、二〇一五年末には自らが「電撃訪問」までして対話姿勢を示したパキスタンに対し、翌一六年の二度にわたる大規模テロ以降は、強硬姿勢に転じ、結局二〇一九年の任期満了まで、パキスタンからの対話再開の呼びかけにいっさい応じようとしなかったこと[17]に表れている。またバングラデシュからの移民の国籍を剝奪しようとする動きや、ロヒンギャ難民に対する冷淡かつ厳しい措置は、河川の問題とともにバングラデシュとの関係構築の妨げとなっている[18]。「脆弱な国民国家」からの脱却を図るという内政上の企てが、対外行動を制約しているのである。

もう一つの制約要因としての、「域外修正主義」と「域内現状維持」も基本的に変わらない。中国に対する「関与」と「警戒」はその典型である。モディ首相が就任後、最初に出席した多国間会議は、二〇一四年七月にブラジルで開催されたＢＲＩＣＳ首脳会議であった。ここで、モディ首相は前政権のこれまでの方針を引き継ぎ、ＢＲＩＣＳによる「新開発銀行」、ならびに緊急時に外貨を融通し合うための共同積立基金の設置に同意した。モディ政権も、既存の国際通貨基金（ＩＭＦ）や世界銀行といった既存の先進国中心の経済秩序に不満を持ち、別の枠組みを中国などとともに模索しようとしていることに変わりはない。さらに注目すべきなのは、モディ首相は習近平国家主席の要請を受け入れ、中国主導の「アジア・インフラ投資銀行（ＡＩＩＢ）」にその創設メンバーとして入ることを決断し、同年一〇月、インドは設立の了解覚書に署名した。二〇一八年までのＡＩＩＢの融資先をみると実に三分の一をインドが占めている[19]。日米主導のアジア開発銀行ではカバーされないインフラの資金調達を求めたことの表れである。

他方で、インドの裏庭としての南アジア、そしてインド洋に中国が触手を伸ばしはじめていることに対しては、これを排除すべく大胆な行動に出た。モディ政権は発足当初から日米豪との接近を図り、これらの国々が唱える「インド太平洋」という言葉すら受容した[20]。二〇一七年一一月には一〇年ぶりとなる日米豪印戦略対話が、二〇一八年一一月には初の日米印首脳会談まで開かれた。印米海軍のマラバール演習に、海上自衛隊が恒常的に参加することも容認し、日米印の演習が毎年行われるようになった。日米豪との政治・外交的さらには、軍事的連携強化によって中国を牽制しようという思惑は明らかである。

加えて、近年中国の影響力拡大が指摘されてきた南アジア、インド洋においで、インド自体の域内での影響力を回復することで現状維持を図ろうとする試みもみられる。モディ首相は「近隣第一政策」の旗を掲げ、就任からわずか一年半の間に、政治混乱のあったモルディブを除くすべてのＳＡＡＲＣ加盟国とインド洋のセーシェル、モーリシャスを訪問した。そしてモルディブについても二〇一八年一一月に親印派のソリ大統領が就任したのを機に足を運んだ。シン前首相が一〇年間の任期中にこれら九カ国のなかで二国間会談のために訪問したのは、ＳＡＡＲＣのブータン、バングラデシュ、アフガニスタンのみであったことを考えると、前政権よりも強い権力基盤を有する首相主導のモディ政権が、南アジア、インド洋でのインドの覇権的地位を取り戻すべく企図していたことがうかがえよう。

このようにみると、表面上の「変化」にもかかわらず、モディ外交も本質的には、伝統的なインド外交の枠組みのなかで捉えるべきであろう。それは国民のより大きな信任を得た二〇一九年から始まる第二期モディ政権も同様である。

（1）　たとえば、堀本は同条約を「印ソ同盟」と呼び、非同盟が放棄されたと論ずる。堀本武功『インド　第三の大国へ――〈戦略的自律〉外交の追求』岩波書店、二〇一五年、五‐八頁。なお、インド政府自身は、非同盟を放棄したものではないと主張し続けた。

（2）　伊藤融「冷戦後インドの対大国外交―『戦略的パートナーシップ』関係の比較考察」岩下明裕『ユーラシア国際秩序の再編』ミネルヴァ書房、二〇一三年、九〇‐一一〇頁。

（3）　この文書は民間のシンクタンクから発表されたが、元外務次官をはじめ、政府や軍の関係者が関与するかたちで作られた。Sunil Khilnani, Rajiv Kumar, Pratap Bhanu Mehta, Lt. Gen. (Retd.) Prakash Menon, Nandan Nilekani,

Srinath Raghavan, Shyam Saran and Siddharth Varadarajan, ***Nonalignment 2.0: A Foreign and Strategic Policy for India in the Twenty First Century***, 2012, p. iii.

（4） https://www.mea.gov.in/Speeches-Statements.htm?dtl/29943/.

（5） 実利論とインド外交との関連に関して詳しくは、伊藤融「アルタシャーストラのリアリズム―インド国際政治観の源流」『防衛大学校紀要（社会科学分冊）第一一〇輯』二〇一五年、一〇三―一一九頁を参照されたい。実利論の邦訳としては、上村勝彦『カウティリヤ実利論（上）（下）』岩波書店、一九八四年が、英語版としてはたとえば L.N. Rangarajan, ***Kautilya The Arthashastra***, Penguin Books, 1992がある。

（6） インディラ・ガンディー首相は、シク教徒の総本山、黄金寺院に陸軍の戦車を突入させ、シク過激派指導者、ビンドランワレらを殺害した。しかしこの作戦は、シク教徒社会の強い反発を招き、彼女はシク教徒警護兵により暗殺された。

（7） S.D. Muni, ***Pangs of Proximity: India and Sri Lanka's Ethnic Crisis***, Sage, 1993, pp.61-62 に引用されたディクシットの講演。

（8） 連邦下院の五四三小選挙区のうち、タミル・ナードゥ州は三九議席、西ベンガル州は四二議席を有する。前者ではドラヴィダ進歩連盟（DMK）もしくは全インド・ドラヴィダ進歩連盟（AIADMK）が、後者では全インド草の根会議派もしくはインド共産党マルクス主義派（CPI-M）が、ほぼすべての議席を占めてきた。しかし、二〇一九年総選挙においては、インド人民党が西ベンガル州で二二議席の全インド草の根会議派に次ぐ、一八議席を獲得する躍進をみせた。

（9） アワミ連盟は、パキスタンからの独立を指導した政党であり、その際のインドの支援を評価してきた。

（10） 国連安保理は印パ双方に撤退を求め、カシミールの帰属に関しては「住民投票」で決めるべきだという決議を行った。すでにカシミール藩王がインド帰属文書に署名し、パキスタンの侵略は自明行為だとみなしていたネルーにとっては、大きな誤算であった。

（11）カシミール問題に関するインド、パキスタンのそれぞれの戦略に関しては、Navnita Chadha Behera, ***Demystifying Kashmir***, Brookings, 2006が優れている。

（12）伊藤融「地域紛争とグローバル・ガバナンス――二〇〇二年印パ危機と国際社会の反応」内田孟男・川原彰編『グローバル・ガバナンスの理論と政策』中央大学出版部、二〇〇四年、二三五－二五四頁。

（13）二〇〇七年にニューデリーで開催されたＳＡＡＲＣ首脳会議におけるシン首相の演説。https://www.mea.gov.in/Speeches-Statements.htm?dtl/1852/Address.

（14）二〇一五年の国連気候変動枠組み条約第二一回締約国会議（ＣＯＰ21）で、インドは温暖化ガス削減に向け、すでに国連に提出した、ＧＤＰ当たりの排出量を二〇〇五年比で三三～三五％減らすという自主的削減目標を達成するため、二〇三〇年までに一七五ギガワットを再生可能エネルギーで生み出すとの野心的な目標を掲げた。

（15）http://www.un.org/en/development/desa/population/migration/data/estimates2/data/UN_MigrantStockByOriginAndDestination_2017.xlsx. なお、インド外務省はその倍の三一〇〇万人近くと見積もっている。http://mea.gov.in/images/attach/NRIs-and-PIOs_1.pdf.

（16）中国がＮＰＴ未加盟のインドのＮＳＧ入りに疑問を呈し、二〇一四～一九年の第一期モディ政権下では実現しなかった。

（17）二〇一五年一二月、モディ首相はシャリフ首相の誕生日にあわせてラホールの私邸を突然訪れた。しかし二〇一六年一月にパタンコート空軍基地が、八月にウリ陸軍基地がパキスタンに拠点をもつテロ組織ジャイシェ・モハンマド（ＪｅＭ）に襲撃されると、パキスタン側カシミールへの「局所攻撃」実施を発表した。以降二〇一八年七月のパキスタン総選挙で政権に就いたイムラン・カーン首相は、「彼らが我々のほうに一歩、歩み寄るなら、我々は二歩、歩み寄ろう」と対話を呼びかけたが、インドは応じなかった。

（18）二〇一八年七月に、インド北東部アッサム州の国籍登録者リストの暫定版が発表され、バングラデシュ独立後の移民はそこから排除された。また二〇一七年九月のインド・ミャンマー首脳会談後の共同声明に難民問題が盛り込まれなかったことに、八〇万人近くの難民を受け入れているバングラデシュは「失望」を表明した。ラージナート・シン（Rajnath Singh）内相はじめ、政権内からも、「ロヒンギャは難民ではなく、違法移民」だといった発言が相次いだ。

（19）『朝日新聞』二〇一八年六月二七日朝刊。

（20）二〇一五年九月、ニューヨークで開催された初の日米印外相会合後に発表された共同メディアノートは、「インド太平洋地域におけるそれぞれの利益の一致の増大」を確認し、とくに南シナ海を含め、国際法や紛争の平和的解決、航行・上空飛行の自由、阻害されない法に従った通商活動の重要性を強調した。

第7章　インドと日本の「インド太平洋」
——二〇〇七年から二〇一八年まで

溜　和敏

はじめに

「インド太平洋（the Indo-Pacific）」とは、国際政治の世界では近年使われるようになった新しい言葉である。以前から海洋生物学などの分野では西太平洋からインド洋の海域を意味する言葉として用いられてきたが、国際政治では二〇一一年にアメリカから世界に向けて発信されたことがきっかけになって広まり、二〇一六年の日本による「自由で開かれたインド太平洋」戦略を経て、アメリカ軍の統合軍の名称として採用されるなど(1)、現在はすっかり定着した(2)。ただし「インド太平洋」の意味するところは統一されておらず、国や論者によって異なる。基本的には「インド洋＋太平洋」であり、両者を併せた広大な地域を意味するが、その範囲についての合意は存在しない。海だけを意味することもあるが、陸を含む地域全体を意味することも多い。また、地域の名称であるのみならず、ときには政策、またあるときは地域協力の枠組みとして用いられる。

この新しい国際政治の概念である「インド太平洋」をめぐる国際政治において、日本とインドはそれぞれ重要な位置を占めてきた。日本は「インド太平洋」の流行に決定的な貢献を果たした国であり、またインドは文字通り「インド太平洋」の主要アクターである。後述するように、日本政府が「インド太平洋」という用語を使いはじめたとき、その相手国はインドであり、一時は「インド太平洋」が日印関係の専門用語のようになっていた。

そこで本章では、「インド太平洋」をめぐる日本とインドの動向を扱う[3]。「インド太平洋」の原形のひとつが日印関係の文脈に現れた二〇〇七年から二〇一八年末までの動向について、主に公式の政府文書に現れた文言に着目して、時期区分を行いながら叙述的に分析する。

1 「二つの海の交わり」――二〇〇七年八月安倍演説

のちに世界政治を動かす「インド太平洋」という概念が形作られた経緯に着目すると、二つのルーツを見いだすことができる。一つ目は、二〇〇七年八月二二日に安倍晋三首相がインド連邦議会上下院合同会議で行った「二つの海の交わり（Confluence of the Two Seas）」スピーチである[4]。このスピーチで「インド太平洋」という言葉は用いられていないが、次のように、太平洋とインド洋の結びつきから、統合された新たな地域が出現していることを論じていた。

皆様、私たちは今、歴史的、地理的に、どんな場所に立っているでしょうか。この問いに答えを与えるため、私は一六五五年、ムガルの王子ダーラー・シコー（Dara Shikoh）が著した書物の題名を借りてみたいと思います。

すなわちそれは、「二つの海の交わり」（Confluence of the Two Seas）が生まれつつある時と、ところにほかなりません。

太平洋とインド洋は、今や自由の海、繁栄の海として、一つのダイナミックな結合をもたらしています。従来の地理的境界を突き破る「拡大アジア」が、明瞭な形を現しつつあります。これを広々と開き、どこまでも透明な海として豊かに育てていく力と、そして責任が、私たち両国にはあるのです。[5]

このスピーチは、「インド太平洋」やそれに類する言葉を提唱するものではなく、むしろインドを含む新たな地域概念として「拡大アジア（broader Asia）」が提示されていた。[6]第一期安倍政権がこの年の九月に退陣したことにより、「二つの海の交わり」も「拡大アジア」も、言葉の使用が広がりを見せることはなかった。したがってこのスピーチは、「インド太平洋」の広まりの直接的なルーツではない。しかし二〇一六年に第二期安倍政権によって「自由で開かれたインド太平洋」が提唱され、アメリカにも採用され、国際政治の世界で定着するに至る以後の経緯を考えると、「二つの海の交わり」演説はのちの「インド太平洋」のルーツの一つであったと言えよう。

ところで、「二つの海の交わり」と「拡大アジア」はどのように構想されたのか。ジャーナリスト鈴木美勝が内部取材に基づいてその形成過程を明らかにしている。鈴木によると、「自由と繁栄の弧」を掲げた第一期安倍政権における対外戦略立案では、外務次官の谷内正太郎、外務省総合政策局総務課長の兼原信克、外務副報道官で安倍首相のスピーチライターを担当した谷口智彦の三人が中心的役割を担っていたという(7)。この三人のうち、兼原が太平洋とインド洋を結びつけることによって日本の安全保障戦略の中にインドを位置付けるアイディアを提案し、議論を踏まえて谷口が「二つの海の交わり」のレトリックを練り上げたとされている(8)。彼らが中心となって構想した対外戦略は第二期安倍政権へと引き継がれ、二〇一六年の「自由で開かれたインド太平洋」へと至る。したがってそのルーツとして「二つの海の交わり」を位置付けることができるのである。

2　ヒラリー・クリントンの「インド太平洋」――二〇一一年 *Foreign Policy* 論文

「インド太平洋」の普及をもたらしたもう一つの、そしてより重要な契機は、アメリカのヒラリー・クリントン（Hillary Clinton）国務長官による発信であった(9)。特に、二〇一一年一〇月に発表された論文（以下、クリントン論文）が広まりの契機であった。ここから「インド太平洋」という言葉が知れわたり、紆余曲折を経て定着するに至る。インドと日本の動向を扱う本章の趣旨にはそぐわないが、手短に紹介する。

筆者の調べによる限りで、国際政治の公的な舞台における「インド太平洋」という言葉の最初の用例は、二〇一〇年一〇月二八日にクリントン国務長官がハワイ・ホノルルで行った演説であった。クリントン国務長官は、オバマ政権のアジア戦略を表明するものとして注目を集めたこの演説のなかで、「グローバルな貿易および商業にとってのインド太平洋海域（the Indo-Pacific basin）の重要性を理解しているため、太平洋においてインド海軍との協力を拡大している」と述べた[(10)]。しかし後述の論文とは異なり、「インド太平洋」を強調するものではなく、それゆえに「インド太平洋」という言葉への関心を引き起こすこともなかった。

「インド太平洋」に国名を用いられるインドですら、クリントン演説への反応は薄かった。インド英字紙の報道を見ると、ホノルル演説をめぐる報道自体が手薄であり、ましてや「インド太平洋」という言葉に注目した報道は行われなかった[(11)]。二〇一一年に入ってからは「インド太平洋」を提唱する研究者の活動への言及や、アメリカ議会上院軍事委員会での動向に言及する文脈で、「インド太平洋」という言葉がインド紙上に登場する[(12)]。しかしクリントン論文以後に「インド太平洋」をめぐる議論が噴出する状況とは明らかに異なり、クリントン論文以前はインドにおいてすら「インド太平洋」はほとんど知られていなかった。

初出ではないが、実質的に「インド太平洋」を世界に知らしめたのは、二〇一一年一〇月一一日付けでクリントン国務長官が『フォーリン・ポリシー（***Foreign Policy***）』誌に発表した論文であった[(13)]。クリントン国務長官は、まず、「インド亜大陸からアメリカ大陸西岸へと広がる地域は、海運と戦略によってますます結びついた二つの大洋、すなわち太平洋とインド洋に及んでいる」として、太平洋とインド洋の結びつきを論じる[(14)]。次に、「われわれは同様に、オーストラリアとの同盟関係を太平洋のパートナーシップからインド太平洋のパートナーシップ、そしてついにはグローバルなパートナーシップへと拡大している」

表1　インドにおける「インド太平洋」への3つの立場

（1）対中「インド太平洋」支持：アメリカと協力して中国に対抗
（2）対中「インド太平洋」否定：アメリカと距離を保って自律性維持
（3）非排他的「インド太平洋」：中国を含む地域協力の枠組みを目指す

（出所）Priya Chacko, "India and the Indo-Pacific: An Emerging Regional Vision," Indo-Pacific Governance Research Centre Policy Brief, No. 5, November 2012.

として、さりげなく「インド太平洋のパートナーシップ（an Indo-Pacific one）」という言葉を用いる。[15]「インド太平洋」の定義や内容説明は行われない。そして、「この地域における新たな挑戦に対応するには、われわれはいかにしてインド洋と太平洋の結びつきの高まりを操作的概念として表現できるかという問題に答えなければならない」と主張する。[16]つまりクリントン国務長官は、アメリカが新たな挑戦に対応するためには、太平洋とインド洋の結びつきを表現する新たな概念が必要であり、「インド太平洋」がその答えであると、間接的に示唆していた。

アメリカの現役国務長官が発表したこの論文が関心を集めたことは当然であるが、この論文では一度しか用いられていない「インド太平洋」という言葉が特に注目を集め、外交安全保障分野で広く用いられるきっかけとなった。[17]インド国内でもクリントン論文は波紋を広げ、即座に新聞等で「インド太平洋」をめぐる議論が噴出した。アデレード大学のプリヤー・チャコ（Priya Chacko）の整理によると、（1）中国に対抗するために太平洋においてアメリカとの安全保障協力を強化すべきと考える論者は「インド太平洋」を歓迎し、（2）アメリカとの距離を保つことによって戦略的自律性を維持すべきとの論者は「インド太平洋」を否定し、（3）中国に対抗するためではなく非排他的な地域協力の枠組みとして利用すべきとする議論も見られた。[18]

3　水面下の「インド太平洋」——二〇一二〜二〇一四年

アメリカ政府で「インド太平洋」をめぐる次の動きが見られないまま、二〇一三年二月にクリントン国務長官が退任すると、アメリカで「インド太平洋」をめぐる議論は下火になった。[19] 以降二年間、「インド太平洋」は政府レベルでほとんど言及されることがなく、水面下での検討が行われる時期となった。

ここでは、インドと日本でどのような検討がなされたのかを見ていこう。

インドは当時、中道左派の国民会議派を中心とするマンモーハン・シン（Manmohan Singh）政権（二〇〇四—二〇一四年）の時代であった。この政権の期間中に、政府の公式の声明等で「インド太平洋」が用いられたことは、筆者の調べによると、二回のみである。一回目は、二〇一二年一二月にインド・ニューデリーで開催されたＡＳＥＡＮインド首脳会議においてシン首相が行った開式声明であり、「インド太平洋地域（Indo-Paicfic region）」という表現で一度だけ言及している。[20] もう一回は、二〇一三年五月の訪日時の日印友好議員連盟におけるスピーチで、シン首相が同じく「インド太平洋地域」という表現で一度言及している。[21]

「インド太平洋」という概念についてのインド政府の考えを示唆しているのは、当時の政権の対外政策を統括していたシヴシャンカル・メノン（Shivshankar Menon）国家安全保障担当首相顧問が、[22] 個人的な考えとの留保を付しながらも、「インド太平洋」について見解を示した発言である。二〇一二年一〇月に行われたスピーチでは、「インドにおいて我々が、インド太平洋における多元的かつ包括的で開かれた安全保障アーキテクチャを呼びかけるとき、我々は、相対主義、理念主導、全方位性という伝統および文化にうまく合致する」と述べており[23]、これは前述のチャコによる整理でいうところの（3）非排他的「インド太平洋」の立場であると言えよう。また二〇一三年三月には、出版記念行事の演説原稿で下記のように述べていた。

私の個人的見解として述べると、実際のところ、安全保障は様々な海を越えてリンクしているが、インド太平洋はひとつの地政学的ユニットではない。地政学的観点において、そしてアメリカ以外の海軍の能力の観点において、この空間は依然として三つの異なる地域によって構成されている。インド洋、西太平洋、中国近海（すなわち南シナ海、東シナ海、日本海）である。この空間において活動する各国海軍の行動を実際に見れば、このことはさらに明白となる[24]。

ここでは以前の演説と異なり、「インド太平洋」を否定する立場を明確にしている。演説では、インドと中国の対決が不可避ではなく、協力可能であるとの考えも示している[25]。つまり、チャコの整理の（2）対中「インド太平洋」否定の立場であった。

こうした発言は、シン政権の全般的な対外戦略とも合致している。同政権の対外戦略については、政府の委託を受けて民間人が作成した「非同盟2.0[26]」という非公式文書に表されていると考えられており、この文書はインドが戦略的自律性を維持するためにはアメリカと同盟を結ぶべきではないと提言していた[27]。こうしたシン政権の対外戦略をふまえると、「インド太平洋」へのスタンスは、（3）非排他的「インド太平洋」の可能性を残しながらも基本的には（2）対中「インド太平洋」否定であったと考えられよう。

二〇一四年五月に実施された総選挙（インド連邦議会下院議員選挙）の結果、政権が交替し、中道右派のインド人民党を中心とするナレンドラ・モディ（Narendra Modi）政権が発足した。モディ政権では、シン政権よりも中国に対して強硬なスタンスであり、アメリカや日本との安全保障分野での協力関係を重視する傾向が見られたが、「インド太平洋」という言葉それ自体は、後述するように日印関係の文脈で日本側からで提案されるまで用いなかった。[28]つまり、「インド太平洋」についての政府方針は変更されていなかったと考えられる。

つぎに、日本の動向に目を向ける。二〇一二年一二月に発足した第二期安倍政権では、当初、第一期の「二つの海の交わり」の流れを汲み、のちの「自由で開かれたインド太平洋」戦略を想起させるような表現が用いられていた。二〇一三年一月、インドネシア・ジャカルタで、政権の対外政策の指針を表明することが予定されていたものの、予定変更して急遽帰国することになったために実施されなかった演説の予定原稿では、次のように、インド洋と太平洋の交わりが論じられていた。

いま米国自身が、インド洋から太平洋へかけ二つの海が交わるところ、まさしく、われわれがいま立つこの場所へ重心を移しつつあるとき、日米同盟は、かつてにも増して、重要な意義を帯びてまいります。

わたくしは、二つの大洋を、おだやかなる結合として、世の人すべてに、幸いをもたらす場と成すために、いまこそ日米同盟にいっそうの力と、役割を与えなくてはならない、そのためわが国として、これまで以上の努力と、新たな工夫、創意をそそがねばならないと考えています[29]。

また、二〇一三年二月、アメリカのシンクタンクで安倍首相が行った演説では、次のように、「インド・太平洋地域」という言葉を用いていた。

いまやアジア・太平洋地域、インド・太平洋地域は、ますますもって豊かになりつつあります。そこにおける日本とは、ルールのプロモーターとして主導的な地位にあらねばなりません[30]。

しかし、これらのような「インド太平洋」に関連する表現は、この後しばらく政府の公式文書から姿を消した。なお、日本政府が二〇一四年末に「インド太平洋」を使用しはじめて以降の表記は、「・」を入れない「インド太平洋」で一貫しており、二〇一三年二月の「インド・太平洋」との表記の違いが見られる。

水面下では、「インド太平洋」をめぐる検討が行われていた。外務省が行っている調査研究・提言事業に着目すると、公的には「インド太平洋」が使われなかった時期も、「インド太平洋」に着目した分析が行われていたことがわかる。二〇一〇年度の外務省国際問題調査研究・提言事業「日米関係の今後の展開と日本の外交」(主査：神谷万丈・防衛大学校教授)の報告書は、クリントン論文以前の二〇一一年三月に刊行されたものであるが、「インド太平洋地域」という言葉を頻用して政策提言を行っている[31]。二〇一二年度には、外務省国際問題調査研究・提言事業として、「アジア(特に南シナ海・インド洋)における安全保障秩序」（主査：山本吉宣・東京大学名誉教授）という研究プロジェクトが行われた。プロジェクト名にこそインド太平洋という言葉は入っていないが、このプロジェクトは「近年形成されつつあるインド太平洋地域を一つの安全保障複合体（security complex）と捉え、同安全保障複合体を形成する諸国が直面する問題や課題を明らかにすると同時に、インド太平洋における各国の政策を分析し、これらを踏まえ日本がとるべき政策を提言するもの」[32]であり、つまりは「インド太平洋」という枠組みで日本の政策を提言する研究プロジェクトであった。二〇一二年度以降は「インド太平洋」を明示した形で調査事業が継続して行われていた[33]。これらの研究が政策に及ぼした影響は定かでないが、外務省の事業としてこうした検討が行われていたこと、そして後述するように政府がのちにインド太平洋を戦略として打ち出したことを踏まえると、シンクタンクだけでなく政府内でも検討が進められていたと考えるのが妥当であろう。

シンクタンクの成果物を見ると、研究者では神谷万丈が特に早期から「インド太平洋」を論じ、その推進役を果たしていた。神谷は、二〇一九年に発表したインド太平洋についての論考で、自身の果たした役割を暗示している[34]。

4　日印関係限定の「インド太平洋」——二〇一四年末〜二〇一六年前半

水面下での検討を経て、日本政府は「インド太平洋」という用語の使用を始める。正式な使用開始の時期について、しかるべき資料に基づく確認はできていないが、筆者が政府機関のウェブサイトを調べた限りでは、二〇一四年一〇月二四日、首相官邸ウェブサイトの「総理の一日」コーナーに「インド太平洋地域空軍参謀長等による表敬」として登場するのが、[35]「・」を挟まない「インド太平洋」として日本政府の公的な文書に用いられる最初の例である。翌月からは頻繁に用いられていることをふまえると、遅くても二〇一四年一〇月までに、日本政府は「インド太平洋」という言葉を拡大地域の名称として採用したと考えられる。

明示的に「インド太平洋」が用いられたのは、二〇一四年一一月にオーストラリア・ブリスベンでG20首脳会議のサイドラインとして行われた日印首脳会談であった。日本の外務省ウェブサイトによると、この会談では安倍首相が「日印関係に『インド太平洋』地域の安定と発展に貢献するという視点を付与したい」とモディ首相に提案し、モディ首相がこれに賛意を示したとされている。[36] なお、モディ首相は同年八月末から九月にかけて日本を訪れているが、この訪日をめぐる外務省ウェブサイトの記録に「インド太平洋」という言葉は用いられていない。[37]

二〇一五年一月に岸田文雄外相がインドを訪問した際には、スシュマ・スワラージ（Sushma Swaraj）外相との間で行った第八回外相間戦略対話でも「インド太平洋地域」という言葉を用い、[38] さらにインド外務省のシンクタンクであるインド世界平和評議会（Indian Council of World Affairs）で岸田外相は「インド太平洋時代のための特別なパートナーシップ」と題したスピーチを行い、その中で一六回も「インド太平洋」に言及した。[39] たとえば以下のように述べて、「インド太平洋地域」という言葉をことさらに強調している。

今回の私のインド訪問には特別な理由があります。私が外務大臣再任後初の外国訪問先としてインドを訪問したのは、インド太平洋地域が世界の繁栄の中心となる時代が到来しつつある現在、日印のパートナーシップがこの新たな時代を牽引する特別なパートナーシップだと信じるからであります。太平洋とインド洋は、自由の海、繁栄の海として、ダイナミックに結合しつつあり、地域諸国はめざましい発展を遂げています。一方で、この地域が安全保障上の脆弱性を抱えることも事実です。インド太平洋地域の平和と繁栄が、日印両国のみならず世界にとっても重要なものとなっている。そのような中、日本とインドの特別なパートナーシップがインド太平洋地域においてどの様な役割を果たすべきなのかについて、私の考えをお話ししたいと思います(40)。

以後、日印の外交関係における文書や発言は、「インド太平洋」を頻用している。二〇一六年の「自由で開かれたインド太平洋戦略」の発表までの時期、政府間レベルの公的な国際政治の文脈では、「インド太平洋」がほぼ日印関係のみで用いられる言葉となっていた。例外的には、日印に第三国を加えた局面で登場していた。たとえば二〇一五年九月にアメリカ・ニューヨークで開催された日米印外相会談では、発表された共同メディアノートに「インド太平洋地域（the Indo-Pacific region）」という言葉が用いられている(41)。

5　「自由で開かれたインド太平洋」戦略——二〇一六年八月

「インド太平洋」が日印関係の文脈を超えて広がりを見せることになったきっかけは、日本政府が自国の対外戦略の柱として再定義を行ったことであった。二〇一六年八月二七日、ケニア・ナイロビで開催された第六回アフリカ開発会議における基調演説で、安倍首相は次のように語り、(42)新聞各紙はこれを「自由で開かれたインド太平洋」戦略として報じた。(43)

アジアの海とインド洋を越え、ナイロビに来ると、アジアとアフリカをつなぐのは、海の道だとよくわかります。

世界に安定、繁栄を与えるのは、自由で開かれた二つの大洋、二つの大陸の結合が生む、偉大な躍動にほかなりません。

日本は、太平洋とインド洋、アジアとアフリカの交わりを、力や威圧と無縁で、自由と、法の支配、市場経済を重んじる場として育て、豊かにする責任をにないます。

両大陸をつなぐ海を、平和な、ルールの支配する海とするため、アフリカの皆さまと一緒に働きたい。それが日本の願いです。(44)

すでに多くの先行研究があるので詳しくは論じないが、(45)「自由で開かれたインド太平洋」戦略とは、外務省によると、表向きは「自由で開かれたインド太平洋を介してアジアとアフリカの「連結性」を向上させ、地域全体の安定と繁栄を促進する」ことを目指すものであった。(46)公式には中国への対抗という意図が言及されないのは当然であるが、中国の「一帯一路」に対抗する日本の「インド太平洋」戦略と理解された。また、ナイロビで発表されたことが物語るように、従来の日本とインドの「インド太平洋」ではなく、インド洋を超えてアフリカ（とくに東部諸国）への関与が打ち出されたことが特色であった。

アメリカも、本章の趣旨から外れるので詳細は省略するが、ドナルド・トランプ（Donald Trump）政権一年目の二〇一七年一〇月に「インド太平洋」を公に使用しはじめた[47]。日本と同じく「自由で開かれたインド太平洋」という表現を用いており、日本の影響が認められる[48]。こうして、中国の「一帯一路」に対抗して、日本とアメリカが「インド太平洋」を推進するという構図が形成された。

6　インドの非排他的な「インド太平洋」――二〇一八年六月、シャングリラ演説

日本が「自由で開かれたインド太平洋」戦略を提唱し、アメリカも「インド太平洋」を採用して中国への対決姿勢を強めた。そこで注目が高まったのが、日本やアメリカがパートナーとして期待するインドの動向であった。二〇一四年に発足したモディ政権は、アメリカや日本との安全保障協力を強化し、二〇一七年には「一帯一路」への協力拒否を宣言するなど中国との関係を悪化させていたが[49]、シン政権につづいてモディ政権も「インド太平洋」への考えを公には明示せずにいた[50]。

そして、二〇一八年六月、イギリス国際戦略研究所（ＩＩＳＳ）の主催するアジア安全保障会議、いわゆるシャングリラ会合でモディ首相が基調演説を行い、ついに「インド太平洋」を論じた[51]。「インド太平洋」に一一回言及したこの演説は、インド政府として初めて公式に「インド太平洋」についてのビジョンを宣言するものであった。以下が、モディ首相の掲げた「インド太平洋」ビジョンの七項目である（筆者による抄訳）。

1. インド太平洋は、自由で開かれた非排他的な地域であり、すべての関係国を含む
2. 東南アジア・ASEANが今後もインド太平洋の中心である
3. 対話を通じて、ルールに基づく共通の秩序を求める
4. 国際法に基づいて公海・公空へのアクセスが等しく保障される
5. 東アジア地域包括的経済連携（RCEP）を軸に、開かれた国際貿易を支持する
6. インフラと信頼のコネクティヴィティが地域を結びつける
7. 大国間対立の時代には戻らない(52)

こうして表明されたインドの「インド太平洋」ビジョンは、明らかに、日米のそれとは異なるものであった。日米の「インド太平洋」戦略は、公言こそしないものの、中国による海の排他的支配を許さないことを目指して「インド太平洋」の枠組み形成を行うものである。それに対してインドは、「インド太平洋」という新たなネーミングのもとで、従来からのASEANを中心とした地域協力の枠組みを強化すると宣言したのであった。モディ首相が「インド太平洋地域を、戦略として捉えず、限定されたメンバー国のクラブともみなさない」、「この地理的範囲におけるすべての国を含む(53)」と語っていることからも明らかなように、インドの「インド太平洋」は中国を排除するものではなく、中国を含む包摂的な地域協力の枠組みとして構想されている。先のチャコの整理で言う（3）非排他的「インド太平洋」の立場を、インド政府の方針として決定的に打ち出したのであった。

なお本章の対象時期からは外れるが、二〇一九年にインド外務省は内部組織を再編成して、地域協力を担当する「インド太平洋局」を設置した[54]。インドでも「インド太平洋」という言葉が拡大地域の名称として定着しつつある[55]。

7　「戦略」から「ビジョン」へ――二〇一八年秋、日本政府の方針転換

日本は「自由で開かれたインド太平洋」戦略を打ち出し、アメリカの賛同を得ることに成功し、「インド太平洋」という言葉は急速に定着したが、戦略への同調は広がりを見せなかった。インドやオーストラリアなど周辺のパートナー諸国が、中国を含む非排他的な枠組みを指向したことによって、日本政府は方針の修正を迫られた[56]。そして、二〇一八年一一月、日本政府が「戦略（strategy）」という言葉を「インド太平洋」に付けることをやめ、代わりに「構想（vision）」と呼んでいると報じられた[57]。この報道で着目されたのは、一一月一二日の政府与党連絡会議において、安倍首相が「シンガポールでは、東アジアサミットを始めとするＡＳＥＡＮ（東南アジア諸国連合）関連の会合に出席し、友好協力四五周年を迎える日・ＡＳＥＡＮ関係の更なる強化を図るとともに、北朝鮮問題への対応や、自由で開かれたインド太平洋というビジョンの実現に向けて、参加国と連携し、国際社会へ力強いメッセージを発信したいと思います」と述べている箇所であった[58]。従来であれば「自由で開かれたインド太平洋戦略」となるところが、「自由で開かれたインド太平洋というビジョン」とされているのである。同記事では、中国の警戒心を招く「戦略」をやめることによって、ＡＳＥＡＮ諸国などからの支持を得やすくなることが方針転換の狙いである

表2　「インド太平洋」をめぐる主な動きの年表

2007年８月	安倍首相インド連邦議会演説「二つの海の交わり」
2010年10月	クリントン国務長官ホノルル演説
2011年10月	クリントン国務長官フォーリン・ポリシー誌論文
2014年10月ごろ	日本、「インド太平洋」使用開始
2014年11月	日印関係に「インド太平洋」の視点を付与
2016年８月	日本、「自由で開かれたインド太平洋」戦略の発表
2017年10月	アメリカ、「インド太平洋」を使用開始
2018年６月	モディ首相シャングリラ会合演説
2018年11月	日本、「インド太平洋」を「戦略」から「ビジョン」へ

（出所）筆者作成。

と解説していた[59]。以降、「インド太平洋」をめぐる政府の文書や発言に「戦略」は用いられていない。

ところで、二〇一八年一〇月末には、モディ首相が日本を訪問して、日印首脳会談が行われていた。タイミングを考えると、日印首脳会談が日本政府の方針転換に影響を与えたのではないかと勘ぐりたくもなるが、どうやらそうではない。報道によると、「戦略」から「ビジョン」への転換は、一〇月に安倍首相が中国を訪れる前の、九月までには決定されていた[60]。つまり、一〇月末のモディ首相との会談がきっかけとなって転換されたのではない。しかし、インドを中心とする関係国による「インド太平洋」への態度をふまえて方針転換が行われたことは間違いないだろう。

「戦略」から「ビジョン」への転換によって、結果的に「インド太平洋」をめぐる日本とインドのギャップはやや縮まったと言えるが、日本の「自由で開かれたインド太平洋」における対中戦略としての基本的な性質は変わっていないと考えられており[61]、依然として日印両国の間には隔たりがある。

おわりに

本章では、日本とインドを中心に、一部でアメリカの動向にも触れながら、二〇〇七年から二〇一八年までの「インド太平洋」をめぐる動向を整理した。

二〇〇七年、「二つの海の交わり」という言葉で「インド太平洋」の種が蒔かれた。二〇一一年のクリントン論文によって知られるようになった「インド太平洋」という言葉を、水面下での検討を経て、日本政府は二〇一四年末からインドとの関係で使用しはじめた。しばらくの間、政府レベルでの「インド太平洋」は、ほぼ日印関係で独占的に使用されていた。そして二〇一六年八月、日本政府は「自由で開かれたインド太平洋」戦略を対外戦略の柱として打ち出した。アメリカの同調を得ることには成功したものの、インドは同調しなかった。インドは「インド太平洋」という言葉を正式に採用したが、その内容はＡＳＥＡＮを中心とする非排他的な地域協力の枠組みであった。中国との対決姿勢を強め、日本やアメリカとの安全保障協力を深化させているモディ政権との間でさえ、日本は「インド太平洋」の戦略を共有できなかったのである。そして日本は「インド太平洋」を戦略として提示することを取りやめ、ビジョンとしての位置付けに修正した。

以上のように、「インド太平洋」をめぐる日本とインドの歩みを振り返ってきた。しかしおそらく、「インド太平洋」の国際政治はまだ始まったばかりである。今後、日印両国が立場の違いを乗り越えて協力を深化させるためには、互いの国際情勢認識や国内事情について、理解を深めることが不可欠であろう。

追記――接近した日印の「インド太平洋」

本章を執筆してから出版までに約二年の月日を要した。そこで、その間の情勢変化について若干の加筆を行いたい（二〇二〇年末時点）。

本章では、アメリカと日本が中国に対抗する観点から「インド太平洋」を構想し、インドは中国との協力を排除しない枠組みとして捉えている、と論じた。つまり、日印の「インド太平洋」における隔たりを指摘したのだが、二〇一八年後半の動向ですでに兆しが見えていたように、その後の日印両国のスタンスは近づいていった。

日本政府の「戦略」から「ヴィジョン」への転換の前後、日中関係は改善が進み、二〇二〇年には習近平国家主席の訪日が予定されていた。コロナ禍により延期とはなったものの、先にコロナ禍に見舞われた中国に対して日本からの支援が盛んに報道され、両国関係の友好ムードが喧伝されたことも記憶に新しい。インドの「インド太平洋」政策は、基本的には変更されていないが、二〇二〇年六月に中国との国境紛争が激化すると、インド国民の反中感情は爆発し、政府も中国に対する対応を硬化させていった。つまり、日本は協調路線へ、インドは対決路線へとシフトし、結果的に日印の「インド太平洋」は接近した。両国は、中国への脅威認識をますます募らせながらも、中国を排除しない「インド太平洋」地域協力を構想している。

もうひとつの重要な動向は、日米豪印の四カ国枠組み、いわゆるクアッドの協調が深化したことであろう。ここで詳細は論じないが、二〇二〇年にはクアッドに目覚ましい進展が見られた。現在の「インド太平洋」は経済分野での地域協力に向けた抽象的な「ヴィジョン」となったのに対して、クアッドは安全保障協力の実質を積み上げようとしている。

二〇二〇年一〇月に東京で行われた外相会議では、中国への対決姿勢を強めるアメリカ（トランプ政権）と、他の三カ国との温度差が顕わとなった。つまり、日米とインドではなく、アメリカと日印の間に溝がある構図である。国際政治における日本とインドは、かつてないほどその立場を接近させているとすら言えるかもしれない。

※　本章は、科学研究費補助金「南アジアのコネクティビティとインド――越境インフラを巡る政治と経済」（基盤研究B、18H03448）の成果の一部である。

（1）　二〇一八年五月に「アメリカ太平洋軍（United States Pacific Command）」から「アメリカ・インド太平洋軍（United States Indo-Pacific Command）」へと改称された。Website of U.S. Pacific Command, "U.S. Indo-Pacific Command Holds Change of Command Ceremony," May 30, 2018 (https://www.pacom.mil/Media/News/News-Article-View/Article/1535776/us-indo-pacific-command-holds-change-of-command-ceremony/, retrieved on April 20, 2019).

（2）「インド太平洋」概念が国際関係・安全保障の分野で普及した経緯については、筆者による次の論文で詳しく紹介している。溜和敏「「インド太平洋」概念の普及過程」『国際安全保障』第四三巻第一号、二〇一五年。また、初期の動向については下記の研究がさらに詳しい。David Scott, "The 'Indo-Pacific' — New Regional Formulations and New Maritime Frameworks for US-India Strategic Convergence," ***Asia-Pacific Review***, Vol. 19, No. 2, 2012; 山本吉宣「インド太平洋概念をめぐって」日本国際問題研究所編『アジア（特に南シナ海・インド洋）における安全保障秩序』(日本国際問題研究所、二〇一三年)、神谷万丈「日本と「インド太平洋」」『アジア(特に南シナ海・インド洋)における安全保障秩序』。

(3) 本章はインド太平洋をめぐる動向に絞って論じている。日印関係全般の動向については堀本武功編『現代日印関係入門』(東京大学出版会、二〇一七年)などを参照されたい。

(4) 外務省ウェブサイト「インド国会における安倍総理大臣演説「二つの海の交わり」Confluence of the Two Seas」(https://www.mofa.go.jp/mofaj/press/enzetsu/19/eabe_0822.html、二〇一九年四月二〇日アクセス)。

(5) 同右。

(6) 神谷万丈は、「拡大アジア」がのちの「インド太平洋」の「基本的な発想を先どりしていたと言ってよい」と指摘している。また大庭三枝は、日本政府がインドを含む地理的範囲を明確に定義したものとして「拡大アジア」の意義を評価している。神谷万丈「日本と「インド太平洋」」二八ページ、大庭三枝「日本の「インド太平洋」構想」『国際安全保障』第四六巻第三号、二〇一八年、一四ページ。

(7) 鈴木美勝『日本の戦略外交』(ちくま新書、二〇一七年)八四-九八ページ。三人は第二期政権の首相官邸に入った。

(8) 鈴木美勝『日本の戦略外交』一三七ページ。

(9) クリントン国務長官による演説や論文に先立って、アメリカやオーストラリアのいくつかのシンクタンク報告書で「インド太平洋」が提唱されていた。「インド太平洋」が打ち出されるまでに水面下で検討が行われており、シンクタンク報告書にはその一端が現れていたと考えられよう。溜「「インド太平洋」概念の普及過程」六九-七四ページ。

(10) Archive of website of U.S. Department of State, "America's Engagement in the Asia-Pacific," Hillary Rodham Clinton, Secretary of State, Kahala Hotel, Honolulu, Hawaii, October 28, 2010 (https://2009-2017.state.gov/secretary/20092013clinton/rm/2010/10/150141.htm, retrieved on April 20, 2019).

(11) 筆者の調べによる。また、伊藤融も同様の整理をしている。伊藤融「インドから見た「インド太平洋」」日本国際問題研究所編『「インド太平洋時代」の日本外交——Secondary Powers/Swing States への対応』日本国際問題研究所、二〇一四年、八一ページ。

(12) 伊藤融「インドから見た「インド太平洋」」八二ページ。

(13) Hillary Clinton, "America's Pacific Century," ***Foreign Policy***, October 11, 2011 (https://foreignpolicy.com/2011/10/11/americas-pacific-century/, retrieved on April 20, 2019).

(14) Ibid.

(15) Ibid.

(16) Ibid. ここで紹介した三つの引用文はそれぞれ離れた文脈から引かれている。

(17) 溜「「インド太平洋」概念の普及過程」七六 - 七七ページ。

(18) Priya Chacko, "India and the Indo-Pacific: An Emerging Regional Vision," Indo-Pacific Governance Research Centre Policy Brief, No. 5, November 2012 (https://www.adelaide.edu.au/indo-pacific-governance/research/policy/Chacko_PB.pdf, retrieved on April 20, 2019).

(19) 中山俊宏「アメリカ外交における「インド太平洋」概念——オバマ政権はそれをどのように受容したか」日本国際問題研究所編『インド太平洋時代の日本外交——スイング・ステーツへの対応』日本国際問題研究所、二〇一五年。

(20) Ministry of External Affairs, Government of India, "Opening Statement by Prime Minister at Plenary Session of India-ASEAN Commemorative Summit," December 20, 2012 (http://mea.gov.in/Speeches-Statements.htm?dtl/20981/Opening+Statement+by+Prime+Minister+at+Plenary+Session+of+IndiaASEAN+Commemorative+Summit; retrieved on April 20, 2010).

(21) Ministry of External Affairs, Government of India, "Prime Minister's Address to Japan-India Association, Japan-India Parliamentary Friendship League and International Friendship Exchange Council," May 28, 2013, Prime Minister's Address to

Japan-India Association, Japan-India Parliamentary Friendship League and International Friendship Exchange Council (http://pib.nic.in/newsite/erelease.aspx?relid=96257; retrieved on April 20, 2019).

(22) インドの対外政策決定機構については次を参照されたい。溜和敏「インド対外政策の制度的特性——誰の認識を通じて形成されるのか」『文化論叢』第六号、二〇一八年三月。

(23) Website of Institute for Defence Studies and Analyses, "Speaking Notes at Workshop on Kautilya - Kautilya Today," Amb. Shivshankar Menon, National Security Advisor, October 18, 2012 (http://www.idsa.in/keyspeeches/ShivshankarMenon_KautilyaToday, retrieved on April 20, 2019).

(24) Website of Observer Research Foundation, "Text of Speech of Mr. Shivshankar Menon, Samudra Manthan: Sino-Indian Rivalry in the Indo-Pacific," March 4, 2013 (http://www.orfonline.org/cms/export/orfonline/documents/Samudra-Manthan.pdf, retrieved on January 10, 2015; linkrot as of April 20, 2019).

(25) Ibid.

(26) Sunil Khilnani, Rajiv Kumar, Pratap Bhanu Mehta, Prakash Menon, Nandan Nilekani, Srinath Raghavan, Shyam Saran and Siddharth Varadarajan, ***Nonalignment 2.0: A Foreign and Strategic Policy for India in the Twenty First Century***, 2012.

(27) 「非同盟2.0」の内容については以下を参照されたい。堀本武功「冷戦後のインド外交——『第2非同盟』と対米・対中政策」『国際問題』第六二八号、二〇一四年、溜和敏「インドの国際秩序観」『神奈川大学アジア・レビュー』第六号、二〇一九年。

(28) 二〇一四年に行われたインドの政権交代が、インドの「インド太平洋」への対応に及ぼした影響については、次で検討されている。伊藤融「インドにおける政権交代と「インド太平洋」」『インド太平洋時代の日本外交——スイング・ステーツへの対応』。

(29) 外務省ウェブサイト「安倍総理大臣演説『開かれた、海の恵み——日本外交の新たな5原則』」二〇一三年一月一八日予定原稿（https://www.mofa.go.jp/mofaj/press/enzetsu/25/abe_0118j.html、二〇一九年四月二〇日アクセス）。
（30）首相官邸ウェブサイト「平成二五年二月二二日（ＣＳＩＳでの政策スピーチ）内閣総理大臣安倍晋三『日本は戻ってきました』」二〇一三年二月二二日（https://www.kantei.go.jp/jp/96_abe/statement/2013/0223speech.html、二〇一九年四月二〇日アクセス）。
（31）財団法人日本国際フォーラム編『「スマート・パワー時代」における日米同盟と日本外交』日本国際フォーラム、二〇一一年三月。
（32）「平成二四年度『アジア（特に南シナ海・インド洋）における安全保障秩序』研究プロジェクト報告書要旨」『アジア（特に南シナ海・インド洋）における安全保障秩序』一ページ。
（33）日本国際問題研究所の研究プロジェクト一覧による（http://www2.jiia.or.jp/RESR/project.php、二〇一九年四月二〇日アクセス）。たとえば、二〇一三／一四年度には下記のプロジェクトが行われている「『インド太平洋時代』の日本外交――Secondary Powers／Swing States への対応」（主査：菊池努・青山学院大学教授）。
（34）神谷万丈「『競争戦略』のための『協力戦略』――日本の『自由で開かれたインド太平洋』戦略（構想）の複合的構造」二〇一九年二月、鹿島平和研究所ウェブサイト（http://www.kiip.or.jp/taskforce/doc/anzen20190215_Kamiya%20Matake.pdf、二〇一九年四月二〇日アクセス）。この冒頭（一ページ）で神谷は、「『インド太平洋』概念に早くから注目し、それが日本の地域安全保障政策の中核概念たり得るかを論じてきた筆者としては、感慨深いものがある」と記している。
（35）首相官邸ウェブサイト「平成二六年一〇月二四日インド太平洋地域空軍参謀長等による表敬」（https://www.kantei.go.jp/jp/96_abe/actions/201410/24hyoukei.html、二〇一九年四月二〇日アクセス）。
（36）外務省ウェブサイト「日印首脳会談」二〇一四年一一月一四日（https://www.mofa.go.jp/mofaj/s_sa/sw/in/page4_000808.html、二〇一九年四月二〇日アクセス）。
（37）外務省ウェブサイト「日・インド首脳会談（概要）」二〇一四年九月一日（https://www.mofa.go.jp/mofaj/s_sa/

sw/in/page3_000896.html、二〇一九年四月二〇日アクセス)。

(38) 外務省ウェブサイト「第八回日印外相間戦略対話」(https://www.mofa.go.jp/mofaj/s_sa/sw/in/page3_001065.html、二〇一九年四月二〇日アクセス)

(39) 外務省ウェブサイト「岸田外務大臣スピーチ「インド太平洋時代のための特別なパートナーシップ」」(https://www.mofa.go.jp/mofaj/s_sa/sw/in/page22_001770.html、二〇一九年四月二〇日アクセス)。

(40) 同右。

(41) 外務省ウェブサイト「日米印外相会合」二〇一五年九月三〇日(https://www.mofa.go.jp/mofaj/s_sa/sw/page3_001394.html、二〇一九年四月二〇日アクセス)。

(42) 外務省ウェブサイト「TICAD VI開会に当たって・安倍晋三日本国総理大臣基調演説」(https://www.mofa.go.jp/mofaj/afr/af2/page4_002268.html、二〇一九年四月二〇日アクセス)。

(43) 演説で「インド太平洋」や「自由で開かれたインド太平洋」という言葉は用いられていない。報道の一例として、「安倍晋三首相がアフリカで打ち出した新外交戦略――大きく後れをとる中国に「質」と「技術力」で対抗」『産経新聞』(二〇一六年八月二七日付)。

(44) 同右。

(45) たとえば、大庭三枝「日本の「インド太平洋」構想」。

(46) 外務省国際協力局「平成29年度開発協力重点方針」四ページ(https://www.mofa.go.jp/files/000245509.pdf、二〇一九年四月二〇日アクセス)。

(47) 二〇一七年一〇月にレックス・ティラーソン(Rex W. Tillerson)国務長官がシンクタンクでの演説で用いたのが最初。「自由で開かれたインド太平洋(free and open Indo-Pacific)」という日本と同じフレーズで用いたが、「戦略」は付けていない。"Defining Our Relationship with India for the Next Century: An Address by U.S. Secretary of State Rex Tillerson," Centre for Strategic & International Studies, October 18, 2017 (https://www.csis.org/analysis/defining-our-

relationship-india-next-century-address-us-secretary-state-rex-tillerson; retrieved on April 20, 2019).

（48）アメリカ側の視点については次が詳しい。辰巳由紀「戦略的概念としての「インド太平洋」――米国の視点から」『国際安全保障』第四六巻第三号、二〇一八年一二月。

（49）二〇一七年五月に中国で行われた一帯一路プロジェクトの首脳会談への招待をインドは拒否し、同プロジェクトの一部である中国パキスタン経済回廊が自国の国益を脅かすものであると表明した。Suhasini Haidar, "Why did India boycott China's road summit?" ***The Hindu***, May 20, 2017.

（50）「インド太平洋」をめぐるインドの方針の背景となる印中関係については次で論じた。溜和敏「インドからの視点――印中関係とインド太平洋」金泰旭・浦上拓也・西田竜也編『アジア共同体構築への視座――政治・経済協力から考える』（中央経済社、二〇一八年）、一六六―一六七ページ。

（51）"Prime Minister's Keynote Address at Shangri La Dialogue (June 01, 2018)," Ministry of External Affairs, Government of India, June 1, 2018 (https://www.mea.gov.in/Speeches-Statements.htm?dtl/29943/Prime+Ministers+Keynote+Address+at+Shangri+La+Dialogue+June+01+2018, retrieved on April 20, 2019).

（52）Ibid.

（53）Ibid.

（54）Indrani Bagchi, "In a show of intent, external affairs ministry sets up Indo-Pacific wing," ***Times of India***, April 15, 2019.

（55）たとえばインドの外交安全保障研究者を対象として二〇一八年一二月に行われたインタビュー調査（サンプル数一二七）で、「どの用語がインドの拡大地域を最も言いあらわしているか」という問いへの回答は、インド太平洋（七四％）、アジア太平洋（一七％）、アジア（八％）、ユーラシア（一％）となっている。Dhruva Jaishankar, ***Survey of India's Strategic Community***, Impact Series, Brookings Institution India, March 2019, p. 15.

（56）大庭三枝「日本の「インド太平洋」構想」二三―二四ページ。また、オーストラリアの「インド太平洋」については次が詳しい。佐竹知彦「豪州とインド太平洋――多極化時代における新たな秩序を求めて」『国際安全

保障』第四六巻第三号、二〇一八年一二月。

（57）「インド太平洋、消えた「戦略」――政府が「構想」に修正」『日本経済新聞』二〇一八年一一月一三日（電子版）。

（58）首相官邸ウェブサイト「平成30年11月12日政府与党連絡会議」二〇一八年一一月一二日（https://www.kantei.go.jp/jp/98_abe/actions/201811/12sei_yoto.html、二〇一九年四月二〇日アクセス）。

（59）「インド太平洋、消えた「戦略」」『日本経済新聞』二〇一八年一一月一三日。

（60）岡田充「安倍首相が封印した「戦略」の二文字――訪中前に中国への刺激避ける？-」Business Insider Japan、二〇一八年一〇月二六日（https://www.businessinsider.jp/post-178169、二〇一九年四月二〇日アクセス）。

（61）神谷万丈「「競争戦略」のための「協力戦略」」。

第8章　インドにおけるビジネスの現状と外資・産業界の課題

山田　剛

1　コロナ禍がインド経済を直撃

新型コロナウイルスの世界的な感染拡大は、インド経済にも計り知れない打撃を与えた。自動車販売の不振が一段落し、直接投資の拡大にも明るい兆しが見えていた矢先に降って沸いたコロナ禍。感染を封じ込めるために二〇二〇年三月二五日から実施した全土封鎖（ロックダウン）は、公共交通機関をストップさせ、企業や商店、官公庁を一斉に閉鎖したため、日銭で暮らす労働者や零細商工業者を直撃した。これにより、民営化や規制緩和、輸出振興などの改革は全面ストップ。モディ政権は目先の経済成長よりも国民の「生命」を選んだ。しかし、その代償はあまりにも大きい。印大手格付け機関ＣＡＲＥレーティング

図表1　インドのGDP成長率（実質）の推移

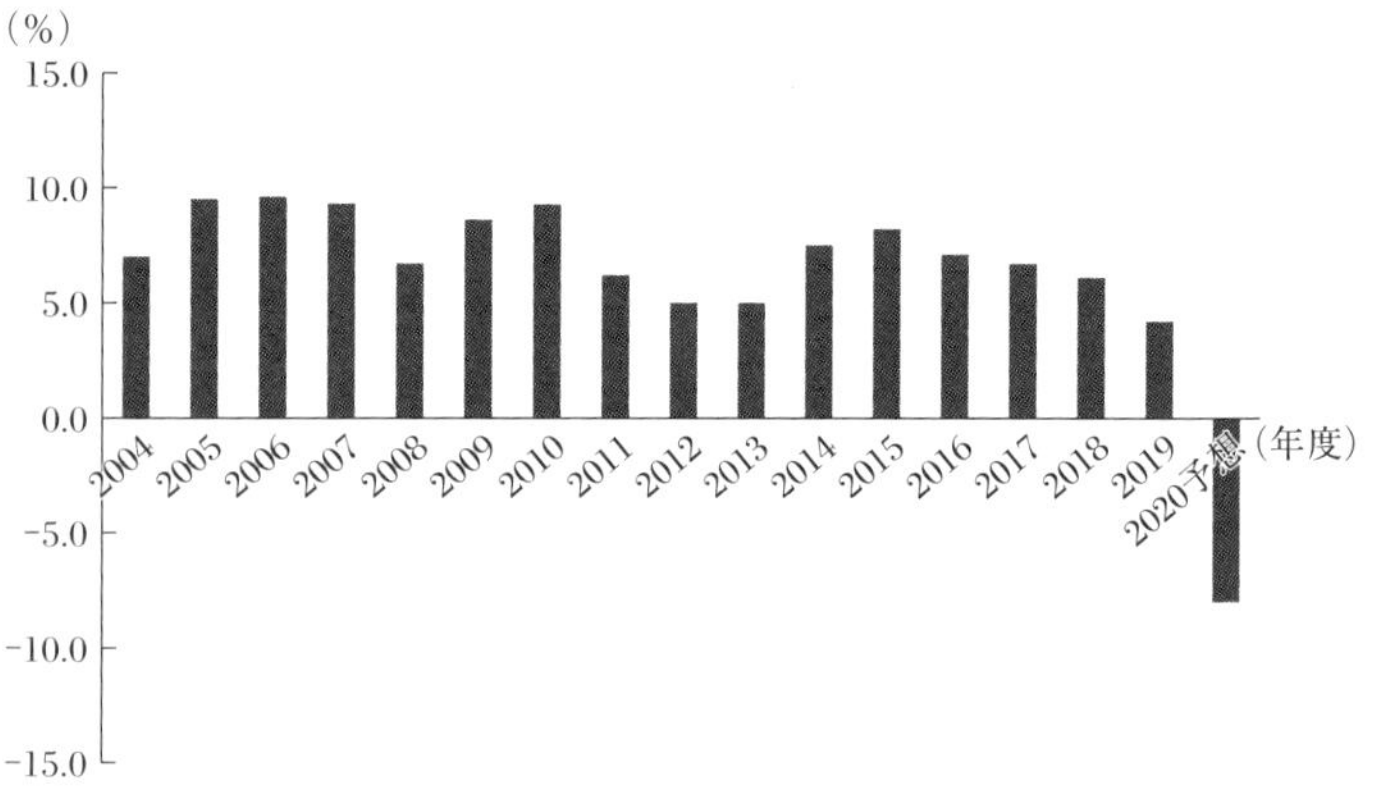

データ：印中央統計局（CSO）。

スは、ロックダウンによってインド経済は一日当たり最大で四〇〇〇億ルピー（約五六〇〇億円）の損失を被る、と予測。米格付け大手フィッチ・レーティングスは一二月上旬、二〇二〇年度（二一年三月期）のインドの経済成長率予想を、統計開始以来最悪のマイナス九・四%へと引き下げた。二一年二月末に発表した政府統計では、二〇二〇年通年のＧＤＰ成長率をマイナス八・〇%と予想している（図表1）。

　今回のコロナ禍は、リーマン・ブラザースの経営破綻に端を発した二〇〇八年の世界金融危機に比べ、真っ先に実体経済に影響を与えたという点でより深刻だ。しかも日米欧や中国など、インドの貿易・投資パートナーも同様の打撃を受けており、国内の経済対策だけでは効果が限られるということも対応を難しくしている。二〇二一年三月上旬の時点でインド国内のコロナ感染者は累計一一一七万人を超え、死者は一五万五〇〇〇人に達した。感染者数はロックダウンが始まった三月末に比べてほぼ二万倍に増加している。インド政府は当初四月一四日まで二一日間だったロックダウンを五月末まで延期しており、工場や商店の閉鎖などでインド経済は甚大なダメージを受けた。

本章では、主に新型コロナウイルスの感染拡大が起きる前の状況に基づいてインドのビジネスを論じており、現行二〇二〇年度以降の予測についても、コロナによる影響が比較的早期に収束、経済活動が平時に戻る、という前提に立っていることを注記しておく。

二〇一〇年代に入って、日本企業をはじめ世界の有力メーカー、電気通信プロバイダーやデベロッパーなどは再びインドに注目、直接投資による工場・店舗展開をはじめ、フランチャイズ方式や合弁企業設立などで相次いでインド市場に参入している。ファストファッション大手のH&M（ヘネス・アンド・マウリッツ）やZARA、そして日本の無印良品などのインド進出は大いに話題となったが、二〇一八年八月にはついにIKEAが南部の古都ハイデラバードにインド一号店を開店し、世界的な流通小売業としてはインド初進出を飾った。

IT（情報技術）、電気通信の分野では何といっても携帯電話市場が最大のショーケースだ。IT専門の調査会社IDCによると、インドのスマートフォンの出荷は二〇二〇年七－九月期に前年同期比一六・五％増の五四三〇万台と史上最高を記録。ロックダウンの影響で一八二〇万台と大きく落ち込んだ四－六月期から巻き返した。スマホのシェアで一位を守っている中国・小米科技（シャオミ）はじめ、これを追撃する同Vivo（維沃移動通信）やOppo（広東欧珀移動通信）、韓国・サムスン電子などが続々とインドでの現地生産能力を拡大中だ。米トランプ政権と対立する中国の大手IT企業・華為技術（ファーウェイ）も、IT都市バンガロールに一〇億ドルを投資して技術者五〇〇人規模の開発センターを建設する計画が段階的に進行中。

インドを代表する花形産業である自動車業界でも、乗用車のシェア約五〇%を握るマルチ・スズキは、グルガオン、マネサール、そしてスズキ直営として西部グジャラート州・ハンサルプルにそれぞれ工場を持っているが、予想される需要増や輸出を考慮してマルチとしてはインド南部に第三工場の建設を検討している。

また、中国の自動車大手・上海汽車（ＳＡＩＣ）子会社である英ＭＧモーター、そして韓国・起亜自動車がともに一九年からインドで乗用車の現地生産に乗り出した。中国系完成車メーカーのインド上陸は初めてのケースだ。本章では、主に日本など外資系企業のインド進出動向や市場の変化を概観するとともに、電力などのインフラや土地・労務問題など、企業にとってのチャレンジについて考えてみたい。

2　外資系企業のインド進出状況

一九四七年の独立後、自国産業を保護するため長きにわたって外資や民間企業に対する参入規制を続けてきたインドが、自由化や対外開放に大きく踏み出したきっかけが一九九一年の経済改革だったことは論を俟たない。実際には一九九〇年代後半から自動車メーカーなどの参入ラッシュが起きるのだが、この改革では政府が厳しく統制していた産業ライセンスを原則自由化し、部品などの輸入関税も引き下げて民間や外資系企業に門戸を開いた。

その後、インドは一九九八年の核実験強行によって米欧諸国から経済制裁を科されて一時的に外資の流

図表２　インドに進出している主な多国籍企業

ボーダフォン	印アイデア・セルラーと携帯電話事業を統合、加入者４億件超
アマゾンドットコム	ジェフ・ベゾスCEOはしばしばインド訪問、いち早く食品通販に参入表明。2018年末までに配送センターを50カ所に拡張する計画を発表
グラクソスミスクライン（GSK）	1924年インドで営業開始、タタ・グループと新薬開発で提携、2017年７月にはカルナタカ州に第２工場着工
ユニリーバ	1895年にインドで石鹸を発売、現地法人ヒンドスタン・ユニリーバはインド優良企業の一つに成長
サムスン電子	白物家電や薄型TVでLG電子と激しいシェア競争。2018年９月には電子機器を体験できる世界最大級のショールームをバンガロールにオープン
BASF	コンクリート添加剤などの建設化学製品が主力だが、医薬にも参入。2015年に世界最大規模の工場建設。西部プネーに農業研究施設を開設
ペプシコ	会長はインド出身のインドラ・ヌーイ氏、清涼飲料やスナック菓子を販売
LG電子	薄型TV、パソコンなどに強い。初代現地法人社長金光魯氏はインドに９年駐在
現代自動車	乗用車市場でシェア２位、欧州や中東などに積極輸出
ネスレ	1960年代からインドでビジネス。2016年以降、25品目の新製品投入計画。即席麵「マギー」や「キットカット」、様々な乳製品などで知られる。新商品開発でアマゾンと提携
ボッシュ	家電部門が印市場に80億ルピーの投資表明
マクドナルド	インド全国に300店以上展開。独自の「ベジタリアン」向けメニューが成功
ウォルマート	携帯電話プロバイダ大手バルティと組んでスーパー展開を目指すも規制緩和が進まず合弁解消。独自にキャッシュ・アンド・キャリー（会員制現金卸）を展開
アディダス	「スタジアム」をコンセプトにした新業態店をデリーにオープン、全国で1000店舗体制構築へ

出所：各種プレスリリースや報道を元に筆者作成。

入にブレーキがかかるが、二〇〇一年の対テロ戦争に全面協力したことで制裁解除を勝ち取り、二〇〇〇年代半ばに九%を超える高成長を達成する下地となった。

一九世紀から二〇世紀中葉の英国植民地時代からインドでビジネスを展開してきた英蘭ユニリーバや独シーメンス、さらに一九六〇年代にはすでにインド工場を建設していたスイスのネスレなど、一部例外はあるものの、海外企業の多くは一九九〇年代末からインドへの進出を加速させてきた。

一九九〇年代からは日米韓の電機メーカーが相次いでインドに上陸、最近ではアマゾンドットコムやフェイスブックといった米IT企業もインド事業を活発化させている（図表2）。自動車部品では独ボッシュ、化学メーカーでは独BASFなどが草分け的存在だが、近年は高層建築ブームに支えられたシンドラーやコネ、東芝などのエレベーター・メーカーや、有名アパレルブランド、そしてマクドナルドやケンタッキー・フライドチキンといった世界的な外食チェーンなども多くがインドに出店している。

ウォルマートのように、携帯電話プロバイダー大手のバルティ・エアテルと組んで、来るべき小売市場自由化に向けて準備に入ったが、外資規制の度重なる先送りに業を煮やし二〇一三年にわずか六年で合弁を解消したり、買収した製薬大手ランバクシーの経営がうまくいかなかった第一三共が巨額の損失を被るという事例はあったが、インドに進出した外資はおおむね粘り強くインド市場の開拓に取り組んでいる。

（1）自動車大国を支える外資

インドの花形産業と言えばやはり自動車。世界自動車協会（OICA）によるとインドは二〇一九年、前年比八・〇%増の約四五一万六〇〇〇台の自動車（乗用車と商用車合計）を生産し、世界第五位の自動車大国となっている。

失敗には終わったものの一台約二八万円（当時）の超低価格乗用車「ナノ」で世界の話題をさらったタタ自動車や、多目的車大手のマヒンドラ・アンド・マヒンドラなどが健闘しているとはいえ、インドの自動車産業を支えているのは日本をはじめとする外資である。スズキのインド法人「マルチ・スズキ」は一九八二年、世界に先駆けてインドにおける「国民車」プロジェクトに参加。今日乗用車部門で約五〇％のシェアを握り、二〇一八年度の車種別販売台数ではアルトやスイフトなどが上位六位までを独占したことは広く知られている。

一九九〇年代末までに、米ゼネラル・モーターズ（GM）やフォード、フォルクスワーゲン、韓国・現代自動車などがインドでの現地生産を開始。二〇〇八年には日産ルノーがインドに上陸した。韓国・起亜自動車や中国・上海汽車傘下の英MGモーターの参入は、自動車市場がさらに活気づくきっかけとなるだろう。

二〇一〇年代に入ると、いわゆるファストファッションをはじめとする海外のアパレルブランドのインド進出が加速する。いち早くインドに進出したスペイン・インディテックス社のブランド、ZARAは、大手財閥タタ・グループの小売部門トレント社との合弁という形態を選択し二〇一〇年五月から各地のショッピングモールなどに出店。二〇年六月時点で国内二二店舗を展開している。インド上陸当初はZARAの驚異的な集客力を背景に、両隣のテナントまでが争奪戦となる人気ぶりだった。

ZARAを追いかけて満を持してインドに進出したのがスウェーデンの人気ファストファッション、H&Mだ。二〇一五年一〇月、デリーの高級モールに出店した一号店のオープン時には徹夜組も含めて二五〇〇人が並ぶなど大いに話題となった。H＆Mは二〇年一〇月時点でインドに四八店舗を展開中。

グローバルな外食チェーンの先駆けとしてインドに進出したのがマクドナルド。一九九六年の合弁会社設立後、一年近い時間をかけて牛肉を食べないヒンドゥー教徒、豚肉を忌避するイスラム教徒、そして一切の動物性食品を食べないベジタリアン向けに、チキンバーガーや野菜コロッケを挟んだベジ・バーガーなどインド独自のメニューを開発して今日の成功につなげた。

二〇一二年にタタ・グループ傘下のコーヒー・紅茶部門タタ・グローバル・ベバレジと合弁会社を設立したスターバックス・コーヒーは、すでに国内一七六店（二〇年八月時点）を展開、英国流で紅茶が中心だったインドの喫茶文化にコーヒーを定着させた。

そして二〇一八年八月には、スウェーデン発祥の世界的家具量販店ＩＫＥＡが南部の古都ハイデラバードにインド一号店を開店。二〇年一二月にはムンバイ郊外に二号店をオープンした。今後、二〇二五年までに一〇五〇億ルピー（約一五〇〇億円）を投資してムンバイやバンガロールなどインド国内に三〇店舗を展開する計画だ。一号店は二五〇〇人の雇用を生み出したといわれ、地元経済にも少なからぬ貢献をしている。

このほかにも、アパレル大手のフォーエバー21、高級下着のビクトリアズ・シークレット、ペリペリチキンのナンドス、英王室御用達の玩具店ハムリーズなど、有名ブランドがいまなお続々とインドに進出している。

では、主な外資系企業の業績を見てみよう。たとえば、ユニリーバのインド現地法人、ヒンドスタン・ユニリーバは一九年度、三九二三億ルピー（約五五〇〇億円）の売上高を計上し、前年比一一・五％増、六七五億ルピー（同九四五億円）の純利益を上げた。ネスレ・インディアは同様に売上高一二二九億ルピー、純利益一九七億ルピー（同二二・六％増）という決算だった。日系のマルチ・スズキは売上高七一六九億ルピー、純利益は五六五億ルピー（同二四・七％減）となっている。

個人消費と並んで、インド経済をけん引しているのが対印投資だ。インドへの直接投資（ＦＤＩ）のデータを見ると、インド経済が低迷していた二〇一二年度を底に、インド向けの投資額は順調に増加していることがわかる。二〇一五年度以降は三年続けて最高記録を塗り替え、その後も年間四〇〇億ドル超の水準を維持している。新型コロナウイルスの影響で投資資金の出し手国の経済が打撃を受けているが、二〇二〇年四－一二月のＦＤＩ流入額は約六七五億ドル（前年同期比二二％増）で過去最大となった（図表3）。

対印直接投資の増加はもちろん、「メーク・イン・インディア（インドでモノづくり）」の旗の下、モディ政権がビジネス環境の改善に取り組んだ成果と言えるだろう。国・地域別ではインド洋に浮かぶ島国であるモーリシャスが圧倒的に多いが、これは住民の七〇％近くがインド系であり、印僑と呼ばれる在外インド人（ＮＲＩ）投資家がいわゆるタックス・ヘイブンとして活用しているからで、事実上インド人あるいはインド系企業の投資、と考えていいだろう。同様に英国やシンガポールからの投資も、一部は現地在住のインド人、あるいは海外に本社を置くインド系企業のものとみられている。また、キプロスやケイマン諸島、ルクセンブルクなども同様にタックス・ヘイブンなので、純粋なインド向け投資の出し手国としては日本やオランダ、米国などの順位が見かけよりも上位に位置すると考えられる（図表4）。

メーク・イン・インディア政策とそれに伴うビジネス環境の改善、それに中国市場の飽和などを背景に、

図表3　インドへの海外直接投資額

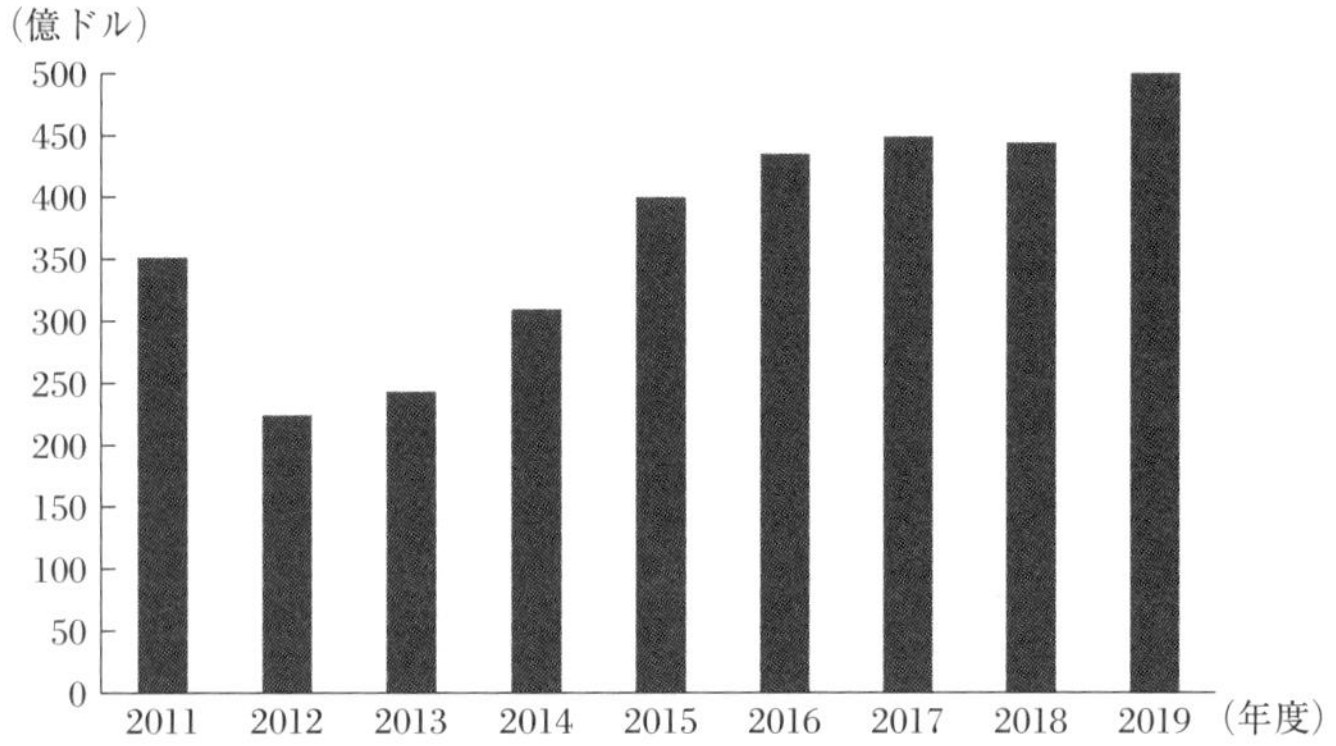

データ：インド商工省。

図表4　対印直接投資国・地域別ランキング
（2000年4月～2019年12月累計）

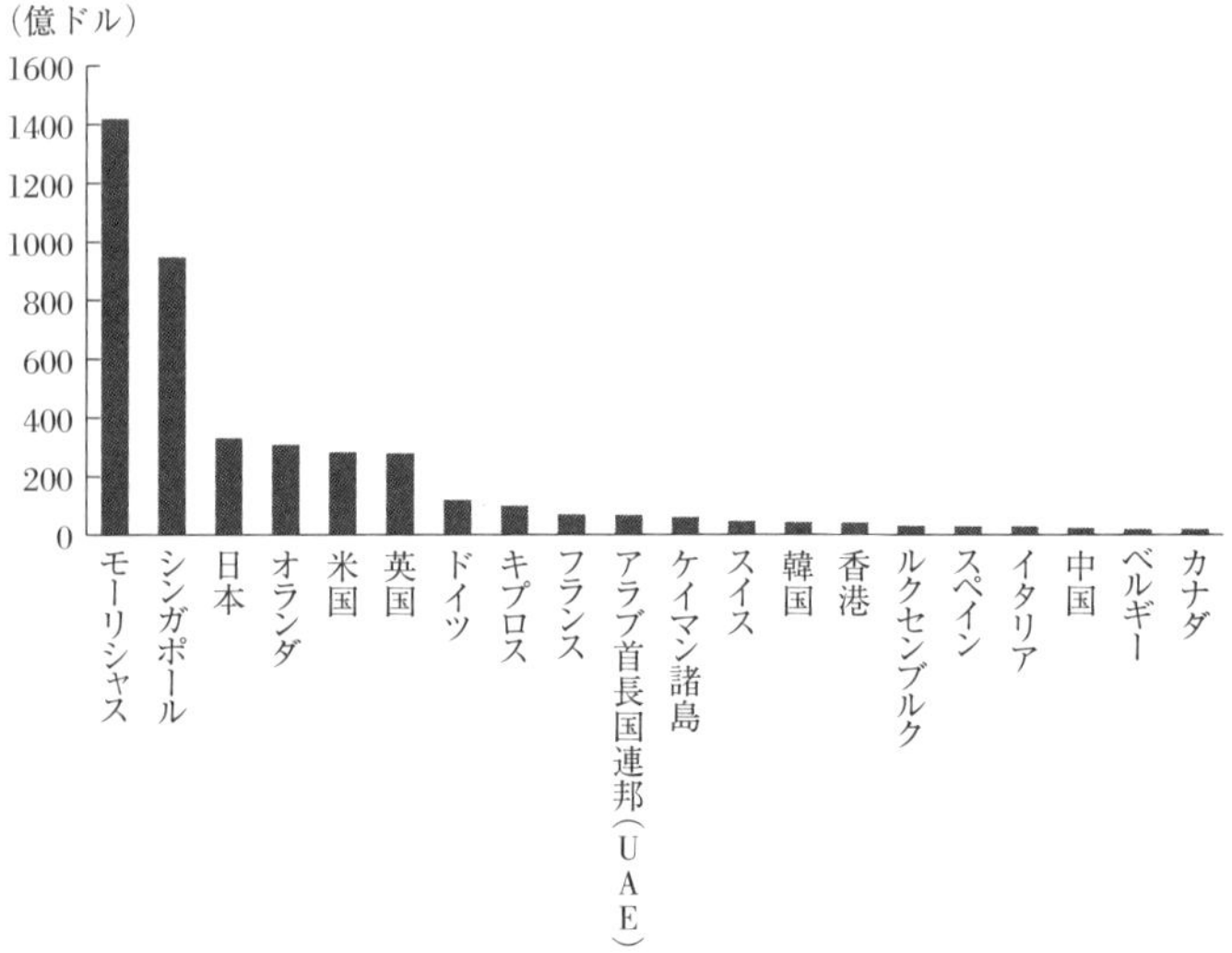

データ：インド商工省。

**図表５　世界銀行“Ease of Doing Business”における
インドの順位変動**

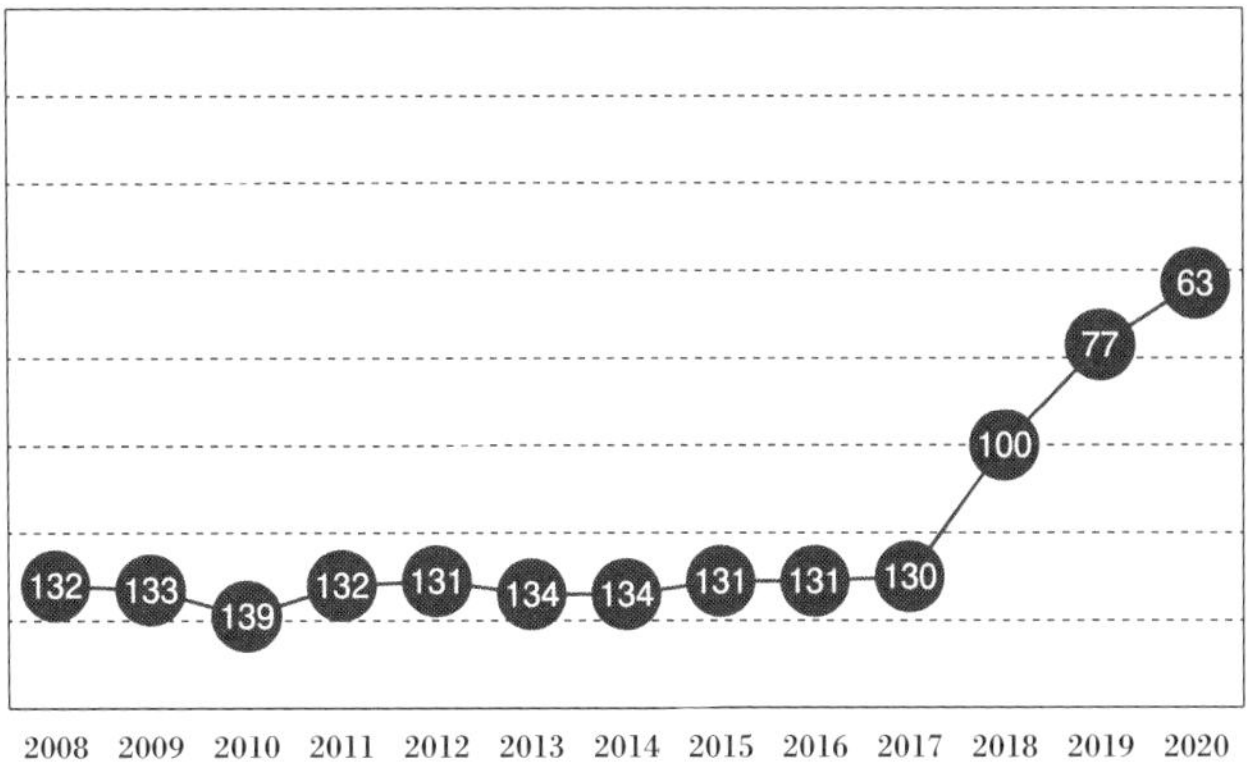

インド向けの海外直接投資は堅調に増加している。ネスレ、ユニリーバ、Ｐ＆Ｇといった有力外資系企業は、いちいち本国から金を持ち込まなくても利益を再投資して現地法人として自律的に成長を続けている。こうした状況を考えると、インド経済における外資系企業の比重は、ＦＤＩ統計よりもはるかに大きいといえるだろう。

こうしたインド政府の努力を裏付けるように、新興国への投資家の多くが参考とする世界銀行の「Ease of Doing Business」二〇二〇年版で、インドのランキングが一八年の七七位から六三位へとさらに上昇した。ランキングの評価基準は「企業設立」「建設許可」「電力事情」「資金調達」「契約の執行」など一〇項目について、それぞれコストや手続き、かかる時間などを数値化している。インドは各項目でまんべんなく改善が見られ、特に企業の破綻処理の加速や許認可などの改善が評価された（図表５）。

注目すべきは中国による対印投資が徐々に増加していることだ。先述のようなスマホメーカー各社や華為技術、上海汽車などの対印投資計画に加え、鉄道車両メーカー大手の中国中車（ＣＲＲＣ）はすでに商都ムンバイをはじめ、中西部のナーグプル、東部の中核都市コルカタでメトロ用車両の納入実績があり、インド政府の呼びかけに応じて西部マハラシュトラ州ナーグプルに鉄道車両工場を建設する計画を表明している。

インド商工省の公式統計では、二〇〇〇年から二〇一九年一二月までの中国による対印ＦＤＩは累計二三・四億ドルで、国・地域別では一八位となっているが、中国商務部は二〇一八年、同国の対印投資の累計が八〇億ドルに達しているとの見解を示した。モバイル・ペイメントの草分けであるPaytm（ペイティーエム）に六・八億ドルを出資して筆頭株主になったアリババ集団の例を見るまでもなく、中国企業によるインドのスタートアップ企業への出資額は二〇一九年だけで三九億ドルに達したとみられ、直接投資も香港やシンガポールなど第三国を経由して流入するケースもあるので、八〇億ドルという数字はあながち誇張ではないだろう。となれば、中国はすでに対印直接投資額の累計で事実上ベスト一〇に入っていることになる。ただ、二〇二〇年六月に起きた印中両国軍の衝突に端を発したインドによる中国ボイコットの影響で短期的には中国からの投資にブレーキがかかりそうだ。

3　インドにおける日本企業のビジネス展開

（1）日本企業のインド進出状況

在デリーの日本大使館と日本貿易振興機構（ＪＥＴＲＯ）が発表した日系企業の対印進出動向調査によると、二〇一九年一〇月時点で、インドに進出している日本企業は一四五四社、拠点数は計五〇二二カ所

図表６　インドにおける日系企業の地域別拠点数（各年10月時点）

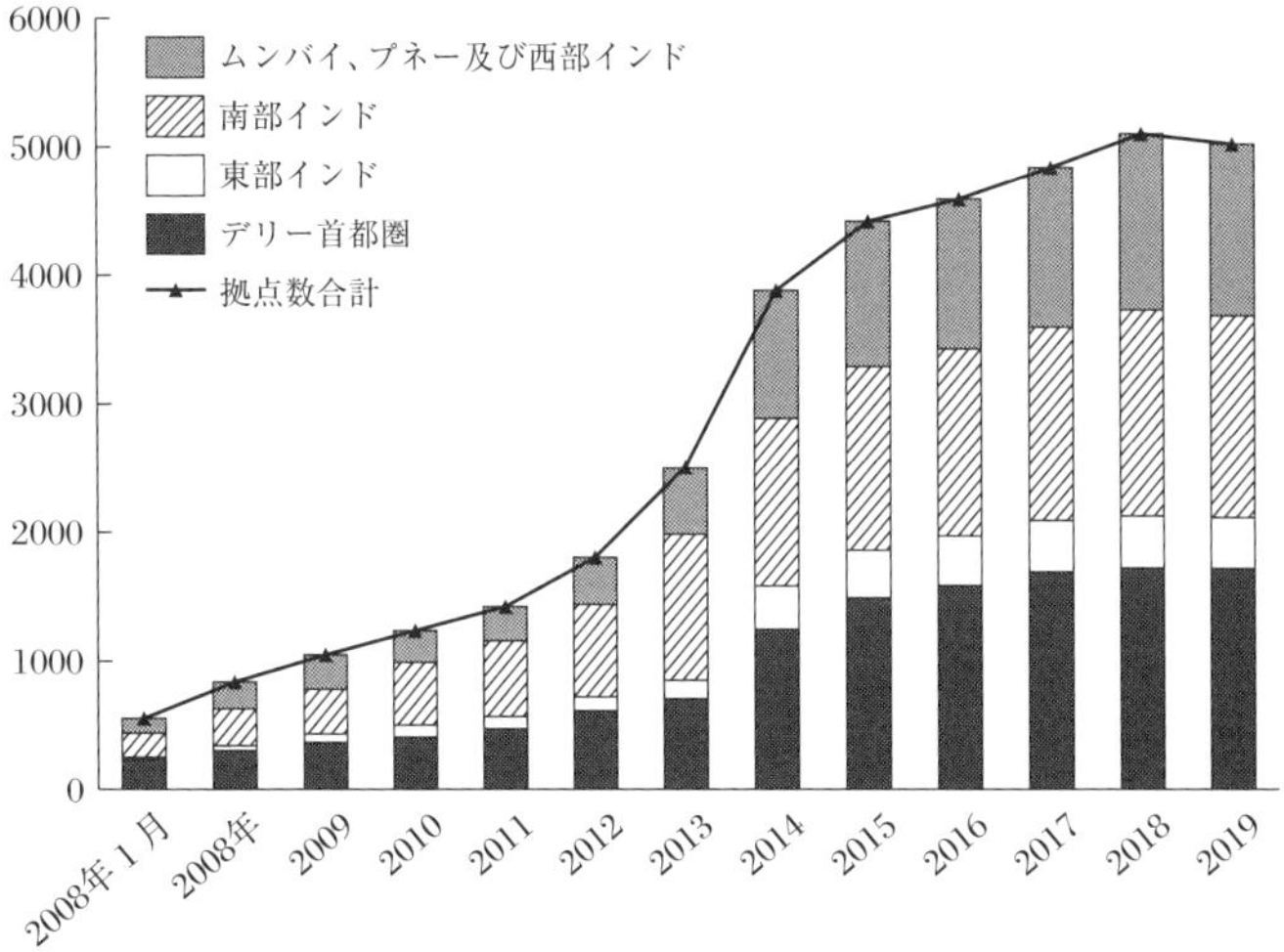

データ：在ニューデリー日本大使館、JETRO。

と前年よりわずかに減少したが五〇〇〇を維持した。拠点数は二〇一三年に比べて二倍に増加。二〇〇九年と比べると実に五倍近くに増加している。進出地域別では、かつてはスズキ（マルチ・スズキ）やホンダ（二輪、四輪）のようにデリー郊外のグルガオンやノイダなどに工場を構えるケースが多かったが、最近ではサービス業を中心にムンバイ、バンガロールなどへの進出が目立つほか、製造業ではオラガダム、スリペルムブドゥルなどの工業団地が整備やインフラが比較的良好で、輸出にも便利な立地である南部タミルナドゥ州など南インドへの進出が多くなっている（図表６）。

最近の主な進出事例を見てみよう。アシックスは二〇一五年からインドでランニング用品専門店の展開を開始。ムンバイマラソンのスポンサーとなるなど、趣味としてのスポーツが一般的ではなかったインドにランニング文化を定着させた。ワコールは一五年に現地ファッション商社と合弁会社を設立、同年末、ムンバイの高級モール内に初出店を果たした。研修を受けた店員がきっちりボディサイズを計測して販売するのが特徴。バストサイズに合わないブラジャーを着用していることが多かったインド人女性に福音をもたらした。無印良品（良品計画）は一六年のムンバイ、バンガロールを皮切りに一七年五月にはデリー南部の高級モール、セレクト・シティウォーク内の一等地に出店。インド人にすっかり認知されている。

こうした中、一九年三月にはセブン&アイ・ホールディングスがコンビニチェーン「セブン・イレブン」のインド進出を発表。地元流通大手フューチャー・グループと組んでフランチャイズ方式でコンビニエンスストアを出店する計画を明らかにした。商都ムンバイを皮切りに店舗展開に乗り出す。

(2) 進出手法の多様化

日本企業の進出において、新たなトレンドが鮮明となってきた。まずは、業種の多様化だ。かつて自動車・自動車部品や電機などが大部分を占めていたが、二〇〇〇年代半ば以降は、金融・保険、人材派遣や広告などのサービス、主に日本企業のサポートを図ったロジスティクス、文具やアパレルなどの消費財、そして農業関連など、実に多様化してきた。日本企業はもはや、インドを単なるモノづくりの拠点というだけでなく、モノを売る巨大な市場とみなし始めている。

事業展開の手法も、拠点の複数化、既存インド企業の買収（M&A）や合弁会社設立など多様化している。ここでは最近方向性が鮮明となってきたいくつかのトレンドを取り上げてみたい。

① 拠点増設、生産能力増強

スズキ、ホンダ、ブリヂストン、ヤクルト、コクヨ、ユニ・チャーム、そしてパナソニックなどがこれに当たる。既存工場に加えて第二工場、第三工場などの建設に踏み出すケースや、販売拡大を狙って、営業エリアを他州・地域に広げる例が多くなっている。グジャラート（スズキ本体直営）工場を稼働させたスズキはインド南部への新工場建設を計画中。ブリヂストンは二〇一三年にプネーに第二工場を竣工させ、ユニ・チャームもラジャスタン州ニムラナ、アンドラプラデシュ州スリシティに続いて二〇一八年に西部グジャラート州サナンドに第三工場を完成させている。

② 消費財メーカーの投資活発化

経済成長に伴う消費支出の拡大は、文具や化粧品など、よりすそ野の広い消費財メーカーにもビジネスチャンスをもたらした。コーセー、マンダムなどが二〇一〇年代前半からインドに進出、六〜一四歳の義務教育年齢層に二億人以上がひしめく若年大国であり、ビジネス向け需要も期待できる文具も、地場メーカー・カムリン買収で先陣を切ったコクヨに続いてシャチハタ、三菱鉛筆などが進出。孤軍奮闘していた日清食品に続き、味の素や東洋水産、カゴメなど食品メーカーも。マルちゃんブランドで知られる東洋水産は、味の素と合弁で即席麺の生産を開始している（図表７）。

図表7　日本企業によるインド食品部門への進出・投資事例

2012年4月	ヤクルト	南部チェンナイでヤクルトを発売
6月	サントリー	地場食品企業に51%出資し、ノンアルコール飲料市場に参入
2013年5月	三井物産＋カゴメ	印食用油大手とトマト加工の合弁会社設立
7月	ロイズ・コンフェクト	ムンバイのモール内にインド1号店
12月	味の素	チェンナイ近郊の総合工業団地「ワンハブ・チェンナイ」に入居決定
2014年1月	日清食品	東部オディーシャ州に第3工場建設発表
3月	東洋水産＋味の素	チェンナイに即席麵合弁設立
6月	明治HD	医薬品製造受託のメドライクを買収
2015年2月	ヤクルト	グジャラート州アーメダバードでヤクルト発売
4月	日清食品	地場飲料メーカーと提携
〃	カゴメ	米食品会社を買収し、印外食チェーン向け事業を強化
2016年11月	東洋水産＋味の素	チェンナイの工場で即席麵生産開始を表明
2017年1月	イセ食品	スズキと組んでインドで卵の生産開始を表明
7月	オリエンタル酵母工業	西部プネー近郊の工業団地で酵母工場建設計画発表

出所：各種報道や発表資料を基に筆者作成。

写真1　「ヤクルトレディ」が商品を自宅やオフィスに配達

（ヤクルト本社提供）

図表８　日本企業によるインド農業関連セクターへの主な投資・進出事例

2012年１月	大塚アグリテクノ	印農薬大手と合弁会社設立
12月	SDSバイオテック	印農薬・肥料大手に65％出資
2014年４月	ヤンマー＋三井物産	地場財閥ムルガッパ・グループの肥料大手と農機製造・販売合弁会社設立
11月	日本農薬	印同業を買収
2015年５月	三菱農機	SUV大手マヒンドラ＆マヒンドラ（M&M）と農機分野で提携
８月	三菱商事	印農業肥料公社と農薬販売合弁会社設立
〃	クボタ＋三菱商事	インド市場向けトラクター発売
2016年６月	三井化学アグロ	インドにおける農薬登録のための合弁会社設立
〃	住友化学	インド農薬メーカーを買収
2017年３月	ヤンマー	印トラクター・メーカーの株式を追加取得
2018年３月	クボタ	印農機・建機メーカー、エスコーツとの合弁会社設立
2020年３月	クボタ	エスコーツに追加出資決定

出所：各種報道や発表資料を基に筆者作成。

③ ロジスティクス・運輸

日本の製造業に欠かせないのが、製品の輸送や保管を担う運輸・倉庫業だ。日本通運などは早くからインドに進出しているが、同様の動きが二〇一〇年以降活発化してきた。鴻池運輸、近鉄エクスプレス、佐川急便ＨＤ、ヤマトＨＤなどが相次ぎ合弁設立やオフィスの拡張などを進めている。当面は日系企業のサポートが中心となりそうだが、各社とも将来的にはインド企業をも顧客に取り込んで業容を拡大することを視野に入れている。

④ 農業

インドにおける隠れた有望分野が「農業」だ。二〇一九年の総選挙でも「農村の困窮」が大きな争点となり、農業所得の伸び悩みや低い生産性はしばしば話題となるが、潜在的な成長余力は極めて大きい。今後見直しが進む可能性はあるが、インドでは農業所得には課税されないうえ、政府は農民にはさまざまな手厚い支援策を用意しており、農産物を買い取ることで農民の利益に直結する食品加工業に対しても各種税金の減免など細やかな優遇措置を講じている。総選挙を意識した政府は一九年二月一日に発表した暫定予算案で、小規模農民に対する年間六〇〇〇ルピー（約九六〇〇円）の現金給付を決めた。今後も、農家・農民に対する手厚い措置が相次いで実施されそうだ。

こうした中、二〇一二年には大塚アグリテックがインド農薬大手との合弁会社を設立、一四年にはヤンマーと三井物産が地場ムルガッパ財閥の大手肥料メーカーと農機の製造・販売で合弁会社を設立した。クボタと住友商事は一五年からインド向けトラクターの販売を開始するなど、農業分野は日本企業にとって新たなビジネスチャンスとなりつつある（図表8）。

⑤ M＆A（企業買収）

インドに進出する手法も、独資や合弁だけでなく日本企業が既存のインド企業をまるごと買収するという手法が増えてきた。インドのようなビジネスに困難が伴う新興国の場合、ブランドや販路、人材や技術をキャッシュで丸ごと迅速に買えるM＆Aという手法は非常に有効だ。もちろん、デューディリジェンス（企業の資産・債務調査）をおろそかにすると、巨額を投じて買収した医薬品大手ランバクシーが米食品・医薬局（USFDA）から生産体制の不備を指摘された挙句、買値の七割弱での売却を余儀なくされた第一三共のような事態に陥ることもある。もっともこれは、ランバクシーの前オーナー側が悪意を持って事実関係を隠ぺいした可能性が濃厚だが、いずれにせよインドにおける企業買収の難しさを思い知らせた事例と言えるだろう。

資本参加という形まで含めると、日本生命はアニル・アンバニ氏率いるリライアンスADAG傘下のリライアンス・ライフ・インシュアランスに出資、外資規制の緩和を受けてさっそく出資比率を二六％から四九％に引き上げた。カゴメは米社のインド事業を、日立システムズは地元のＩＴ企業をそれぞれ買収。ユニークなところではテレビ通販会社を買収した三井物産の例も注目されている（図表９）。

かねてインド企業に注目してきたソフトバンク・グループは、ネット通販大手スナップディールに出資して話題となったのを皮切りに、タクシー配車アプリのオラ・キャブス、高額紙幣廃止で脚光を浴びたモバイル決済の草分けPaytmなどに相次ぎ出資、さらにはインドでの太陽光発電ビジネスにも参入する計画だ。電通もＭ＆Ａを駆使してインドで事業を急拡大中。これまでに屋外広告やネット広告の会社、地場広告代理店、デジタル・マーケティング会社などを相次ぎ買収している。

二〇一六年五月に施行された債務超過・破産法（ＩＢＣ）は、国家会社法審判所（ＮＣＬＴ）への提訴から一八〇日以内に破綻処理を完了させることを明記している。二〇一八年一〇月、ＩＢＣに基づき、経営破綻した鉄鋼大手エッサール・スチールの売却入札が実施された。新日鉄住金（現日本製鉄）とインド系鉄鋼大手アルセロール・ミッタルはこれに共同で応札し最高値で落札。金額は四二〇〇億ルピー（約六四〇〇億円）という大規模な案件となった。

インドではエッサール以外にも、資産や技術を持ちながら債務超過に陥った鉄鋼、造船、インフラ関連企業の破綻処理が順番待ちとなっており、外国企業にも応札のチャンスがあることは言うまでもない。

今後、合弁・提携などに関する日印企業間のマッチングサービスが充実すれば、インドにおける日本企業のＭ＆Ａはさらに増加する可能性がある。

図表 9　日本企業による最近の主なインドでの M&A 案件

時期	企業名	事業内容	備考
2015年1月	電通	総合デジタル・エージェンシーの WAT メディアの株式90%取得で合意	デジタル・メディアに優位性
4月	コニカミノルタ	販売子会社コニカミノルタ・ビジネス・ソリューションズ・インディアを通じ、インドのプロダクション・プリンツ販売大手モノテック・システムズの PP 向け事業を買収	
〃	東ソー	体外診断薬メーカーのライラック・メディカルを買収	糖尿病検査機器などの販売を強化
〃	カゴメ	米食品会社プリファード・ブランズ・インターナショナルを買収し、インド国内の外食チェーン向け事業を拡大	
5月	ワークスアプリケーションズ	印 IT 企業インフォビュー・テクノロジーズ（チェンナイ）の株式の過半数を取得し子会社化	
7月	巴川製作所	印絶縁紙製造・販売のオーラ・ペーパー・インダストリーズの株式を60%まで追加取得し、子会社化すると発表（それまでに40%→49%まで出資）	
8月	オルガノ	ムルガッパ・グループのポルーテック社に49%出資し、インドで水処理ビジネスを展開へ	
10月	電通	印マーケティング会社ファウンテンヘッド・エンタテインメントの株式90%を取得すると発表	
〃	住友林業	印家具・キッチンメーカーのスペースウッド・ファーニッシャーズと資本・業務提携。住林がスペース株の26%取得	
11月	三井物産	TV 通販大手ナートプルに34.3億ルピー追加出資	4月にも13.6億ルピー出資
〃	豊田通商	豊田通商インディア、鈴豊製鋼とともに印鋼線メーカー「ミラ & ミラ・インダストリーズ（チェンナイ）」を買収	
〃	日本生命	リライアンス・ライフ・インシュアランスへの出資比率を26%→49%に引き上げ、社名もリライアンス・ニッポン・ライフインシュアランスに変更	23%分を226.5億ルピーで買い増し
12月	三井住友海上	インド合弁チョラマンダラム MS ジェネラル・インシュアランス（CMSGI）への出資比率引き上げを発表	14%を88億ルピーで取得し、出資比率を40%に
2016年1月	ソフトバンク	ネット不動産のハウジング・ドットコムに10億ルピー追加投資	14年12月にも9000万ドル投資
3月	ソフトバンク	韓国投資子会社ソフトバンク・ベンチャーズ・コリア経由で、印残高管理アプリ会社トゥルー・バランス（グルガオン）に出資	
6月	明電舎	14年3月に23%出資したプライム・エレクトリック（現プライム・メイデン）への出資比率を60%にまで引き上げ子会社化すると発表	
〃	住友化学	印農薬製造販売エクセル・クロップ・ケア（ECC）の株式44.98%を取得すると発表。公開買い付けで最大75%まで取得へ	エクセルは農薬でインド5位
〃	第一生命	スター・ユニオン・第一ライフ社への出資比率を26%から44%に引き上げ	BOI が48% →30%、UBI は26%のまま
8月	三井物産	病院チェーンのコロンビア・アジア・ホスピタルズに1.01億ドル出資	
10月	電通	印広告代理店ハッピー・クリエーター・サービシズを買収	

図表９つづき

時期	企業名	事業内容	備考
2017年２月	ジェイテクト	インド合弁のソナ光洋ステアリング・システムズ（SKSS）の株式追加取得発表	SKSSの筆頭株主ソナ・オートコンプ・ホールディングスの保有株25%を買い取るほかTOBも実施し、70%超取得へ
３月	住友商事	カルナタカ州ホスペットに圧延工場を建設するムカンド・アロイ・ステイールズに49%出資	
〃	ヤンマー	印農機大手インターナショナル・トラクターズの株式を追加取得	金額、株式数未公表
４月	ソフトバンク	タクシー配車サービスのオラに167.5億ルピーを追加投資	
〃	電通	コンテンツメディアサービスを手がける印マーケティング会社SVGメディアグループを買収	株式の89%取得
５月	ソフトバンク	モバイル決済サービス大手のPaytmの親会社One97コミュニケーションズに14億ドルを出資	インドのスタートアップに対する単独の投資では過去最高額
７月	トピー工業	TVSモーター傘下の自動車部品メーカー、ホイールズ・インディアに26%出資へ	PTI報道
10月	商船三井	グジャラート州のLNGターミナルを建設するスワンLNGの株式11%取得	
2018年１月	オリックス	印子会社オリックス・オート・インフラストラクチャー・サービシズ（OAIS）に2500万ドル投資。レンタカー事業「マイチョイス」拡充と、低価格住宅事業会社に投資	
２月	LIXIL	アンドラ・プラデシュ州の衛生陶器工場センティニ・サニタリーウェアズ・プライベート・リミテッドを買収、6500万ドルを投資へ	
４月	ソフトバンク・グループ	グループの「ソフトバンク・ビジョン・ファンド」が中国エネルギー大手GCL子会社のGCL System Integration Technology（協鑫集成科技）と合弁設立で覚書、インド・アンドラプラデシュ州に太陽光発電所建設	
〃	LIXIL	印不動産大手DLF傘下のスター・アルビルドの全株式取得し、新会社「LIXILウインドーズ・システムズ」を設立	
５月	住友商事	特殊鋼大手ムカンドとの合弁「ムカンド・スミ・スペシャル」に49%出資	ホスペットに圧延工場。60億ルピー投資し、2020年完成目指す
〃	第一生命	UBI傘下のユニオン・アセット・マネジメントの株式39.62%を取得	
７月	東洋アルミニウム	医薬品包装のスワム・パッケージング・インダストリーズの株式33.4%取得	スワム・トーヤル（Toyal）・パッケージングと社名変更
10月	ソフトバンク	食料品雑貨配達のGrofersに1.2～1.5億ドル出資計画、と報道	
〃	新菱冷熱	印エンジニアリング会社ズビダ・エンジニリングスを買収	空調設備の設計・施工
2019年11月	豊田通商	長距離バス予約アプリのスーパー・ハイウェイ・ラボを買収	

出所：各種報道、ニュースリリース、ムンバイ証券取引所への報告書などから筆者作成。

図表10　その他、従来型に当てはまらない企業の進出例

2014年３月	NEXCO 東日本	道路建設の特別目的会社（SPV）に９％出資、道路 PPP 事業に試験参入
５月	ソニー・ミュージック・エンターテインメント	携帯・ネット向け音楽配信プラットホーム構築会社に26％出資
11月	タマホーム	シンガポール企業と合弁会社を設立し、インドで住宅開発に参入
2015年２月	豊田通商	グジャラート州・マンダル工業団地に進出し、貸工場やビジネス・サポート・サービスを展開すると発表
３月	ワコール	インドの下着市場に再参入
８月	オルガノ	ムルガッパ・グループ傘下企業と合弁会社を設立し、インドで水処理ビジネス開始
〃	日本交通	印オンラインタクシー配車会社に50万ドル出資
10月	住友林業	印家具・キッチンメーカーと資本・業務提携
2016年１月	富士フイルムファーマ	インドで開発したインスリンのバイオファーマ薬を日本で発売
2017年11月	Sansan	インドで名刺管理アプリの提供開始
2019年３月	セブン＆アイホールディングス	地場流通大手フューチャー・グループと組んでインドでセブン・イレブンをフランチャイズ展開すると発表
７月	CoCo 壱番屋	三井物産と組んでインドでカレーショップをチェーン展開すると発表
10月	ファーストリテイリング	デリー南部の高級ショッピングモール内にユニクロのインド１号店を開店

出所：各種報道や発表資料を基に筆者作成。

⑥ユニークな進出事例も

　自動車や家電関連をはじめ、インド市場を直接狙う消費財などの製造業や従来型のサービス業以外にも、ユニークな業態の進出事例も目立つようになってきた。ＮＥＸＣＯ東日本は二〇一四年、インドの道路建設ＳＰＶ（特殊目的会社）に九％出資し、インドで今後拡大が見込まれる道路ＰＰＰ（官民共同プロジェクト）に対し試験的な参入を目指すことになった。

　同年にはソニー・ミュージック・エンターテインメントが現地の音楽配信プラットホーム会社に二六％出資し、新たな分野を切り開いた。オルガノはムル

ガッパ財閥系同業と合弁会社を設立、インドで水処理ビジネスに参入した。このほかにも「工業団地におけるビジネスサポート事業」や「タクシー会社によるオンライン配車会社への出資」といった、非在来型のサービス業での新展開を目指す動きも出てきた（図表10）。

（3）最近の日本企業のインド進出における傾向

こうした日本企業のインド進出にはいくつかの類型が確認される。その中で目立つのが、同一業種において、同業他社を追いかける形で対印進出を果たすケースだ。自動車や家電業界では比較的見慣れたトレンドだ。文具でもすでに述べたように二〇一一年に地場文具大手カムリンを買収したコクヨが先駆的事例だが、翌一二年には三菱鉛筆が筆記具大手リンク・ペンを買収してインド市場に参入、シャチハタがこれに追随する、という流れになった。

タイヤでも、一九九八年に中部マドヤプラデシュ州インドールに工場を建設して現地生産を開始したブリヂストンが長年唯一の日系メーカーだったが、二〇一四年には横浜ゴムがインドに上陸している。日系メーカーだけでなく、世界的な競争が始まっているのがエレベーター業界だ。商都ムンバイやバンガロールなどでは高さ一〇〇メートルを超える高層マンションなどの建築ラッシュが本格化。国内市場規模では中国に次いで世界第二位といわれる。三菱エレベーターが二〇一五年にバンガロール工場を着工（一六年操業開始）すると、翌一六年には東芝エレベーターが中低層ビル向け新機種を投入、日立も参戦した。海外勢では独ティッセンクルップが西部マハラシュトラ州プネー郊外にエレベーター工場を開設、米オーチスは一八年からインド国内生産に乗り出した。これにスイスのシンドラーやフィンランドのコネといった世界的なメーカーがしのぎを削る一大市場となっており、これも注目業種の一つだ。

同業他社を追随するというパターンでは衛生陶器もその一つ。TOTOは二〇一二年、三井物産と共同でインド西部グジャラート州の工場でウォシュレットの生産を開始、主にホテルやショッピングモール向けに販路を広げている。二〇一八年一月にはLIXILが南部ハイデラバードの企業を買収、この会社が持つ工場に七〇億円を投資し、最大年間二〇〇万台の衛生陶器を生産する計画を明らかにしている。

また、IT関連企業に勤める若年層の所得が増加していることなどを反映し、住宅産業に大きなチャンスを見出す日本企業が多い。住友林業は二〇一五年、地元キッチン・メーカーと資本提携、翌一六年には合弁会社を設立した。タマホームは二〇一四年にインド合弁会社を設立、戸建て事業に進出した。大和ハウス工業もインドでの住宅開発参入を目指して現地調査を開始している。これらに先立つ二〇〇七年にインドの住宅用電設資材メーカー、アンカー・エレクトリカルズを買収したパナソニック電工（当時は松下電工）には先見の明があったと言えそうだ。

地元企業買収や合弁会社設立など事業の仕込みには数年以上かかるため、上記のような進出例のうち一部は他社の動向を見届けて、というよりは同時並行的に準備を進めていたものと思われる。日本の産業界は比較的情報がオープンなのかもしれないが、各社の企業戦略の方向性はかなり収れんしているということになるだろう。

(4) 有望業界についての考察

では、今後に日本企業にとってインド市場のどこに大きなビジネスチャンスがあるのか、業界別に考察してみたい。

①農業関連

前項でも言及したように、農業所得が非課税となるなど手厚い優遇措置がある農業関連部門は、日本など外資にとっても大きな優位性があると考えられる。中国の一・五倍、約一・六億ヘクタールの耕作可能地を擁し、綿花やサトウキビなどで世界有数の生産量を誇るインドだが、単位面積当たりの化学肥料や農薬の投入量は世界平均の半分以下で、耕作も人力や牛馬に依存している部分が大きい。しかし機械化・自動化の余地は大きく、二〇一七年度のトラクター販売台数が過去最高となるなど、徐々に合理化投資が進んでいる。高性能な農業機械や、付加価値の高い機能性肥料など、日本の商品が受け入れられる素地はある。

もちろん食品加工も有望分野だ。欧米系メーカーはポテトチップや清涼飲料の原材料をインドで広く調達している。マクドナルドなどの外食チェーンでは優良農家を囲い込んだ契約栽培が広く普及している。

②繊維・アパレル

八〇〇〇万人以上が従事する一大セクターながら、零細経営が多く、近代化・機械化が遅れたインドの繊維産業。しかし、それゆえに政府のテコ入れ優先度は高い。実際にベネトンやアディダスといった海外有名ブランドの多くはインドでの現地生産を行っている。先進国メーカーの要求水準を満たす工場は少なからず存在する。また、インドでは世界第二位の生産量を誇る綿花をはじめ、羊毛、そして絹糸などの原料が豊富にあるうえ、ファストファッションなどに欠かせない優秀なデザイナーが比較的安価に雇用できるという利点もある。

③住宅関連産業

これも前項で言及した通り、インドの都市部においては潜在的な住宅需要が極めて大きい。若者が成人して社会人となっても親と同居しているケースが比較的多く、思ったほど核家族化が進展していないが、現状で二〇〇〇万戸以上の住宅が不足しているとの調査結果がある。大手財閥などは政府の意を受けて、中間層でも十分手が届く数百万円前後のローコスト住宅事業に注力している。デリーやムンバイなどの大都市を中心に、メトロ（都市高速鉄道）などの交通機関が充実し、郊外から都心へのアクセスが容易になれば住宅ブームが到来する下地は十分にある。

先述したエレベーターも広義での住宅関連産業の一部門といえるだろう。また、大都市郊外では高層マンションの建設ラッシュが続いている。ややバブル懸念は残るものの、ＩＴ技術者などの若手プロフェッショナルはもちろん、海外で成功したインド人が老後のために購入したり、親が子供のために買い与えるケースなどが多い。こちらも市場としてかなり有望だ。

④小売・ＦＭＣＧ

インドではいまなお、小売業の約九〇％が家族経営の零細商店といわれている。しかし、所得増加を背景に二〇〇〇年代半ば以降、地場流通企業の雄フューチャー・グループやタタ、リライアンスなどの大手財閥が競うように小売部門を強化している。

ＡＳＥＡＮや先進国のように、スーパーや量販店といった店舗が増えれば、小売市場の拡大に結び付くのは確実。その点でインドには大きな伸び代があるといえるだろう。

スーパーやコンビニで売られる商品と言えば日用品や菓子、清涼飲料が挙げられるが、インドではこれらを総称してＦＭＣＧ（Fast Moving Consumer Goods）と呼ぶ。情報サイトStatistaによると、二〇一七年時点でインドにおける即席麵の普及率は四三％、炭酸飲料やコーヒーはそれぞれ二四％、二一％しかなく、デオドラントに至ってはわずか三％。しかも、都市部と農村部の間には普及率に大きな格差がある。こちらも成長性は十分。小売業の発展は、これらＦＭＣＧ業界と連動していくことが期待される。

⑤子供向け市場

テーマパークや玩具、文具はもちろん、年間約二〇〇〇万人の子供が生まれるインドでは、乳幼児関連商品も有望。紙おむつのユニ・チャーム、哺乳瓶やベビー用品などで知られるピジョンは、二〇〇九年にインド法人を設立、ショッピングモールなどでのワゴン販売を開始した。一五年には現地工場が稼働を開始するなど順調に事業を拡大中。もちろん、初等・中等教育関連予算が増加すれば、コクヨや三菱鉛筆などの文具メーカーもビジネスチャンスの拡大が期待できる。

インドにはもともと教育熱心な家庭が多いが、所得の増加と中間層の充実で、教育に投資できる層が厚くなってきている。こうした状況にチャンスを見出したのが「公文式」で知られる公文教育研究会。すでに教室は一〇〇カ所以上を展開。また、大学進学率が二〇％に迫り、四〇〇〇万人近い学生がいるインドでは、海外大学のインド分校開設にも大きなチャンスがありそうだ。前国民会議派政権時代には、政府の規制緩和方針を受けて米国の著名大学が「インド分校」の設置で検討に入ったが、これも二〇一四年の政権交代で事実上の棚上げとなっている。

このように、もともと有望かつ潜在力の大きい事業分野を有するインドに対しては、多くの日本企業が強い関心を寄せている。国際協力銀行（ＪＢＩＣ）が毎年実施している「わが国製造業の海外事業展開に関する調査」の二〇一九年版（有効回答五八八社）における「中期的（今後三年程）な有望国」ではインドが三年ぶりに中国を抜いて首位に返り咲いた。中国の得票率が大幅に下がったことがあるが、インドの成長性が改めて評価され、得票率も前年比一・六ポイント上昇し四七・八％に達した。また「長期的（一〇年程度）な有望国」でもインドが中国を抑えて一〇年連続で首位となった。先に述べた世界銀行のランキングなどで示されるように、インフラに代表されるビジネス環境が改善されれば、投資先としてのインドの魅力はさらに高まるものと考えられる。

4　日本企業のインド進出、ケーススタディー

本項では、有力な日本企業による最近のインド進出の実例を挙げてみたい。

① パナソニック

並みいる日本企業の中で、スズキや電通に匹敵する存在感を示し、積極果敢にインド事業を展開してい

写真２　パナソニック・インディアのテクノパーク

（同社提供）

るのがパナソニックだ。パナソニック・インディアの設立は二〇〇六年と比較的新しいが、松下時代の一九七〇年代にはインドでの乾電池販売事業を開始、一九九六年からはＣＲＴテレビや液晶ディスプレーの販売に乗り出している。

インド事業が本格化したのは二〇一二年、デリー近郊ハリヤナ州ジャッジャルに研究・開発（Ｒ＆Ｄ）施設を備えた総面積三〇・七万平方メートルの生産拠点テクノパークを開設。洗濯機などの現地生産に乗り出した。サムスン電子やＬＧ電子といった韓国勢に押され気味だった白物家電分野に本格参入を果たすという、日系メーカーとしては画期的な節目となった。

二〇一四年にはこれまでシンガポールが担当していたインドを含むＡＳＥＡＮ以西のアジアや中東・アフリカ（ＩＳＡＭＥＡ）の統括機能をインドに移し、より機動的な経営が可能となった。主力エアコン「エコナビ」シリーズでは人気女優カトリーナ・カイフを起用したテレビＣＭを流し、インドにおける認知度も向上した。

二〇一七年にはＩＴ企業の集積地として知られる南部バンガロールに「イノベーションセンター」を開設。Ｒ＆Ｄだけでなくマーケティングや基礎的なアイデア創出までを担う多機能型拠点と位置付けられる。パナソニックはそれまでの音響・映像（ＡＶ）機器偏重を修正し、白物家電などのいわゆるボリュームゾーンへと大きく踏み込んだ。これはビデオコンやオニダといった地場勢やフィリップスなどの欧州勢、そして強力なライバルである韓国勢に真っ向から競争を挑むことに他ならない。

一八年四月からは冷蔵庫の生産を開始。デジタルカメラでも先行するキヤノンやニコンを追撃中。冷蔵庫で五％、洗濯機では一〇％のシェア獲得を中期的な目標に設定している。インドにおける冷蔵庫の需要は二〇一八年時点で年間一・二億台と推計されるため、五％というシェア目標は同六五〇万台というハイレベルになる。

その一方で法人向け営業も強化、販売店も二〇二一年までに一八年比で一・五倍の一万二五〇〇店に増やす目標を掲げている。特筆されるのは、日本では撤退したスマートフォンのビジネスをインドで展開していること。得意のＡＩ（人工知能）による顔認証システムを搭載したハイエンド機種で勝負する。パナソニック・インディアではインドのスマホ市場で半分近くを占める一台一〇〇ドル以下の格安スマホを念頭に「シェアは追わない」としている。こちらもシェア五％、二〇〇万台を目指すとしている。

地域密着型の展開。最近では暗い夜間の撮影に適した結婚式向けビデオカメラや、停電の多い農村部の実情を考慮したＡＴＭ（自動現金預払機）向けの無停電電源などで実績を積んでいる。北部ウッタルプラデシュ州警察向けには犯罪や事件のデータをリアルタイムで表示して捜査の支援を行うシステムを納入している。将来的にはＩｏＴ（モノのインターネット）やＡＩ、コネクテッドホーム事業などを新たな収

写真3　出荷まで人が手を触れないイセ食品の自動採卵装置

（同社提供）

益源としたい考えだ。得意の家電部門で着実に足場を固めつつ、ハイテクで勝負するという確固たるビジョンを持った戦略と言える。

②イセ食品

「森のたまご」など高付加価値な鶏卵の生産・販売で知られるイセ食品は、スズキと組んでインドで生卵の生産に乗り出すことを決めた。イセとスズキによる新会社と地元養鶏会社との合併事業と、新会社単独の二本立てで養鶏場を展開、二〇二一年六月にまずデリー首都圏向けに卵の出荷を開始する計画だ。

鶏の生育や採卵には、イセが日本国内や米国などで実施している低温管理や自動採卵システムを導入し、人の手に触れない鶏卵流通を目指す。インドでは年間八〇〇億個の鶏卵需要があり、イセではこのうち五％に当たる年間四〇〇億個の生産を目指す。インド人の食生活を支える鶏卵に着目し、そこに「安全」「栄養」という付加価値をもたらすビジネスは、大いに注目できそうだ。

新鮮な卵の流通には低温輸送が重要になるため、スズキが提供する車両を保冷車に改造、ディーラーのネットワークも活用する。イセ、スズキ両社はともに太陽光発電事業に参入しているため、養鶏場の敷地内で太陽光発電にも取り組む考えだ。

伊勢彦信会長は二〇一八年、モディ首相から直々にインドの食品流通改善への協力を要請されており、同会長の主導で二〇一八年に「日印フードビジネス協議会」が設立された。

③ 鴻池運輸

老舗運送会社・鴻池運輸は二〇〇八年にインドに進出。一六年には日系物流企業として初めて鉄道コンテナ事業に参入。現在は四五両編成の貨物列車八編成（うち二編成は自社所有）を運用している。一三年にはインドで医療物流インフラ構築に着手。手術器具などをコード化して在庫管理し、迅速に配送するほか、高度医薬品や検体などを低温で輸送する事業展開を計画中。いわば医療機関向けの総合サポートサービスというわけだ。同社では将来は、生鮮食料品などの低温輸送も視野に入れている。なお同社は一八年春、デリー大学卒などのインド人四人を新卒で採用している。

5　充実する日本企業へのサポート体制

電力や水、道路などのインフラが必ずしも万全ではなく、税制や法制度も複雑なインドでは、進出企業に対するサポートが事業の成否を握る。もちろん「メーク・イン・インディア」を掲げるインドの中央・州政府は、各種ワンストップ・ショップやジャパンデスクを開設したり、申請受理から審査終了までの所要日数を明示するなど、かつてに比べれば格段に投資家フレンドリーとなっている。

しかし、土地取得やインフラ整備を巡ってはやはり、実際に企業が進出する州政府の直接的なサポートが必要となる。すでにスズキやデンソー、ホンダなどの進出を全面的にサポートしてきたデリー郊外・ハリヤナ州の事例があり、二〇〇〇年代後半にはＪＥＴＲＯが西部ラジャスタン州政府開発公社（ＲＩＩＣＯ）と協力し、同州のニムラナに初の日本企業向けに造成した「日本工業団地」の事例があるが、近年ではこの流れが一段と加速している。

（１）日本専用工業団地

二〇一八年末現在、インドには先述のニムラナや隣接するギロット、グジャラート州のマンダル、タミルナド州のマヒンドラ工業団地、みずほ銀行と日揮、アセンダスが手掛けるワンハブ・チェンナイなど、候補地も含めて一二カ所が「日本工業団地」に指定されている。これらの工業団地は単に各州政府が日本企業向けに土地を用意してくれる、というだけではない。注目されるのは工業団地ごとに進出企業と州政府による委員会が設置され、そこで税制やインフラなどに関する問題解決を図る仕組みをつくろうとしている、つまり長期的なアフターサービスが付帯している、という点だ。

企業誘致において、「自由に進出してほしいが、あとは自分でやってくれ」というのがインドの基本スタンスだったが、これほど一国の企業を手厚くケアする試みは異例のこと。この背景には日本企業の誘致

図表11　インド各地に設定した「日本工業団地」と候補地

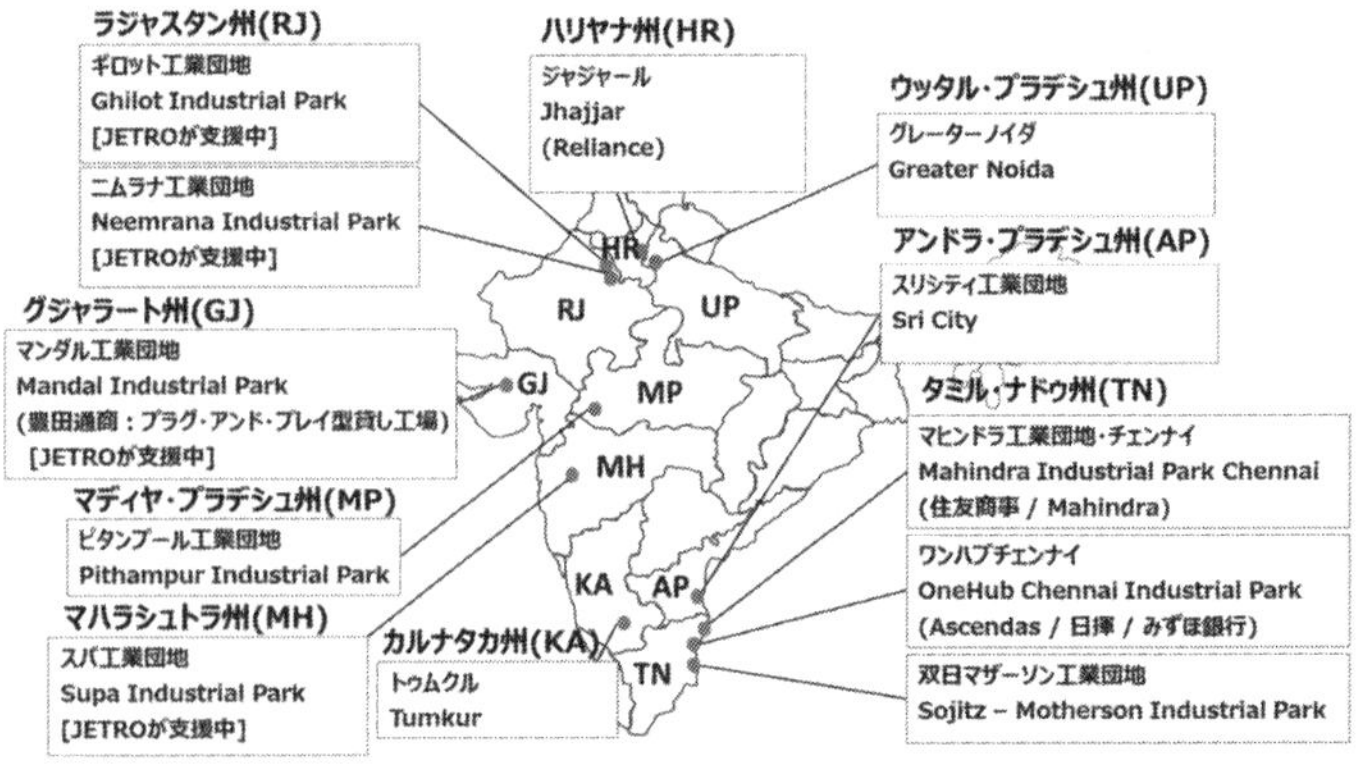

（JETRO 提供）

が州の経済成長に確実に貢献していることが挙げられる。カルナタカ州政府の担当者は「日本企業は進出計画こそ慎重で意思決定には時間がかかるが、いったん決めれば確実に投資を実行してくれる」と話す。この信頼感こそが、日本への配慮の背景だ。また、韓国企業や中国企業の間にも同様の「自国専用工業団地」造成の動きが出ていることも注目される。

モディ政権は「競争的連邦主義」を掲げており、今やまさに各州政府が日本企業の誘致を巡って競争する時代となりつつある。経済成長はもちろんだが、受け入れ側の対応変化も投資環境の改善に違いない。

(2) 新たな制度づくり

日本政府はまた、インドの各州政府に対し日本企業のためになるインフラ整備事業に対するプログラム・ローンを提供するというアプローチをとっている。間接的な企業支援といえるもので、すでにタミルナド、カルナタカの両州で実績がある。さらには、「日本工業団地」プロジェクトと組み合わせ、土地売却などを巡って地権者と事後にもめないよう、入居企業の土地利用権を確保し、紛争に際して州政府や州開発公社に仲介・対処してもらうことを明記した覚書を作成・締結しようという動きも進んでいる。トラブルが起きた時に州政府に矢面に立ってもらおうということだ。

（３）日本側、新制度導入やインフラ進捗を評価

日本経済団体連合会（経団連）とインドの経済界でつくる「日印ビジネス・リーダーズ・フォーラム」は、モディ首相訪日に合わせた二〇一八年一〇月末に東京で会合を開き、合同報告書をまとめた。この中で日本側はインド政府に対し、

・コンテナ貨物鉄道輸送の利用促進
・インド・アフリカＦＴＡの検討
・原子力損害賠償法の改正
・土地収用法の改正
・税制の合理化、国際的な整合性の確保
・労働法統合の推進

――などの要望を盛り込んだ一方、物品・サービス税（ＧＳＴ）の導入や企業の破綻処理を加速させるＩＢＣの施行を評価した。インド進出企業でつくるインド日本商工会（ＪＣＣＩＩ）も、九月中旬に提出した建議書でデリー首都圏とハリヤナ、ラジャスタン州などを結ぶ国道（ＮＨ）八号線の整備進捗などで「顕著な改善がみられる」と前向きに評価している。

6　インド産業界が直面する課題とその対応策

順調に成長しているインドの産業界だが、常に潜在的な課題が指摘されている。電力や道路などのインフラ整備について、中央・州政府はかつてなく真剣に取り組んでいるが、それでもＡＳＥＡＮなど他のアジア諸国と比べれば見劣りするのは否定できない。土地取得の困難さやリスクも指摘されており、労働争議は件数や影響人員ともに減少しているとはいえ、今なお外資や自動車関連産業では散発的に争議が発生している。ここではインド産業界の課題について、

①インフラ整備の遅れ
②土地取得の困難さとリスク
③労働争議及び人材・雇用問題
④政治の介入及び不作為
⑤複雑な税制・法制度

――などが挙げられる。ビジネス展開上の留意点としても、

⑥提携、合弁企業設立、Ｍ＆Ａなどに際してのデューディリジェンスで予期せぬ瑕疵が見つかる場合も
⑦増資などに際して対外借り入れが困難
⑧法規制・執行に関する予見性、透明性が不十分
⑨十分とはいえない知的財産権保護

⑩人口一〇〇万人規模の巨大都市圏が広大な国土に一〇〇近くも分散し、多店舗・多拠点展開が不可欠——といった難題が待ち受ける。本項ではこれらのうち緊急性の高い③の労務問題及び雇用創出について考察してみたい。

雇用・労務問題は、農村問題と並んでインド・モディ政権のパフォーマンスが相対的に低い分野、つまり「弱点」と言われている。この問題は①経済成長に比べて雇用自体が増えていないこと、そして②特定業種に労働争議が集中していること——の二点に集約される。

（1）雇用を生まないインド産業界

インド経済は二〇〇〇年度から〇九年度にかけて平均七・五％の高成長を記録したが、この間雇用は同一・五％しか増えていない。二〇一七年時点の労働者約四億七五〇〇万人のうち、四億人が労働諸法によって守られず、雇用保証もない状態、とされる。そもそもインドでは就労者のほぼ半数が「自営業者」だ。

インドにおいては「労働」の定義が非常にあいまいで、それゆえに失業率や雇用全般に関する正確な統計が極めて少ないという問題が指摘されている。やや古いデータだが、労働雇用省による二〇一三年の調査では、労働者のうちいわゆる定期収入がある者が一六・五％、非組織部門、つまり零細企業で働く人が全体の八二・七％を占めている。先進国はもちろん、他のアジア諸国と比べても、労働者の置かれている状況は極めて脆弱、と言わざるを得ない。

かなり信頼度が高いと思われる労働雇用省の統計によると、二〇一七年八～一〇月の三カ月間に、非農業八セクター（ＩＴ、教育、商業、運輸、建設など）の部門で新たに雇用された人の数は約一三万六〇〇〇人（内訳は製造業八万九〇〇〇人、運輸二万人、教育二万一〇〇〇人など）。つまり、インドは一年間に一〇〇〇万人以上が労働市場に参入する若年大国なのに、正規雇用はこの二〇分の一しか創出されていない計算となる。

解雇など雇用調整が難しい現行労働諸法の影響もあって、特に大手製造業では契約社員・契約工を増やすことで生産調整などを容易にしようという戦略が見て取れる。さらには、土地取得のためのハードルを上げた改正土地収用法によって、工場建設のペースにブレーキがかかっているという背景もある。

民間の調査機関、インド経済モニタリングセンター（ＣＭＩＥ）の調査によると、一九九七年度から二〇一四年度にかけて、全労働者に占める契約社員の比率は一六・四一％から三五・三五％へと倍以上に拡大、三分の一以上が非正規雇用という結果が出た。とりわけたばこ産業（七二・八％）、非金属鉱業（六〇・三％）、石油精製（五六・二％）などの業種で契約労働者の比率が高い。

このように高度経済成長軌道への回復を目指すインドでは、もっぱらＩＴなどのセクターに人が集まり、労働集約的な産業がなかなか人員を増やしていないという状況が見えてくる。国全体で見れば、農業の機械化・合理化によって農村部の雇用が減っているという事情もある。ビジネスマンやエコノミストなどからは様々な説明を受ける機会があるが、雇用創出のペースが上がらない明確な説明にはまだ出会えていない。

問題は企業側だけにあるのではない。例えば職業教育や訓練の不足は雇用が増えない最大の理由の一つだ。就職情報会社 Aspiring Mind が二〇一六年に実施した調査によると、インドにおいて正規の職業訓練を受けている就労者の割合はわずか四・七％でしかない。日本における工業高校や高等専門学校に相当する教育機関の層が極めて薄いことも指摘されて久しい。

高学歴者のスキルにも問題が多い。二〇一四年度のＣＭＩＥによる調査では、大学卒業生の一四%、大学院修了者の一二%が「非雇用状態」という。大学卒業生に対するアンケートでは、雇用が増えない理由として「スキルに見合う仕事がない」（五八・三%）、給与が安い（二一・六%）などが上位に並ぶ。二〇一三年に同じAspiring Mindがまとめた、「大学卒業生の四七%はスキル不足でいかなる職業にも就くことができない」という衝撃的な調査結果は今なお語り継がれている。

日本など外資系企業の関係者はもっぱら、技術系大学の最高峰であるインド工科大（ＩＩＴ）やデリー大などの学生・卒業生としか出会う機会がないが、四〇〇〇万人近い「大学生」がひしめくインドにおいて、彼らの資質に相当のばらつきがあることは容易に想像できるだろう。

また、女性の就労率が減少していることも気になる。国際労働機関（ＩＬＯ）によると、二〇〇五年度に約三五%だった女性の就労率（一五歳～六四歳）は、一八年には二六%に下落している。若年層に限って言えば大学進学などの高学歴化によって就労率が下がるのは自然なことだが、「結婚後は家庭に入る」というような保守的な価値観が、インド社会で根強い、あるいは再び強まっているという状況が想定される。

(2) 依然高い離職率

かつてインフォシスやタタ・コンサルタンシー・サービシズ（ＴＣＳ）などの大手ＩＴ企業では、頻繁な転職によって数年で若手社員の半数以上が入れ替わるといわれていた。この状況に大きな変化はなく、ＩＴやデータサイエンス、アナリストなどの業種では二〇一七年の離職率が平均二四・四%に達した

（Mercer Survey 調べ）。ＫＰＭＧが二〇一七年に実施した調査では、転職の理由として「給与」（二八・一％）、「キャリア形成」（二三・四％）が上位に挙がった。業種ではｅコマース（二〇・四％）、メディア・広告（一八・五％）、金融（一七・四％）などが上位を占めた。

若手に限らず、自社で育てた中堅のマネジャークラスがいとも簡単に同業他社に引き抜かれる、といったケースは今なお散見され、「会社への忠誠心」よりも個人のキャリア形成や給与を重視するインド人気質と合わせて語られることが多いが、管理職などの求人には一人当たり一万～三万ドルのコストがかかるといわれるように、インドに進出する外資系企業にとっては避けて通れないリスクの一つだ。

（3）自動車・外資に集中する労働争議

インドで操業する外資系メーカーなどにとって細心の注意を払わねばならないのが労働争議だ。賃上げや待遇改善、果ては解雇した同僚の復職などを要求して労働者が決起すれば、操業ロスや職場環境の悪化だけでなく、最悪の場合、暴力的な抗議行動によって警官隊の介入を招き、衝突などで死傷者を出す事態に発展しかねないからだ。だが、インド全体では労働争議の発生件数自体ははっきりとした減少傾向にある。二〇一六年の一〇二件という数字は〇二年比で五分の一以下。関与した労働者の数や逸失操業日数なども大きく減少している。

しかしその一方で外資系メーカー、とりわけ自動車・部品産業では今なお散発的なストライキやロックアウトなどの労働争議がみられる。二〇一二年に労働者の「暴動」で死者を出す事態を経験したマルチ・スズキのある幹部も「政治的な意思を持った人物が労使交渉に介入してきて無理な要求を突き付けてく

図表12　インドの自動車関連企業で起きた最近の主な労働争議

2012年	２月	ダンロップ・インディア	労使対立の激化で南部タミルナド州の工場で操業停止
	７月	マルチ・スズキ	マネサール工場で労働者らの暴動発生、インド人管理職１人死亡、負傷者100人以上
	10〜11月	アポロ・タイヤ	グジャラート州バローダ工場で新労組の承認を要求したストが約２週間継続
2013年	３月	ボッシュ	バンガロール近郊の工場で、労組が従業員の停職処分撤回を要求してストライキ
2013年	３〜５月	マヒンドラ＆マヒンドラ	マハラシュトラ州ナーシク工場で賃上げを要求し断続的にスト
	６〜８月	バジャージ・オート	マハラシュトラ州チャカン工場で正規工、契約工計1925人がスト。労組はストック・オプション要求。８月まで50日間にわたってスト継続
	９月	ヒーロー・モトコープ	グルガオン工場従業員が工員９名の停職処分撤回を求めてスト
	11月	ボッシュ	バンガロール工場で、工員の無断早退及び暴力事件をきっかけに６日間にわたってスト
2014年	１月	GM	グジャラート工場で契約工が割り増し給与を求めて抗議
	３月	トヨタ・キルロスカ	賃金引き上げを巡る労使対立で経営側が工場ロックアウト、一部労働者が４月にハンスト
〃		フォード	成果給引き下げを巡る労使対立、労働者側が社員食堂、送迎バス利用ボイコットで対抗
〃		ボッシュ	ナーシク工場で賃金協定の改定を巡る交渉がこじれ、従業員が無期限ハンストに突入
	４月	バジャージ・オート	チャカン工場労組が賃上げ要求で４月28日からのスト通告（実施せず）、８月にようやく決着
〃		シュリラーム・ピストン＆リング	ラジャスタン州の工場で、労働者と警官隊が衝突し79人が負傷、26人逮捕
	８月	ヒーロー・モトコープ	工員の解雇が不当だとして従業員が１日ストライキ
	９月	ボッシュ	バンガロール工場で賃金・福利後世を巡って労使対立。ストが違法と認定され150人逮捕。12月に約３カ月ぶりに収束
2015年	１月	ハリヤナ州の自動車輸送業界団体ACWA	政府の車両サイズ規制に抗議して１月６日からスト実施
	４月	ボッシュ	ジャイプル工場のロックアウト宣言。従業員が賃上げを要求し３カ月以上にわたり抗議行動
2016年	２月	タタ自動車	サナンド工場で停職中の従業員の復職を求めるストライキ、４月中旬に収束
	９月	モンダ・モーターサイクル・アンド・スクーター・インディア（HMSI）	タプカラ工場で解雇に抗議して元工員５人がハンスト、一部工員がこれに同調し座り込み
2017年	４月	GM	ハロル工場の閉鎖に反対して従業員が徹底抗戦表明
	９月	タタ自動車	ジャムシェドプル工場の非正規工が正社員並みインセンティブなどを要求してスト
2018年	９〜10月	インディア・ヤマハ	タミルナドゥ州オラガダム工場で待遇改善や労組承認などを要求してスト。10月下旬に違法ストを実施したとして1500人が一時拘束
	９〜11月	ロイヤル・エンフィールド	賃上げ要求から約２カ月にわたってストライキ、19年２月にも組合幹部の配置転換などを巡って再びストライキ
2019年	11月	HMSI	解雇に反発した労働者らがスト。会社側は正社員や労組などの「就業規則違反」を理由に、マネサール工場の操業を無期限停止。会社は26日から正社員のみで操業再開

出所：各企業のプレスリリースや現地報道などを参考に筆者作成。

る」と語っている。

ＢＪＰと前政権党国民会議派の「二大政党」や地方政党主体の「第三勢力」の蔭で退潮が鮮明な左翼政党や傘下の労組にとって、「インドの花形産業である自動車業界で労働争議を起こすことは大きな手柄となり存在感をアピールできる」とは著名政治アナリストの分析だ。

労働争議の原因別では、かつては「規律違反・暴力」や「賃金・手当」が多かったが、最近では分散する傾向にある。いずれにせよ、経営側にも労働者側にも大きなダメージとなり、地域経済にも影響を与える労働争議については、会社側は「発生してからでは遅い」と口をそろえる。いかに未然に予防するかという点に日系企業のみならず内外の在インド企業のほぼすべてが細心の注意を払っている。

それでは、労働争議の発生を抑えるため各社はどのような対策を講じているか、日系企業の取り組みについていくつか紹介してみたい。会社の経営の根幹や企業文化に関わるような大きな枠組みでは、
・労使の合同委員会等を設置して、労働者の経営参画に道を開く
・就業規則、自主規律などを明文化・可視化する
・待遇や昇進制度の改善
・不平不満を吸収するメカニズムの構築
・外部労働団体・政治団体などのオルグや介入を排除し、企業内組合を創設する
などが代表的な例だが、実際の導入はそう簡単なことではない。そこで、比較的簡単に着手できる対策としては、
・社員食堂のメニューや休憩所の環境を改善する

・昇進や昇給のグレードを細分化する
・同郷者や同一母語の労働者を同じ職場に集めない
・会社の祭りや記念日に社員の家族を招待、食事などを振る舞う
・信賞必罰、チームスピリッツを育む
――などに取り組んでいるという事例をよく聞く。従業員の親や配偶者などに職場を参観させ、「いい会社」をアピールすることについては、かなりの効果が出ている。かつて昭和時代に日本企業が実施していた「運動会」「慰安会」などが思い起こされる。

(4) インド人のメンタリティを理解する

インド人気質を語る言葉としては、以下のようなものが代表的だ。

○個人主義と上昇志向
○「終身雇用」の概念が希薄
○見栄と義理、家族主義
○指示が不明確な場合、率先して動かない
○時間や約束にルーズ（なことが多い）
○主観的な「暗黙知」＝言わなくてもわかる＝よりも、文章やデータで表現できる「形式知」を重視する

「終身雇用」つまり一つの会社に「就社する」という考え方は、多くのインド人にとって当たり前ではない。また、インド人を雇用する場合、日本人にはやや理解を超える強い家族主義が目立つ。「sister の結婚式があるから休暇を取りたい」と申し出た従業員。よくよく聞いてみたら、姉妹ではなく「いとこのいとこ」などの遠戚だったりすることはよくあることだ。

「アポの時間や納期などの口約束を守らない」との声もあるが、これは決して悪意があるわけでも、最初から努力を放棄するということを意味しているのではない。やってみてダメだったらそれは仕方ない。諦めが早い、ということだ。

そして、ＩＴの世界でもよくあるように「こんな感じで」といったあいまいな指示だけを与えていては期待するように動いてくれない。ある意味デジタル思考、ということか。いずれにせよ、「以心伝心」はあまり期待しないほうがいいだろう。

(5) インド政府の労働法改革

雇用拡大と技術移転を狙って製造業振興に力を入れてきたインド政府は、広く知られた「メーク・イン・インディア」をはじめ、二〇二二年までに四億人の若者に職業訓練を実施する「スキル・インディア」や、繊維産業など個別のセクター向けの支援策を相次いで発表している。

これらの中で最も根本的かつ歴史的な取り組みと言えるのが、「労働法改革」だろう。伝統的に社会主義色の濃い経済政策を推進してきたインドでは、労働諸法も被雇用者に手厚い配慮をしており、いったん雇用した労働者を解雇することは非常に困難だ。その最たるものが「一九四七年産業紛争法」である。この中には「労働者一〇〇人以上が働く工場・事業所では、閉鎖や解雇に際して州政府の許可が必要」という有名な条文がある。実際には現場の運用である程度の人員整理などは行われているが、柔軟な雇用調整が難しいのが現状だ。

しかも、労働関係の法律は連邦だけでも約五〇、各州の労働法までも含めると一六五にも達する。モディ政権は二〇二〇年九月下旬、これらを統合した四つの法律（コード＝Code）＝賃金法、労使関係法、社会保障法、労働安全衛生法＝を可決成立させた。これによってインドは長年の懸案だった労働法改革において大きな一歩を踏み出した。

だがもちろん、労働者の既得権に手を付けることになるこれら労働法改正の動きは、強力なインドの労働組合にとっては到底受け入れがたい。与党ＢＪＰの後ろ盾であるヒンドゥー至上主義団体・民族奉仕団（ＲＳＳ）系の労組・インド労働連盟（ＢＭＳ）はいち早く労働諸法の統合に反対を表明している。以前ほどの政治力や支持基盤はないが各地の労組への影響力を維持しているインド左派共産党（ＣＰＩ－Ｍ）などの反発も必至。これら抵抗勢力の動きも要注目だ。

７　おわりに

本章では、日本企業を中心に多くの外資系企業が自動車や家電、ＩＴから消費財に至るまで幅広い分野でインドに進出し、着実に収益を上げてきた経緯を解説した。さらに近い将来、インドの住宅市場や小売・ＦＭＣＧ、そして農業関連部門などに大きなビジネスチャンスが見込まれることも論述してきた。その一方で、インフラや法制度などはもちろん、労務・雇用問題などへの国家的取り組みがなお十分でないことも指摘した。新型コロナウイルスの感染拡大によって、インド経済は振出しに戻るどころか後退する可能性もあるが、この危機を乗り越えた先には新たな市場やビジネスチャンスがあり、インドにはなお大きな成長余地があることも忘れてはならない。

本章執筆時点の二〇二〇年春は感染拡大との闘いの真っただ中だが、今回のコロナ騒動はインド経済に対して少なからぬビジネスのヒントも与えた。市民が外出を控えたことで携帯電話の通信量が急増。大手インターネット・プロバイダーの独「ＤＥ－ＣＩＸ」によると、三月中旬から四月上旬までの三週間で、データ通信量は一〜二月と比べて平均約二〇％伸びた。５Ｇ（第五世代移動通信システム）携帯電話の時代が、予想よりも早く到来するかもしれない。

人々の在宅時間が増えたことで、テレビの視聴時間も大幅に増加している。視聴率調査会社ＢＡＲＣインディアと米ニールセンの調査によると、コロナ感染拡大前の一月下旬と比べ、四月第一週のテレビ視聴時間累計は四三％も跳ね上がったという。あくまでコロナ禍が収束してからの話だが、テレビの広告媒体としての価値向上や、新たなコンテンツ制作機運につながるだろう。

ロックダウンで実店舗の利用が規制されたため、ネット通販が活況を呈しているのは世界共通だが、すでにネットで買うのが当たり前になりつつあるアパレルやデジタル機器、携帯電話だけでなく、家電や家具などにも利用が広がっている。韓国系・現代（ヒュンダイ）自動車インディアは四月上旬から、乗用車のネット販売サービス「クリック・トゥ・バイ」をインド全土に拡大した。同月中旬には地場大手・タタ自動車も、同様のサービス「クリック・トゥ・ドライブ」を開始した。

消費者の購買意欲が戻れば、ではあるが、ロックダウンで自動車の通行量が激減し、大都市の大気汚染が大幅に緩和されたことで、電気自動車（ＥＶ）の普及拡大にとっては大きな追い風となりそうだ。そして、感染につながる釣り銭のやり取りなどを嫌って、これまで以上にモバイル・ペイメントなどのキャッシュレス化が進展するなどして、インド経済全体が一気にデジタル化に向かう可能性もある。

インドが財政破綻の瀬戸際に追い込まれた一九九一年の経済危機に際し、規制緩和や民間への市場開放など一連の改革を断行したことが、その後の高成長達成につながったのは周知の事実。今回のコロナによる打撃の深刻さは当時と比べるべくもないが、危機をバネにインドが再び改革路線を加速させることができるか、世界が見守っている。

第9章　二〇一九年のカシミール問題

拓　徹

二〇一九年八月五日から翌日にかけ、インド領ジャンムー・カシミール州について、その地位を大きく変更する決定がインド国会においてなされた。この決定の内容を一言でいえば、同州にそれまで認められていた自治権を剝奪し、さらに州から連邦直轄領に格下げするというものだった。言い換えれば、自治権の付与によってインド政府はこれまで間接的に同州の係争地としての特別性を認めていたわけだが、これをやめ、これ以降はカシミールを完全にインドの一部と見なすということである。この決定によって、カシミールは係争地であると主張する隣国パキスタンが刺激されることに加え、同州のカシミール人が激昂し、カシミールをインドから分離せよという彼らの要求がさらに高まるだろうことを考慮すれば、この決定は南アジアの積年の紛争であるカシミール問題に少なからぬ影響を及ぼし、南アジア情勢に緊張をもたらすものだった。このため、このニュースは世界中で報道され、日本の主要日刊紙でも六日から七日にかけて大きく取り上げられた。

これまで四半世紀にわたってカシミール紛争を研究してきた筆者にとって、今回強く印象に残ったことが二つあった。一つは言うまでもなく、現在のインド与党ＢＪＰ（Bhartiya Janata Party：インド人民党）のかつてない強硬姿勢とこれを後押しするインド世論におけるヒンドゥー・ナショナリズム（ヒンドゥー至上主義）の高まりであり、もう一つは内外の報道におけるカシミール紛争理解の意外なまでの単純さと浅さだった。そして、前者（インドにおけるヒンドゥー・ナショナリズムの高まり）と後者（グローバルな報道における単純すぎるカシミール紛争理解）は一見無関係であるようだが、じつは密接に絡み合っている。

本章は、筆者がなぜこのように感じたのかについて後者→前者の順で説明し、現在のカシミール、そして南アジアで一体何が起きているのかについて考えてみる試みである。

1　カシミール紛争史概観――印パの宗教対立か、欧米列強のパワーゲームか

カシミールをめぐる今回の騒動を受けて、日本の主要日刊各紙では、カシミール紛争全般についての解説記事や、カシミール紛争全般をふまえて現在の状況を論ずる社説が多々見られた。そこでは当然ながら、この紛争の基本的性格についての定義づけが行われている。左にいくつか引用してみよう。

「カシミール地方は一九四七年に両国が英国から分離独立した際、イスラム教徒が多数だったが、ヒンズー教徒の藩王がインドへの帰属を決めたため領有権争いに発展。」（記事「カシミール 対立深

刻」より、二〇一九年八月九日付毎日新聞）

「Q　印パ戦争の結果は。　A　管理ラインを決め、事実上の分割統治としたが、対立は続いている。イスラム教徒が多数派のジャム・カシミール州が、ヒンズー教徒が約八割を占めるインド側にあるためだ。分離独立の際、大半の住民がパキスタンへの帰属を求めたのに対し、当地を治めるヒンズー教の藩王がインドへの帰属を決めたことが原因とされる。」（Q＆A解説「カシミール問題とは／宗教と帰属 ねじれ」より、二〇一九年八月九日付読売新聞）

「ジャム・カシミール州では、多数派のイスラム教徒がパキスタンへの帰属を望んでいた。しかしヒンドゥー教徒の藩王はインドへの併合を選んだ。」（社説「カシミール問題　無責任なインドの行動」より、二〇一九年八月一二日付朝日新聞）

現在のカシミール問題が、宗教（ヒンドゥー教とイスラーム）が絡んだインドとパキスタンの間の紛争であるのは間違いない。しかし、右記の新聞記事で述べられている「ジャンムー・カシミールの多数派であるムスリム（イスラーム教徒）は印パ分離独立に際し、パキスタンへの帰属を望んだ」という見方は事実に反するし、「同地を治めていたヒンドゥー教徒の藩王がインドへの帰属を決めた」と聞くと、あたかもこの藩王がヒンドゥー教徒であるがゆえにインドへの帰属を望んだかのように思えるが、これも事実と相違する。詳しくは後述するが、事実関係を一言で述べれば、カシミールの多数派であるムスリムはどちらかといえばインドへの帰属を望んだのであり、またヒンドゥー教徒の藩王にとってインドとパキスタンはどちらでも良く、ただ当時パキスタン側からパシュトゥーン人が襲来し、インド軍の助けを借りなければ自分と住民の安全が確保できない事態に陥ったため、彼はしぶしぶインドへの帰属を認めたのだった。

では、現在一般に右記の新聞記事のような見解（誤解）が広く流布しているのはなぜなのか。それはおそらく、カシミール紛争は印パの宗教対立であり、インド＝ヒンドゥー教徒、パキスタン＝ムスリムであるという単純化された理解を過去の歴史にも当てはめ、整合性を求めた結果だろう。それでは単純化される前の、実際の歴史はどうであったのか。本節では以下、カシミール紛争史の概略をまとめてみたい。

紛争前史――カシミールの特殊なイメージと欧米列強の「グレート・ゲーム」

カシミール紛争は基本的に、一八四六年から一九四七年まで存在した「ジャンムー・カシミール藩王国」の領有権をめぐる争いである。現在印パ間で分割されているこの旧藩王国は、域内に文化・社会的に異なる様々な地域を抱えているが、人口的にも文化的にもこの藩王国の中心だったのが、現在インド領ジャンムー・カシミール連邦直轄領の一部となっている「カシミール渓谷」である。したがって、広義の「カシミール」は旧ジャンムー・カシミール藩王国全体を指すが、狭義の「カシミール」はこのカシミール渓谷のみを指す。ヒマーラヤ山中に位置するカシミール渓谷とその周辺の小渓谷群には、独自のカシミール語を話すいわゆるカシミール人たち（現在の人口約八〇〇万）が住んでいる。

カシミール紛争の前提としてまず押さえておきたいのは、このカシミール渓谷が、一九四七年の紛争勃発以前から人々の耳目を引き、権力者の所有欲をかき立てる土地だったという事実である。一六世紀から一七世紀にかけて、当時インド亜大陸の大部分を支配していたムガル帝国の皇帝たちが次々にカシミール渓谷を訪れ、今も州都スリーナガルの観光スポットとして知られる優美な庭園の数々をダル湖畔に建設したが、これはヒマーラヤ山中の美しい渓谷であるカシミールをムガル皇帝たちが避暑地として愛したためで、以後カシミールは「地上の楽園」の異名で知られることになった。一九世紀初頭にはヨーロッパでカシミヤ・ショールの一大ブームが起き、アイルランドの詩人トーマス・ムーアがカシミールを舞台に英語で著したエキゾチックなロマンス『ラーラ・ルク』(一八一七年刊)のベストセラー化などと相まって、カシミールの象徴的な美しさは南アジア内外にさらに知れ渡った。インドとパキスタンがその領有権をめぐって争う背景には、カシミールのこうした象徴性が少なからず存在している。(1)

次に、さらに重要な前提として、カシミールが一九四七年の紛争勃発以前から、その地政的重要性のために国際政治の焦点となっていた事実に言及する必要がある。歴史的に中央アジア、インド亜大陸、中国を結ぶ交易の要地として栄えたカシミールは、一九世紀以降、南下政策を推し進めるロシアと、これを南から食い止めようとするイギリスの間で、アフガニスタンなどと共にいわゆる「グレート・ゲーム」の舞台となった。当時のジャンムー・カシミール藩王国は一応独立国の体裁を取っていたが、実際には成立当初からイギリスの支配下に置かれており、イギリスは戦略上の理由により一九世紀末からしばらくの間、この藩王国北部のギルギットを(ロシアの動向を見張る拠点として)直接統治していたほどである。

本節で強調しておきたい最大のポイントは、このイギリス・ロシア間の「グレート・ゲーム」、ひいてはこれを引き継いだ米ソ間の確執が、カシミール紛争の成立にも大きくかかわっていたという事実である。(2)近年の研究によると、イギリスは二〇世紀半ば、大英帝国の旧植民地を世界各地で独立させる過程でカシミールを「ムスリムの問題」と捉え、中東のパレスチナ事情と天秤にかけて、パレスチナにおいてイスラエルに譲歩しムスリム勢力に不利な立場を強いる以上、南アジアではムスリム勢力であるパキスタンにカシミール問題で一定の譲歩をする必要があると考えた。同時にイギリス、そして当時急速に西側の超大国となりつつあったアメリカは、ソ連の南下を食い止めるため、インドと比べると脆弱性が否めなかったパキスタンを支援し味方につけて、南アジアに西側陣営の拠点を確保しておく必要があると考えた。これらの理由により、英米はパキスタンに（カシミール政策を含め）一定の便宜を図り、結果的にカシミール問題は現在まで存続するかたちで残ることになった。

二〇世紀初頭のイギリスが、植民地インドで独立志向を強めたヒンドゥー勢力に対抗させるためムスリムを支援して利用し、宗教による分断統治（Divide and Rule）を行ったことはよく知られているが、印パの「分離」、そして印パ間に不和の象徴として残ることになったカシミール問題の成立においても、分断統治政策と地続きの英米の思惑が大きく影響していたものと思われるのである。

印パ分離独立当時のカシミールの内情

次に、印パ分離独立（一九四七年）当時のジャンムー・カシミール藩王国の状況を一通り概観しておこう。

第一に、当時の藩王ハリ・スィンは、印パいずれかへの帰属ではなく、藩王国の独立維持を目指していたことが知られている。この目的で彼は事態が悪化する直前まで、「ムスリム国」であるパキスタンとも交渉を続けていた。王自身はたしかにヒンドゥー教徒だったが、王国の存続を認めて後ろ盾になってくれるなら、相手がインドでもパキスタンでも、どちらでも良いと考えていたのではないかと思われる。[3] 事実は前述の通り、当時パキスタン側からパシュトゥーン人（パターン人）の部族軍が侵攻を開始し、藩王としてはインド軍に助けを求める以外に自分と住民の安全を確保する手段がなくなったため、藩王国のインド帰属を認める文書にやむなく署名したというものである。

第二に、印パ分離独立当時のこの藩王国の主権が、藩王ではなく住民にあったと仮定するなら、当時のカシミール住民を代表するカリスマ的リーダーだったシェイク・アブドゥッラー（一九〇五〜八二）が藩王国のインド帰属を望んだという事実に注目する必要がある。アブドゥッラーはムスリムだが、カシミール社会の「マジョリティー」としてのムスリムを代表する政治家であり、その意味で基本的にムスリム「マイノリティー」の政治運動だったパキスタン運動とそのリーダーであるジンナーとはそりが合わず、[4] 逆にヒンドゥー「マジョリティー」を代表する国民会議派の「世俗主義」（セキュラリズム）に共感し、とくに社会主義的な傾向を持つネルーはアブドゥッラーの盟友的存在だった。実際に、インド初代首相となったネルーは、藩王ハリ・スィンによる藩王国のインド帰属を認める文書への署名と同時に、藩王国住民の代表である（とネルーが考えた）シェイク・アブドゥッラーの同意を確認して初めて、ジャンムー・カシミール藩王国のインドへの帰属が正当化されたと考えたことが知られている。[5] すなわち、当時のカシミール住民が圧倒的に支持したリーダーの意思に住民の意思を代表させることができるとするなら、「藩王国の過半数を占めるムスリム住民」はパキスタンではなく、インドへの帰属を選んだことになるのである。

第三に、第二の点と関連して、カシミールのムスリムにとっての「イスラーム（教）」が、この当時は未だ不明確だったと思われる点が指摘できる。現在「イスラーム」の内実として誰もが思い描くのは、聖典コーランを中心とした教義に基づく宗教である。しかし、こうした「正統的な」かたちでの「イスラーム」がムスリム庶民の間に浸透するのは、南アジアの場合、一九世紀後半の様々なイスラーム改革運動の登場以降のことだった。とくにカシミールでこうした改革運動が登場したのは二〇世紀に入ってからのことで、印パ分離独立の時点においても、こうした「正統的イスラーム」についての認識は、カシミール都市部のほんの一握りの知識層のみが共有しているに過ぎなかった(6)。当時のカシミールのムスリム庶民の間で有力だった信仰形態は大ざっぱに「聖者信仰」と形容できるもので、信仰の対象であるムスリム聖者が存命なら「生ける聖者崇拝」、亡くなっている場合は「聖者廟(墓廟)崇拝」のかたちを取った。重要なのは、こうした聖者の聖性が「正統的イスラーム」とはほぼ無縁の奇跡譚などに支えられており、カシミールのマイノリティーであるヒンドゥー教徒の聖者とほとんど区別がつかない点だった(7)。当時のカシミール住民の宗教に対する認識、各宗教の境界に対する認識は、端的に不明瞭であったと考えられる。そして前述のシェイク・アブドゥッラーのカリスマ性は、その多くをこの聖者信仰に負っていた。彼は既存の聖者廟信仰をたくみに政治利用したし、また彼自身が一種のムスリム聖者として崇拝された側面もあった(8)。つまり、当時のカシミールにおけるムスリム庶民は、あなたはヒンドゥーかムスリムかと問われれば、自分はムスリムであると間違いなく答えただろうが、アブドゥッラーが演説でカシミールのインド帰属を主張すれば、熱狂とともにこれに賛同するような状態だったと思われる。そこには「宗教」によって「ナショナリティー」を選択するといった現代的な基準で割り切れない世界が存在していたのである。カシミールの首都スリーナガルのムスリム知識人については、当時その多くが藩王国のパキスタン帰属を望んだものと思われるが、こうした知識人が当時のカシミール社会において極めて微小な少数派に過ぎなかったことは前述の通りである。

このように、当時のカシミール内部では現代的な「宗教」とこれに基づく境界の認識が希薄だったにもかかわらず、カシミール紛争は「宗教」の問題であると外部から定義づけされた。そして、最初にこの定義づけを行った勢力の一つが英米だったという事実は象徴的である。前述の通り、当時の英米は主にロシア／ソ連に対する西側陣営の利益を守る目的で南アジア政策を決定・遂行し、彼らの政治的意向がカシミール紛争の成立にも大きく影響を与えたわけだが、彼らはカシミール紛争の定義づけにあたって、これは英米が自国の利益を重視したために成立・存続した紛争であるとはせず、あくまでも印パの宗教対立が原因の紛争であるとし、この定義が現在に至るまで世界的に有力であり続けているのである。

印パ独立後のカシミール問題——インド国内における体制確立と国際舞台からの後退

カシミール紛争勃発時のいきさつは次の通りである。一九四七年八月にインドとパキスタンが分離独立し、同年九月にパキスタン側からパシュトゥーン人がカシミールへ侵攻開始。同年一〇月二六日に藩王ハリ・スィンがジャンムー・カシミール藩王国のインドへの帰属を表明する文書に署名し、これを受け、翌二七日にインドが藩王国の首都スリーナガルへインド軍兵士の空輸を開始した（第一次印パ戦争開始）。一九四八年一月、まずインドがカシミール問題を国連安保理に持ち込み、同年八月、ＵＮＣＩＰ（UN Commission for India and Pakistan）がカシミールに関する決議を採択。これは印パ停戦、両国軍の旧藩王国地域からの撤退、印パいずれかへの帰属を問う住民投票の実施を呼びかける内容で、以降これが国連のカシミールに関する基本方針となった。一九四九年一月に印パ停戦が成立し、同年八月、アメリカのトルーマン大統領が印パ仲裁を申し出たところ、パキスタンはこれを歓迎し、インドは拒絶した。以降インドはインド軍のジャンムー・カシミール州からの撤退と住民投票の実施を拒否し続けて現在に至っている。

この紛争勃発時の国際的環境とカシミール内情についてはすでに触れたが、ここで当時の印パ両政府の立場について簡単に述べておきたい。カシミール紛争はその発端において、単純に印パ間の領土争いだった側面もあったと思われる（一般的にどの国もより大きな領土が欲しい）。これに加えて、パキスタン側には当初から、パキスタン＝ムスリムの国（パキスタンはインド亜大陸のマイノリティーであるムスリムの権益を守るために建国された）という立国の由来上、ジャンムー・カシミール藩王国（直接パキスタンに隣接するうえ、その住民の大多数はムスリム）はパキスタンに組み込まれるべきとの考えがあった。しかし、インド側の主張、すなわちカシミール（ジャンムー・カシミール州）はインドの国是であるセキュラリズム（世俗主義、多宗教共存主義）の不可欠の礎石であり、このためカシミールはインドの不可分の一部であるという理由づけは、一九五〇年代前半を通じて徐々に形成されたものと思われる(9)。そのロジックは、ヒンドゥー教徒が多数派のインドの中に、ムスリムが多数派のカシミールが自発的にとどまったという事実があるからこそ、インドは「ヒンドゥー教徒の国」ではなく「多宗教共存の国」であると言えるというものだった。つまり、少なくともインドにとってのカシミール紛争は、勃発当初は宗教色を持たない単なる国境紛争だったが、後付けで宗教が絡む意味付けがなされたということになる。

この後、旧ジャンムー・カシミール藩王国の主要部分を領内に収めたインドは、インド領ジャンムー・カシミール州（以下ＪＫ州）の法的地位を次々に固めて行った。この過程で、今回（二〇一九年八月）問題になった同州の自治権についての規定も定められた。まず一九五〇年一月にインド憲法が発効し、その第三七〇条でJK州に（外交・防衛・通信を除く）大幅な自治権を与えることが規定された。この規定には、JK州を特別扱いすることによって暗にこの地域に係争地としての性格を残し、将来インドが旧JK藩王国全体を領内に収める可能性を残すと同時に、国連が提案した住民投票を実施しないことによるカシミール住民の不満を自治権付与によって抑える意味合いがあったものと思われる。インド憲法の自治権規定に基づき、JK州は独自の憲法を持つこととなり、翌五一年にJK州憲法制定議会が設置された。一九五二年七月のデリー合意（インド首相ネルーとJK州首相シェイク・アブドゥッラーの間で交わされた）においてJK州の大幅な自治権が再確認され、JK州憲法は一九五六年に発布された（実施は翌年）。この間、一九五四年のインド大統領令によりインド憲法第三五A条が成立し（この条項はインド憲法上に記載はなく、JK州憲法のみに記載）、この条項により、「JK州民」の定義がJK州議会の決定にゆだねられること、JK州における土地所有権・永住権・公務員としての被雇用権などの諸権利が州民のみに付与されることが規定された(10)。すなわち、インド憲法のこれら第三七〇条と第三五A条こそが「JK州の特別扱い」を規定しているわけで、JK州への「譲歩」（＝ムスリムへの譲歩）を嫌悪するヒンドゥー・ナショナリズム政党BJPの現政権が今回インド憲法を修正し、これらの条項を廃止したのはこのためだった。

国際舞台におけるカシミール問題はと言えば、紛争勃発後しばらくの間は「グレート・ゲーム」を引き継いだ米ソの関心事であり続け（一九四〇～五〇年代）、両国のエージェントがカシミールをめぐって様々な画策を繰り返したことが知られている。しかしその後、核装備に成功した中国が中印紛争（一九六二年）以降南アジアに介入する危険が高まると、米ソはむしろ南アジアの現状維持を望むようになる。一九六五年の夏には再びカシミールの領有権をめぐって第二次印パ戦争が勃発したが、中国を警戒する米ソは実質的に協力し合ってこの短期戦の戦後処理にあたり、結果的にカシミール問題に進展はなかった。一九七一年末の第三次印パ戦争の結果、バングラデシュ（旧東パキスタン）が独立しパキスタンが弱体化すると、南アジアにおけるインドの覇権が確立し、国際社会は「カシミールは印パ二国間の問題である」というインド主導のシムラー条約（一九七二年）における見解を受け入れた。これ以降、カシミール問題は基本的にごく近年になるまで、国際政治の舞台から姿を消すこととなった。

カシミール問題の変容――カシミール独立運動とゲリラ闘争

印パ分離独立後、インドの統治下に置かれたカシミール渓谷の内部では、インド当局による住民の締め付けがエスカレートして行った。まず一九五三年、カリスマ的リーダーだった当時の州首相シェイク・アブドゥッラーがカシミール独立を画策した容疑で逮捕・投獄され、これに抗議する住民たちが弾圧された。以後アブドゥッラーは、一九七五年にインド政府と和解するまでの約二〇年間、獄中からカシミールにおけるインド支配への抵抗運動を率いることになる。また当時のアルジェリア独立闘争などの影響で、カシミールにも民族意識および民族自決の意識が芽生え、アブドゥッラーの抵抗運動とも相まって、一九六〇年代以降、カシミールの若者の間でカシミール独立運動が勃興した。一九五三年以降のインド領ＪＫ州では非民主的な選挙により成立したインド中央政府の傀儡州政権が続き、とくに六〇年代末以降は、民族自決を求める住民デモが傀儡政権下の警察やインド治安部隊によって弾圧され多数の死傷者が出る事態が恒常化した。(11) 前述の通り、印パ独立時にはまだ希薄だったカシミールのムスリム庶民の「正統的イスラーム」に対する意識も、イスラーム党（ジャマーアテ・イスラーミー）、アフレ・ハディース、タブリーギー・ジャマーアトなどイスラーム改革派の宗教諸団体の啓蒙活動により徐々に強まり、七〇年代以降はカシミールにおける民族自決運動にイスラーム色が微妙に絡まる場合が増えて行った。[12]

一九八〇年代に入ると、イラン革命などの国際情勢やインドにおけるヒンドゥー意識の高揚の影響を受け、インド国内でムスリム危険視・差別の傾向が強まり、カシミール渓谷における「ムスリムの」民族自決運動や抗議デモへの弾圧も激化した。インド中央政権の差し金による非民主的なＪＫ州政権崩壊（一九八四年）、ＪＫ州議会選挙における与党の不正工作とこれによる野党候補の落選（一九八七年）などを経て、カシミールではとくに若者たちがインド民主主義に絶望し、銃を取って反インド・ゲリラ闘争を開始するに至った（一九八九年）。このゲリラ闘争は、カシミール独立もしくはカシミールのパキスタン併合という目標を持っていたものの、当初のその内実は、一九八七年の州議会選挙で野党候補の選挙運動に参加しただけで投獄と獄中における虐待を経験した若者たちの生理的な叛乱という性格を持っていた。一九九〇年代初頭から半ばにかけてのカシミール渓谷は、ゲリラ諸団体とこれを抹殺しようとするインド治安部隊の間で血みどろの戦闘が繰り広げられる無法地帯と化し、またこのゲリラ闘争によって、カシミールは再び国際社会の注目を集めるに至った。とくにパキスタン政府は国連などの場で、カシミールにおけるインド治安部隊による人権侵害を告発し続け、インド政府はこれを否定するとともに、パキスタンによるカシミールの「テロリストたち」への支援を非難するといった応酬が続いた。このゲリラ闘争は、推定約七万人の犠牲者を出した後、二〇〇五年前後にいったん終息した。

なお南アジアでは一九九八年五月、インドとパキスタンが競うように核実験を実施し、翌九九年の五月から七月にかけて印パ間でカルギル紛争が勃発した。紛争の舞台であるカルギルはＪＫ州北東部ラダックのシーア派ムスリム居住地域であり、この紛争も基本的にカシミールの領有権をめぐるものだった。印パの核武装にカシミール問題が重ね合わされ、これ以降、国際社会はカシミール問題に起因して南アジアで核戦争が起きるのではないかと懸念するようになった。

二〇〇八年以降の新局面

カシミール渓谷では二〇〇五年頃ゲリラ闘争が終息し、二〇〇七年頃には印パ両国政府の間でカシミール問題について「現状維持＋ソフトボーダー化」の方向で合意に近づいていたといわれるが、パキスタン大統領ムシャラフの失脚でこの和解プロセスは中断した。(13)

そして二〇〇八年の夏、カシミールの人々は非武装の市民デモによって反インド運動を再開した。きっかけはカシミール渓谷東部のヒマーラヤ山中にあるヒンドゥー教の聖地アマルナートの土地譲渡問題で（非ＪＫ州民に土地を譲渡することが問題になった）、これをめぐってまずカシミール渓谷およびＪＫ州南部のジャンムーで住民の抗議活動が激化した（ジャンムーのヒンドゥー教徒たちは一般にカシミールのムスリムに敵対意識を持っており、土地譲渡に賛成した）。カシミール渓谷の抗議活動はやがて「自由」（アーザーディー）を求める大規模デモに発展し、土地譲渡問題を離れて一般的な反インド運動に転化した。ＪＫ州警察とインド治安部隊は当初、この非武装の民衆運動に手をこまねいていたが、八月下旬には弾圧に転じ、以後カシミールでこの年のような大規模な市民デモを行うことは不可能となった。

二〇〇九年にも南カシミールのショピアンにおける少女二名のインド治安部隊によるレイプ殺人事件が

問題になったが、次にカシミールが爆発したのは二〇一〇年の夏だった。この年の春、インド軍による不正事件（カシミール人市民三名を殺害し、彼らはゲリラだったと偽って報告し昇進を狙った）、この事件に対する抗議デモ、抗議デモに対する治安部隊の発砲により一七歳の少年が死亡する事件が次々に発生し、これをきっかけに、もはや市民デモが許されていないため、カシミールの若者たちが投石によってインド治安部隊への抵抗を開始した。この「若者の投石vs.治安部隊の発砲」の熾烈な争いは三カ月余り続き、結果的にカシミール人の側に約一二〇名の死者が出た。この間、インドのメディアは「カシミールの投石者たち」のみが「暴力的」であるとの報道を続けた。

この時期（二〇〇八〜一〇年）には、ゲリラ諸団体もカシミール市民による平和的かつ非武装の抗議運動を支持し停戦を宣言するなど、カシミール社会は一丸となって平和的運動の可能性にかけ、活動を続けた。しかし結果的に、平和的な運動は多数の死傷者のほか、カシミールに何ももたらさなかった。そればかりかこれ以降、抗議活動への弾圧は強まった。二〇一〇年の秋以降、カシミールのローカルTV局によるニュース報道はすべて禁止され、抗議活動に参加した、もしくは参加する可能性があると見なされた若者たちが次々に投獄された。カシミールは表面上の平穏を保ったが、インド治安部隊による人権侵害の事例はその後も続いた。

こうした状況下、カシミール渓谷ではゲリラに加わる若者が静かに増えて行った。二〇一五年九月の時点で、カシミールで活動するゲリラの総数が約二〇〇名と推測されたことからも分かるように、その規模は決して大きくはない。しかし、カシミールにおけるゲリラ関係の事件数は、二〇一三年にゲリラ闘争開始以来の最小値を記録したのち、徐々に増える傾向にある。そして、とくにフェイスブックなどのソーシャルメディアを通じて二〇一〇年代半ばにカシミール人の間で絶大な人気を誇るようになったのが、そうした新世代ゲリラのリーダー、ブルハーン・ワーニーだった。彼が実際にインド治安部隊などへの攻撃・殺害にかかわったか否かについては議論が続いており定かでないが、その人気の理由は、甘いルックスに加え、「ヒンドゥー教徒の巡礼者は攻撃しない」「カシミール人である州警察は反カシミール活動をただちに止めよ」といった比較的穏健なメッセージや、ゲリラであるにもかかわらず潜伏地の森林でクリケットを楽しむフットワークの軽さ（これは撮影ビデオによって潜伏地が判明してしまう危険を厭わず、ゲリラはあくまで普通の若者であるということを無言で訴えかけたメッセージだった）などにあった。

二〇一四年の大洪水などを挟み、しばらく鎮静化していたカシミールは二〇一六年七月八日夜、このカリスマ的ゲリラ・リーダーのブルハーン・ワーニー（当時二一歳）がインド治安部隊によって殺害されたことをきっかけに再び炎上した。カシミール渓谷全域で抗議デモが激化した結果、最初の四カ月で九六名の市民犠牲者を出したことに加え、この年の弾圧においてインド当局は「ペレット銃」を多用して悪名をはせた。もともと害獣駆除用に開発されたこの散弾銃の乱用により、カシミール人のデモ参加者や通りがかりの市民の間で失明者が続出し、インド内外で非難・批判の的となったのである。当局によるインターネットや携帯電話の遮断もこの年に本格化した。(14)

二〇一六年以降、カシミール社会は抗議活動を（二〇一〇年のようなかたちで）停止することを拒否し、以前と比べてもさらに、社会全体が反インド色に染まりつつある。二〇一〇年代のゲリラは最初から死を覚悟で参戦しており、一般にパキスタンの支援を受けず、武器は地元の警察や治安部隊から奪って調達している状況だが、その動機の純粋性から地元の支持も篤く、ゲリラとインド治安部隊の銃撃戦が起きると、以前はその場から逃げていた地元住民たちは今ではゲリラに味方して現場に集まり、治安部隊に投石する事態となっている（この状況の頻発が、市民の死者数増加につながっている）。二〇一六年の夏以降、カシミールの抵抗運動がインド国外でニュースとして取り上げられることはほとんどないが、犠牲者の数は二〇一七年が四四九（うち市民一〇八）、二〇一八年五八六（一六〇）、二〇一九年三六六（八〇）、二〇二〇年前半（一〜六月）二二九（三二）となっており（カシミールの人権団体ＪＫＣＣＳ調べ）[15]、事態は一向に改善されていない。

2　二〇一九年の事態——ヒンドゥー・ナショナリズムの攻勢とポピュリズムの危うさ

二〇一九年八月のインド国会における決定は、現在のインド中央政権を担っているＢＪＰ（インド人民党）が長年準備して来たものであり、彼らの思想であるヒンドゥー・ナショナリズム（ヒンドゥー至上主義）の性格と、現在のインド社会におけるその支持の大きさを物語っている。しかしその仔細を観察すると、この決定とこれがもたらした事態は、現在のインド内外におけるポピュリズムの危うさをも露呈していることが分かる。本節では以下、カシミールをめぐる二〇一九年の諸現象を順番に確認してみたい[16]。

二〇一九年八月のインド国会における決定

まず二〇一九年八月のインド国会の決定自体は、次のようなものだった。

八月五日、モーディー首相の右腕でＢＪＰ重鎮のインド内相アミット・シャーがインド国会（上院）に二つの法案を提出した。一つはインド憲法第三七〇条を無効にするための大統領令の提案、もう一つは「ジャンムー・カシミール再編法案」(The Jammu and Kashmir Reorganisation Bill 2019)である。大統領令は論理的にJK州憲法の廃止とこれに付随するインド憲法第三五A条の廃止を含んでおり、また「再編法案」はJK州を「ジャンムー・カシミール」と「ラダック」の二つの連邦直轄領(Union Territory)へと分割・格下げする内容だった。このときのインド上院・下院における与党(BJP)優位の状況を考えれば、これは法案の提案ではなく、突然の決定を宣言したようなものだった。アミット・シャー内相がこの「歴史的決定」を読み上げた瞬間、与党議員たちからは割れんばかりの同意表明(拍手、称賛の声、机を叩く音)が、野党議員たちからは力の限りの抗議の怒号が湧き起り、インド国会はしばし発言者の声が聞き取れない状況に陥った。当然ながら、これらの法案は五日に上院(ラージャ・サバー)、六日に下院(ローク・サバー)を難なく通過・成立し、大統領令の発令とともに、すぐさま決定事項となった。(ただし、この決定の合憲性については、インド内外の専門家たちの間で否定的な意見が数多く存在する。)[17]

最大野党の国民会議派(Indian National Congress)は、党としてはこの決定に反対したが、その多くの国会議員が賛成に回った。野党からはダリト(不可触民)の政党である大衆社会党(Bahujan Samaj Party: BSP)や新興のインド庶民党(Aam Aadmi's Party: AAP)などが賛成に回った。この決定を支持するために国民会議派やSP(Samajwadi Party:社会主義党)といった反対政党から離党する国会議員も続出した。いずれも、インド世論が熱狂的にこの「モーディー首相の決定」を支持していることを察知したうえでの政治的判断であり、その限りで、モーディー政権のプロパガンダ戦略(後述)は大成功を収めたと言える。

ＢＪＰとインド憲法第三七〇条

ＢＪＰ（一九八〇年結成）は、その前身であるジャン・サン党（Bhartiya Jana Sangh：和訳するとＢＪＰと同じ「インド人民党」、一九五一年結成）の時代から、「一国一憲法」（Ek Desh Ek Vidhan）のスローガンの下、インド憲法第三七〇条の廃止（＝ＪＫ州の特別扱いとＪＫ州独自の憲法の廃止）を一貫して訴えてきた政党である。その背景には、ＢＪＰ／ジャン・サン党の親団体であるＲＳＳ（Rashtriya Swayamsevak Sangh：民族義勇団、一九二五年結成）が提唱するヒンドゥー文化称揚の思想と、これが内包する「外国文化」（イスラーム、キリスト教）排斥のイデオロギーがある。ＲＳＳ勢力の見地からすると、ムスリムであるうえ、ときに「宿敵」パキスタンに味方してみたり、インドからの分離独立を叫んだりする「非国民」カシミール人に対する譲歩はすべて唾棄すべきであり、カシミールの特別扱いを規定しているインド憲法第三七〇条は何としても廃止すべしということになる。しかし、インド独立闘争を推進したガーンディーやネルーの国民会議派が「ヒンドゥー・ムスリム融和」および「セキュラリズム」（世俗主義、インドの文脈では多宗教共存主義）を提唱し、インドの大衆もこれを支持したため、ＲＳＳの議論はインドでは長年「右翼勢力の極論」と見なされてきた。一九四八年にガーンディーを暗殺した犯人がＲＳＳ関係者だったことも、インドにおけるこの勢力の不人気の原因となっていた。

ところが、インドでは一九八〇年代からヒンドゥー至上主義（およびムスリム差別）が激化し、これに伴って政党ＢＪＰも大幅な伸長を始めた。この背景には、当時全世界的に「文化アイデンティティー」が重視され始めていたこと、当時インドの与党だった国民会議派自身が右傾化し機能不全に悩んでいたこと、イラン革命やソ連によるアフガニスタン侵攻後の「アフガン・ムジャヒディーン（イスラーム聖戦士）」

の登場が世界的に「ムスリム過激派」イメージを醸成したことなど、内外の様々な事情が混在していたものと思われる。いずれにせよＢＪＰは、一九九六年五～六月のＢＪＰ短期政権を経て、一九九八年三月にはＢＪＰ長期政権（＝NDA: National Democratic Alliance）を成立させ（二〇〇四年五月まで存続）、以後インド政治は国民会議派とＢＪＰの二大政党制時代に入った。さらにＢＪＰは二〇一四年、「モーディー旋風」を巻き起こして政権に返り咲き、一九八〇年代以来の国会における単独過半数を実現した（「モーディー旋風」は、主にモーディーのグジャラート州首相時代の経済活性化手腕への期待に、国民会議派政権の腐敗への憤りが重なって起きた）。二〇一九年春の下院選挙でもモーディーのＢＪＰは圧勝し、インドはいまや「ＢＪＰ一党優位時代」に入ったとも評される。とくにこの二〇一九年の選挙で再選されて以降、二期目に入ったモーディー首相は「党是実行の好機到来」と判断したと思われ、憲法第三七〇条の廃止やアヨーディヤーにおけるラーム神生誕寺院の建設など、ＲＳＳ／ＢＪＰの宿願を次々に実現させる方向で動いている。

ＪＫ州政治の非民主的な空洞化――ポピュリズムの危険な性格①

とはいえこれが、選挙で勝利した政党が、民主政治の手続きにのっとって選挙公約を実行に移したというだけの話であるなら、インド国民がそうした選択をした以上は仕方がないということになる。しかし、カシミールについての今回の決定を行ううえでＢＪＰが「民主政治の手続き」にのっとっていたかというと、きわめて怪しいと言わざるを得ない。

インド憲法第三七〇条についての変更を、インド国会の決定およびインド大統領令によって行うためには、ＪＫ州議会が機能停止し、その権限がインド大統領に委任されているという特殊な状況を作り出すことが必須である。この状況を作り出すために、モーディー政権は数年間にわたり、民主的とは言い難い手段を交えて周到な準備を進めた。

まず、二〇一四年末のＪＫ州議会選挙の結果、二〇一五年三月に同州でＰＤＰ－ＢＪＰ連立州政権が成立した。マイルドなカシミール分離主義を旨とするＪＫ州の地方政党ＰＤＰ（J&K People's Democratic Party：ＪＫ人民民主党）は、この選挙ではＢＪＰを非難することによって得票を伸ばしており、イデオロギー的にＰＤＰとＢＪＰは水と油の存在だった。しかし州北部のカシミール地域（ＰＤＰが大勝）と南部のジャンムー地域（ＢＪＰが大勝）それぞれの民意を反映させるためには、この二党が手を組むより他に道はなく、長い協議の末にＰＤＰ－ＢＪＰ連立州政権が成立し、ＰＤＰのムフティー・サイードが州首相に就任したのだった。これに先立ち、ＰＤＰとＢＪＰの間で連立のための公式アジェンダが作成・公表され、そこでＢＪＰは従来のインド憲法第三七〇条廃止政策を撤回し、インド憲法の現状維持を明記した。つまり、ＢＪＰはこの時点で、「インド憲法を変更しない」ことを条件にＪＫ州政権の一翼を担うことに成功したのである。また二〇一五年におけるモーディー首相は、パキスタン首相の孫娘の結婚式のために突然パキスタンを訪問するなど、対パキスタンおよび宗教間の融和政策を推し進めていた。

ところが二〇一六年一月七日、ＪＫ州首相ムフティー・サイードが死去し、その娘のメフブーバ・サイードが州首相に就任する。メフブーバは長年父の右腕として活躍し、ＰＤＰを有力地方政党に押し上げるうえで大きな貢献をした人物だが、ＢＪＰ中央政権との駆け引きにおいて父ほどの老獪さは持ち合わせなかった。これに続いてインドでは、ハイデラーバードにおけるダリト（不可触民）学生の自殺事件とこれへの抗議（原因はＲＳＳ勢力によるダリト学生団体への締め付け）（一月）、次いでネルー大学（Jawaharlal Nehru University：通称ＪＮＵ、デリーにあるインドの最高学府にして左翼勢力の牙城）におけるリベラルな議論がＲＳＳ勢力から「非国民的」とされ、テレビの討論番組を中心にインドを二分する議論とデモが巻き起こった事件（二月）などを通じて、大衆レベルで右翼的な空気が強まって行った。二〇一六年九月にはＪＫ州の印パ実効支配ライン近くのウリーでゲリラがインド軍基地を襲撃する事件が起き、一九名のインド軍兵士が死亡。その報復としてインドは実効支配ラインのパキスタン側に「外科攻撃」（Surgical Strike）と称する空爆を行い、印パ関係が悪化した（この空爆の規模については諸説あり）。こうしてモーディー政権とインド社会の両者から、徐々にヒンドゥー・ムスリム融和的な方向性が失われて行った。

この後二〇一七年を通じて、カシミール渓谷に政治的足場を一切持たないＢＪＰは、同地において政治勢力ではなく村の自治体（パンチャーヤト）の長たちを味方につけようと画策を続けた。前述の通り、カシミール渓谷では二〇一六年七月以来抗議運動が続いており、ゲリラへの支持が篤い地域でインド側に協力する勢力は行政・警察関係者を含めゲリラの攻撃をまぬかれない状況だった。このため一切の選挙活動が事実上不可能となっていたが（選挙自体が親インド活動と見なされたため）、ＢＪＰはパンチャーヤト選挙の開催をメフブーバ州首相に迫り、現状で民主的かつ平和裡の選挙実施は不可能と判断したメフブーバとの対立を深めて行った。

二〇一八年に入ると、まず六月一九日、ＢＪＰはＪＫ州政府への支持・協力を撤回することにより、ＪＫ州におけるＰＤＰ－ＢＪＰ連立政権を崩壊させた。これにより翌二〇日、ＪＫ州知事が規定にのっとり、同州における州知事統治（Governor's Rule：期間は六カ月）の開始を宣言した。当時のＪＫ州知事は穏健さで知られ、一〇年にわたってこの要職を務めてきたＮ・Ｎ・ヴォーホラー（N.N. Vohra）だった。しかし国民会議派政権時代に任命された常識人かつＪＫ通のヴォーホラーが州知事である限り、州知事統治下のこの州でＢＪＰが望むような政策を行うことは不可能だった。そこでＢＪＰ政権は同年八月二三日、ＢＪＰ党員であるサッティヤ・パール・マリク（Satya Pal Malik）をＪＫ州知事として任命した。ＪＫ州知事に官僚・軍人ではなく現役の政治家が就任するのは初めてのことで、まさに異例の事態だった（マリクは国民会議派ほか多くの政党を転々とした経歴を持つが、二〇〇四年にＢＪＰに加入後は一貫してＢＪＰ所属の政治家として活動している）。同年一〇〜一一月、ＢＪＰ政権はこの傀儡州知事を通じて強引にＪＫ州のパンチャーヤト選挙を実施させ、ＰＤＰを含む同州の主要地方政党はすべてこの選挙をボイコットした。このため、この選挙で立候補したのはＢＪＰが多額の資金を支給して擁立したＢＪＰ候補のみであり、選挙が行われた村々では結果的に親ＢＪＰパンチャーヤト長たちが誕生し、彼らはその後、金で身を売った裏切り者として村民から嫌悪され、ゲリラから攻撃される危険に常に脅えつつ生きて行くこととなった。

そして同年一一月二一日、この傀儡州知事は強権を発動し、ＪＫ州が再び通常の州政府統治下に戻る可能性を阻止した。すなわち、同日夜八時台、ほぼ同時にＰＤＰのメフブーバ・ムフティー（ＰＤＰの他、ＪＫ州を代表する地方政党ＪＫナショナル・コンフェレンスと国民会議派の支持を得た）とＪＫ人民会議（J&K People's Conference：ＪＫ州の弱小地方政党）のサージャド・ローン（ＢＪＰおよびＰＤＰ離党議員らが支持）が、共に自らの下で州議会の規定数支持を得た州政府が成立すると考え、これを州知事に伝えようとしたが叶わず（公には、ファックスの不具合により連絡できなかったとされた）、州知事は自らの権限で州議会の解散を突如宣言した。事実は、サージャド・ローンの下でＢＪＰの息がかかった州政府を成立させようとしたところ、かつては犬猿の仲だったＪＫ州の二大政党ナショナル・コンフェレンスとＰＤＰが手を組んで対抗してきたため、これに対峙するのは無理と踏んだＢＪＰは州議会自体を強権により解散させ、成立するはずの州政府を成立させず、傀儡州知事による統治を続行させたのだった。そして規定に従い、六カ月の州知事統治が終了した同年一二月二〇日、ＪＫ州における州知事統治は自動的にインド大統領による統治に引き継がれ、ＢＪＰによるインド憲法改正へのお膳立てが整った。

まとめると、ＢＪＰはＪＫ州において、「憲法は変えない」との約束により州政権に加わり、次に州政権に参加しているというステイタスを利用して州政権を崩壊させ州知事統治に持ち込み、さらに州知事をＢＪＰ子飼いの人物にすげ替え、強権により州政権を成立させないことによって、二〇一九年八月の決定の準備を整えたのである。非合法的なことこそしていないものの、ＢＪＰが取った行動はあまりに強引かつ民意を無視したものであり、民主的とはとても呼べないものであった。

ここまで強引な政策というものは、ふつうは大衆の支持を得られないものだが、モーディー政権はこういった政策をあくまでも「ムスリムのテロリストからインドとＪＫ州を守るため」に行っているのだ等々と言葉巧みに表現し、自らがＪＫ州で行っていることの恣意性についてインドの一般大衆に気づかせないプロパガンダに成功してきた。モーディーのＢＪＰ政権は、まさにポピュリスト政権の危険な恣意性を体現していると言えよう。

プルワマ事件とＢＪＰのプロパガンダ戦略――ポピュリズムの危険な性格②

二〇一九年初頭の時点では、ＢＪＰはこの年の春の総選挙（下院選）で勝てないだろうと予測されていた。インド経済が全般に失速する中、突然の高額紙幣廃止（二〇一六年一一月）や物品・サービス税（Goods and Services Tax：略称ＧＳＴ）の導入（二〇一七年初頭）がインド庶民の懐を大きく圧迫し、不満が高まっていたためである。この流れを一気に変えたのが、この年二月に起きたプルワマ事件と、これを利用したＢＪＰのプロパガンダ戦略の成功だった。

二〇一九年二月一四日、ＪＫ州の南北をつなぐ幹線道路「ジャンムー～スリーナガル・ハイウェイ」のカシミール側のプルワマ地区の路上で、インド治安部隊の車列が自爆攻撃に遭い、四二名の兵士が即死、三八名の兵士が負傷した（のち二日間で死者は四九名に増えた）。犯人は二一歳のカシミール人青年で、彼はもともとデモにさえ参加しないような人物だったが、二〇一六年に治安部隊によるいわれのない暴行の被害に遭い変貌し、二〇一八年にいとこの青年と共にゲリラになっていた。インドのメディアによると、事件直後に彼が所属するゲリラ団体が犯行声明を出している。パキスタンはすぐさま関与を否定し、カシミールの分離主義（反インド運動）リーダーたちはこの攻撃による多くの死を憂い、印パ両国に自制を求めた。他方、ＪＫ州南部のジャンムー（ヒンドゥー教徒多住地域）ではカシミール人に対する暴動が発生し（放火など）、またインド各地でカシミール人学生が襲撃された。(18)

そして、このプルワマ事件の直後から、煽情的・好戦的なＢＪＰ翼賛フェイクニュースがソーシャルメディアなどに大量に流れ始めた。内容は、この事件とは無関係な写真やビデオを使って「インド兵の惨殺場面」を強調し、モーディー首相に対して「敵（＝ムスリム＝パキスタン）を許すな、今こそ戦いのときだ」などと檄を飛ばすものだった[19]。この事件に関しては、国民会議派ほかの野党もＢＪＰに追随してパキスタンを非難するありさまで、インド中が戦闘ムード一色に染まった。この状況を受け、モーディー政権は二月二六日早朝、インド空軍によるパキスタンへの越境空爆を実行した（空爆の実態・規模には諸説あり）。空爆後、比較的リベラルな数局を除く大方のインド主要テレビ局が、この空爆によって「約二〇〇名のテロリストが殺害された」と報道し、空爆と無関係な、パキスタンにおける埋葬場面を映したビデオなどが「テロリスト死亡の証拠」として繰り返し放映された[20]。インド大衆は「強いモーディー」礼賛に沸き返った。結果的に、この時点まで劣勢だったＢＪＰはこれを境に選挙戦でも盛り返し、春の総選挙で圧倒的勝利を収め、モーディーが首相に再任された。まさにポピュリスト的に展開したヒンドゥー・ナショナリズム（ヒンドゥー至上主義）の勝利であった。

トランプ大統領とモーディー首相の相乗効果——ポピュリズムの危険な性格③

二〇一九年八月にＢＪＰ政権がＪＫ州の地位変更に踏み切った背景には、当時の国際情勢もある程度関係していたと考えられる。

発端は、同年七月二二日、アメリカのトランプ大統領がホワイトハウスでパキスタンのイムラーン・カーン首相と会談中、カシミール問題の進展のためにトランプ大統領が印パ間を仲介する可能性を示唆したことだった。トランプ大統領は、「二週間前にモーディー首相と会談し、この点について話し合ったが、彼は実際「仲介者か仲裁者になっていただけませんか」と述べ、私が「どこの話ですか」と聞くと、彼は「カシミールです」と答えた」と、パキスタンの首長の面前で発言したのである。直後、インド政府は当然ながらこの「モーディー首相の発言」を否定し、カシミールが印パ二国間の問題であり、第三国の介入は必要としないことを強調した。

いつ何をするか分からないトランプ大統領のアメリカがカシミール問題に介入することは、インド政府としては何としても避けたい事態だった。とくに、アメリカ大統領とパキスタン首相の会談中にこのプロセスが始まったという事実は、アメリカからの圧力によりインドがカシミールについて一定の譲歩をしなければならなくなった際、「宿敵パキスタンと組んだアメリカにモーディーが屈した」イメージをインド大衆に与えかねず、致命的だった。この事態を回避するために、ＢＪＰ政権がカシミール政策（憲法第三七〇条廃止）実行の時期を早めた可能性は充分にある。

なお、同年半ばの時点では、次期大統領選を見据えて、トランプ大統領がアフガニスタンからの米軍撤退を実行するのではないかと考えられていた。事実、これをめぐるアメリカとターリバーンの交渉も進行中だった。前述のトランプ大統領のカシミールをめぐる発言も、大枠ではこの路線の延長線上になされたものだった。米軍がアフガニスタンから撤退すると、アフガニスタンで戦っていた「ムジャヒディーン」（イスラーム聖戦士。事実上のゲリラ兵士）が大挙してカシミールへ押し寄せる可能性があり、この懸念もＢＪＰ政権のカシミール政策実行の時期を早めたのではないかという識者の分析がインド内外にある。ただし、カシミールで戦うゲリラの中で、アフガン・ゲリラが大きな役割を果たした事実は過去には存在せず（アフガン・ゲリラがいた場合でも「珍しいゲスト・ゲリラ」扱いだった）、この説は説得力に欠けると筆者は考える。

いずれにせよ、アメリカのポピュリストであるトランプ大統領の「何をするか分からない」性格と、これまでインドの各政権（ヴァージペーイー首相の下のＢＪＰ前政権を含む）が常識から開くことのなかった「パンドラの箱」第三七〇条問題を、その国内・国外における甚大な影響を顧みることなく開いてしまうインドのポピュリスト・モーディー首相の恣意性が重なって、はじめて二〇一九年八月のインド国会決定が実現したのである。

印パは本当は何を望んでいるのか？――ポピュリズムの危険な性格④

今回ＢＪＰ政権によって行われた、インド憲法の変更による「ＪＫ州の特別扱いの廃止」および「同州のインドへの完全な一体化」は、一見カシミールに関するインドの立場を強めたように見える。実際、インド大衆の目にもそう映るため、ＢＪＰはこの政策を実行したのである。しかしよく考えると、この政策は必ずしもインドの立場を強めたとは言えない。なぜなら、インドがＪＫ州を特別扱いしていたのは、現在のインド領ＪＫ州の姿は仮のものであり、本来は旧ＪＫ藩王国全体がインドに帰属すべきであるという考えがその背後に存在したからなのであって、現インド領ＪＫ州が仮の姿ではなく本格的にインドの一部だとする今回の決定は、論理的には、もはやインドは旧ＪＫ藩王国全体をインド領化する夢をあきらめたのだと解釈することができるからである。

この点に関して、インドの立場よりさらに不明瞭なのがパキスタンの立場である。パキスタンは「敵の敵は友」の原則によって、一九六二年の中印紛争以来インドと敵対している中国との親交を深めてきたが、近年の中国のさらなる台頭に伴い、親中国姿勢をさらに強めている。これを象徴するのが、現在の中パ関係の屋台骨になっている「中国・パキスタン経済回廊」（China-Pakistan Economic Corridor：略称ＣＰＥＣ、二〇一六年末に始動）である。中国のいわゆる「一帯一路」政策の一環であるこの経済回廊は、中国にとっては中東からの石油をマラッカ海峡経由の迂回路ではなく、パキスタンの港を経由して陸路で安全に輸入できるメリットを持ち、パキスタンにとっては多様なインフラを中国の援助で建設・整備できるメリットを持っている。

問題は、パキスタン南部の港から中国の新疆ウイグル自治区へと抜けるこの経済回廊が、いわゆるパキスタン側カシミール内のギルギット・バルティスターン地域（カラコルム回廊）を通過することである。パキスタンはこれまで、旧ＪＫ藩王国全体が係争地であり、現在実質的にパキスタン領内にある「パキスタン側ＪＫ」についても、これは未だパキスタンの領土ではなく、そのステイタスは係争地としてペンディングされた状態にある、との立場を堅持してきた。しかし、この地域がパキスタンの正式な領土に含まれないとすると、ここを通過せざるを得ない「中パ経済回廊」が成立しなくなってしまう。このため近年のパキスタンは、ギルギット・バルティスターンの正式なパキスタン領土化に向けて動いてきた。二〇一六年にはすでにそのステイタス変更の噂があったが、まず二〇一八年一一月二八日にパキスタン首相イムラーン・カーンが仮の暫定州ステイタス（interim status of a provisional province）を（パキスタン国会の承認を得るまでの間という条件で）ギルギット・バルティスターンに与えた。そして二〇二〇年九月に同地方のステイタス変更について野党の同意が得られたことが公表され、同年一一月二日、カーン首相が正式に同地方に暫定州（provisional province）のステイタスを与えることを発表した。[21]「暫定」とすることで形式的に同地方が係争地であることを担保し、国連決議に基づく住民投票実施の可能性に備えてはいるが、これは実質的な同地方のパキスタン領土化である。

つまり、旧ＪＫ藩王国分割の現状を追認し、現在実効支配している地域が係争地ではなく自国の一部であると先に宣言したのは、インドではなくパキスタンだったのである。しかしパキスタン政府は、中国との関係強化上、また自国の経済活性化の都合上行わざるを得なかったこの決定を、（とくに二〇一八年一一月の時点では）できるだけ自国の衆目から隠しておきたかったものと思われる。なぜなら、ギルギット・バルティスターンが係争地ではなく自国の一部であると宣言することは、パキスタンが現状を追認し「カシミールをあきらめる」ことに等しく、これまでカシミール渓谷における（インド治安部隊による）人権侵害を国際的に声高に非難し、国内でもカシミール問題とこれに由来するインドへの敵意を国民統合に最大限に利用してきたパキスタン政府にとって、自国民に面と向かって「カシミールはもはや係争地ではない」と宣言するのは、ほとんど自殺行為だからである。

そしてインドも、本心ではやはりカシミール問題について現状追認しかないと考えているものと思われる。つまり、インド側ＪＫについては「完全なインド化」を行うが、印パ間の国境（実効支配ライン）の変更は考えていないということである。だからこそ、近年モーディー政権が行った二度のパキスタンへの「越境空爆」は、インド大衆を喜ばせはするが本格的な戦争には至らない規模にとどめたし、二〇一六年一一月にパキスタンがギルギット・バルティスターンの法的地位を変え、これを自国の一部であると認める方向で動いた際もインド政府はこれをほぼ看過し、外交における本格的な抗議を行うことはなかった。

インド政府はむろん、今回のＪＫ州の地位変更にあたり、旧ＪＫ藩王国全体をインド領とする夢を捨てていないことを明言している。これはパキスタン側も同様である。しかし、係争地であるがゆえの特別扱いを廃止することは、印パ両国にとって名実ともにカシミール問題の現状追認・現状維持を意味している。

印パ両国の現政権はいずれも、自国における人気取りのために互いに対する敵対的かつ好戦的なポーズを取り続けているが、様々な意味で本当にコストがかかる実戦を繰り広げる気は全くないものと思われる。そもそもカシミール問題に関しては、印パ両国の思惑は「現状維持」で完全に一致しており、そこに不和・対立の要素は見られない。印パ両国の政権にとって本当に重要なのは、国内の選挙で勝つための「人気」と経済の好況なのであり、ヒンドゥー・ムスリム間の宗教感情（およびこれに起因する印パ間の敵対感情）は「人気」取りのため最大限にこれを利用するまでである。印パ両国の現政権はこの意味で、全きポピュリストなのであった。

自由を奪われたカシミール渓谷の人々（1）――八月五日前夜

二〇一九年八月五日の国会決定にあたり、これがカシミール渓谷でかつてない規模の抗議を引き起こすだろうことは誰にも予測のつくことであり、モーディー政権は当然ながら様々な予防措置を取ってからこの日に臨んだ。

まず七月二六日、カシミールへの治安部隊の増派が始まった。第一弾として一万の兵が送られ、その後八月一日までにさらに二万八〇〇〇が増派された。もともとＪＫ州には正規軍と治安部隊を合わせて約七〇万のインド兵が駐留するとされるが、市民デモ・抗議活動の阻止のためにさらに増員されたかたちである。八月二日にはインド軍とＪＫ州警察が合同記者会見を開き、テロが予測されるとの理由により、旅行者・巡礼客に対し、ただちにカシミール渓谷を離れるよう勧告を行った（旅行者は警察により強制退去させられた）。この勧告後、カシミール社会はパニックに陥り、人々は食糧、ガソリンなどの買いだめに走った。翌三日には、非カシミール人学生はカシミールを離れるよう、またカシミール各地の政府役人は持ち場を離れないよう勧告が出され、カシミール社会のパニックはさらに深まった。

他方、ナショナル・コンフェレンスのオマル・アブドゥッラー（前ＪＫ州首相。シェイク・アブドゥッラーの孫）が率いる使節がデリーを八月一日に訪問し、モーディー首相に「（ＪＫ）州の利益を損なう決定」を行わないようリクエストした。同日中、ＰＤＰのメフブーバを始め、カシミール地元の多くの政治家たちがインド憲法改正の懸念を発言した。

八月四日夜半、メフブーバ・ムフティー、オマル・アブドゥッラー、サージャド・ローンら主要なカシミール人政治家たちがすべて自宅軟禁となった（彼らのうち、オマル・アブドゥッラーは二〇二〇年三月まで軟禁され、最も長かったメフブーバ・ムフティーの軟禁状態は二〇二〇年一〇月まで続いた）。同時に、ＪＫ州全域でインターネットおよび携帯ほか全ての電話が遮断され、厳戒態勢が採られた。

自由を奪われたカシミール渓谷の人々（2）——八月五日以降

八月五日以降、ＪＫ州では前述のようにインターネットおよび携帯を含む全ての電話が遮断されただけでなく、地元の新聞もネット版を含めすべて活動停止に追い込まれた。電話に関しては、インド当局がカシミール各地に公衆電話を設置し便宜を図っているというニュースが流れたが、実際には設置数が少なくアクセスできる人数が限られたうえ、設置されたものもまともに機能しないことが多かったといわれる。カシミール渓谷のインターネットは二〇二〇年三月四日まで遮断されたままだったが（その後もつながるのは２Ｇのみ）、これはインド政府による最長のインターネット遮断であり、[22] 市民生活におけるその被害の深刻さは計り知れない。

大規模な市民叛乱を予想してカシミールへの増兵を行ったＢＪＰ政権だったが、実際には八月五日以降のカシミールにおける抗議デモなどの死者数は少なかった。当初のカシミール社会の反応は、インド政府がここまでカシミールをないがしろにすることへの「驚き」と、次に何が起きるか分からないことへの「不安と恐怖」だった。八月五日以降のカシミールにおける最初の死者は、遊ぶためにこの日外出し、治安部隊に追われて川へ飛び込み、溺死した一七歳の少年だったことが知られている。とはいえ、インド政府の決定にカシミール住民が激しく怒ったのも事実であり、多くの抗議デモが起き、ペレット銃の犠牲者も以前と変わらず増え続けている。ただし取材・報道の規制のため、この時期のカシミールの正確な状況は不明である。

ＪＫ州、とくにカシミール渓谷では、市民的自由の全面規制が（徐々に緩和されたものの）数カ月にわたって続いた。まず八月一二日のイード祭に際し、厳戒態勢が一部解除され、市場が時間限定でオープンした。八月下旬には固定電話（いわゆるランドライン）が開通した（インド国内のみ）。カシミール渓谷では地元の日刊紙発行（紙版）が八月下旬に再開した（ただし各新聞社がネットにアクセスできないためページ数は少なく、インド政府が政策を宣伝する全ページ広告がトップ面を占めることも多かった）。その後カシミールでは、一部の携帯電話が一〇月半ばに解禁され、一〇月三一日にＪＫ州の二つの連邦直轄領への分割・移行が問題なく遂行されたことを確認後、一二月に入って地元紙のオンライン版が再開した（その後も断続的な活動停止があった）。

学校については八月一七日、初等教育機関が一九日から再開すると政府発表があり、一九日には学校教育監督官が初等・中等教育機関を二〇日から再開すると宣言した。しかしカシミールでは、その後長らく子供たちが登校することはなかった。その理由は、下記のような状況にあった。

インド政府とインドの主流メディアは、八月五日の後もカシミールが「平穏である」(normal) ことを繰り返し強調したが、実際のカシミール現地では、インド治安部隊による激しい弾圧（夜間の強制捜査・若者の大量逮捕など）が続く一方、一般市民による非組織的なストライキ（道路封鎖、営業妨害などを伴う）が各地でバラバラに激化している状況だった。反インド分離主義リーダーたちはむろん、ナショナル・コンフェレンスやPDPなどこれまでインド中央政府に協力して州政府を運営してきた（このため地元カシミールでは基本的に嫌われてきた）地元政党のリーダーたちも全て拘留・軟禁されたため、カシミールには完全にリーダー不在の危険な状況が出現した。互いに連絡が取れず、一キロ先の状況も分からない中、各地の一部住民が自らの意思を自分の地区に強制し、警察や治安部隊もこれを取り締まることはできない状況となり、一種の無法状態が蔓延したのである。カシミール一般市民の平均的状況は、インド治安部隊の横暴に対する警戒はむろん、激怒した一部住民（とくに若者たち）によるスト強制や、「スト破り」と見なされたトラックやスクールバスなどへの投石に対しても警戒しなければならないというもので、とても安心して子供を学校に送り出せる状況ではなかった。

二〇一九年末までに、カシミール渓谷では表面的には通常の市民生活が再開し、市場や学校も通常の状態に復帰した。二〇二〇年の間にインターネットも（2Gのみだが）復旧し、政治的リーダーたちも（分離主義リーダーの多くを除き）釈放された。[23] しかし、今や連邦直轄領となったジャンムー・カシミールでは二〇二〇年末の現在に至るまで大統領統治が続き、住民の政治的代表権が奪われたままであり、カシミール青年たちのゲリラ活動も収まる気配がない。今後、カシミール現地の事態がどう動くのかについては予断を許さない状況である。

3　結語に代えて

以上、第一節でカシミール紛争史の概略を、第二節で二〇一九年のその状況を述べてみたわけだが、カシミール問題における「印パの宗教対立」が、今もかつても喧伝される一方、実際にはそれほど本質的な争点とはなっていないことが確認できたのではないかと思う。二〇〇八年のリーマンショック以来グローバルな経済危機が続き、世界各地でポピュリスト政権が誕生する中、私たちはポピュリストたちのプロパガンダに惑わされることなく現実を見据え、問題に対処して行く必要がある。少なくとも、各地の紛争地などで弱者の状況が日増しに悪化し、自由が奪われた状態が恒常化しつつある現実を看過して良いはずはない。

（1）　ここで述べたイギリス植民期の「カシミール」イメージ形成については、Brigid Keenan, ***Travels in Kashmir: A Popular History of Its People, Places and Crafts.*** New Delhi: Oxford University Press, 1989が詳しい。さらに遡ったムガル帝国期の「カシミール」イメージ形成については、Sunil Sharma, ***Mughal Arcadia: Persian Literature in an Indian Court.*** Cambridge: Harvard University Press, 2017を参照。

（2）　Aiyaz Husain, ***Mapping the End of Empire: American and British Strategic Visions in the Postwar World.***

Cambridge: Harvard University Press, 2014; Rakesh Ankit, ***The Kashmir Conflict: From Empire to the Cold War, 1945–66***. London: Routledge, 2016.

（３）　この間のいきさつは、外務省の報告書が次のように簡潔にまとめている。「カシミールの藩王であったハリ・シンは、その態度を決めかねていた。もし、パキスタンを選んだ場合には、ジャンムー地方のヒンドゥーやラダク地方の仏教徒に加え、四六年に（藩王は）「カシミールから出て行け」運動で人気を高めたアブドゥッラーが率いる国民会議（National Conference）寄りのムスリムから反発が予想された。逆に、インドを選んだ場合には、ギルギット地域（現在の「北方地域」）などのムスリムらの強い反発が予測された。しかも、カシミールは、パキスタン側とは道路網で結ばれており、藩王国の主財源であった材木はパキスタン側へ流れる河川によって運搬されていた。藩王の本心は独立であった。」（外務省アジア局南西アジア課『70年代以降のカシミール問題』外務省、一九九二、八）。より正確に言えば、当時カシミール地方のリーダーとして頭角を現し、インド国民会議派の後援も取り付けていたシェイク・アブドゥッラーが藩王に代わってジャンムー・カシミールの事実上の支配者にのし上がるシナリオが現実味を帯びていたため、藩王とその側近（とくに一九四五～四七年に藩王国政府首相だったR.C. Kak）はアブドゥッラーと結託したインド国民会議派を牽制する意味合いを含め、パキスタン側と密に交渉を繰り返し、印パいずれかの選択を先送りし続けた。

（４）　ジンナーのカシミール訪問（一九四四年）が、当時ジンナーに近づくことを試みたシェイク・アブドゥッラーとの不和で終わったいきさつについては、Prem Nath Bazaz, ***The History of Struggle for Freedom in Kashmir***. New Delhi: Kashmir Publishing Company, 1954を参照。

（５）　Šumit Ganguly, ***The Crisis in Kashmir: Portents of War, Hopes of Peace***. New York: Cambridge University Press, 1997, 10などを参照。

（６）　近現代カシミールにおけるムスリム諸宗教団体の歴史（「正統的イスラーム」のカシミールへの浸透史と重なる）については、Khaki Mohammad Farooq, ***Tārīkh Da'wat-o-Tablīgh: Jamūn-wa-Kashmīr kē Tanāẓar mēn (Volume***

2). Srinagar: Author, 2015〔ウルドゥー語〕; Nazir Ahmad Dar, ***Religious Institutes of Kashmir***. Srinagar: Jay Kay Book Shop, 2006を参照。また、一九世紀末（「正統的イスラーム」流入前）のカシミールにおける宗教事情については、カシミール社会記述の古典であり、多くのリプリント版が出ているWalter R. Lawrence, ***The Valley of Kashmir*** (1895)を参照。

(7) カシミールにおける宗教現象の詳細については、基本的に約一二年間をジャンムー・カシミール州で過ごした筆者の見聞に基づいているが、両教聖者の類似性については、カシミールのヒンドゥー聖者（主に近現代）についてまとめたT.N. Dhar, ***Saints and Sages of Kashmir***. New Delhi: APH Publishing Corporation, 2004; K.L. Kalla, ***Saints of Kashmir: A Galaxy***. New Delhi: Anmol Publications, 2007と、二〇世紀カシミールの代表的ムスリム聖者たちの伝記（例えばMoti Lal Saqi, ***Samad Mīr***. New Delhi: Sahitya Akademi, 1992〔ウルドゥー語〕; Syed Habib, ***Ahad Bab***. Srinagar: Shafa Publications, 2012〔ウルドゥー語〕）の比較検討からも容易に推測できる。

(8) Mohammad Ishaq Khan, 'The Significance of the Dargah of Hazratbal in the Socio-Religious and Political Life of Kashmiri Muslims', in Christian W. Troll (ed.), ***Muslim Shrines in India: Their Character, History and Significance***. New Delhi: Oxford University Press, 1989.

(9) Toru Tak, 'The Term ***Kashmiriyat***: Kashmiri Nationalism of the 1970s', ***Economic and Political Weekly***, Vol XLVIII, No.16 (April 20, 2013), 28–29.

(10) これらのインド憲法におけるＪＫ州関係の規定およびＪＫ州憲法の詳細については、A.S. Anand, ***The Constitution of Jammu and Kashmir: Its Development and Comments (8th Edition)***. Gurgaon: Universal Law Publishing, 2016を参照。

(11) 一九五〇～七〇年代カシミールの内情については、二〇世紀後半カシミール主要紙の一つであるDaily Aftab（ウルドゥー語）の創業者・編集長が書いたSanaullah Butt, ***Kashmir in Flames: An Untold Story of Kashmir's Political Affairs***. Srinagar: Ali Mohammad and Sons, 1981が詳しい。また、一九六〇～八〇年代における初期カシミール独立運動／分離主義運動については、Praveen Swami, ***India, Pakistan and the Secret Jihad: The Covert War in Kashmir, 1947-2004***. London: Routledge, 2007; Jauhar Quddusi and Sheen Meem Ahmad（eds.）, ***Dr. Muhammad Ayub Thakur: Life with a Mission. Monthly Takbeer***, Special Issue, April 2005などを参照。

（12）注（6）の文献を参照。

（13）この挫折した印パ合意の内容については、当時のパキスタン側の交渉担当者が書いた Khurshid Mahmud Kasuri, ***Neither A Hawk Nor A Dove: An Insider's Account of Pakistan's Foreign Policy***. Gurgaon: Penguin India, 2015 に詳述されている。

（14）ここで述べた二〇〇八〜一六年のカシミール内情については、拓徹「危機に瀕するカシミール」、メールマガジン『オルタ』一五五号（二〇一六年一一月二〇日）（https://www.alter-magazine.jp/index.php?%E5%8D%B1%E6%A9%9F%E3%81%AB%E7%80%95%E3%81%99%E3%82%8B%E3%82%AB%E3%82%B7%E3%83%9F%E3%83%BC%E3%83%AB）を参照。本章における二〇〇八年以降のカシミール情報については、まとまったクロニクル形式の研究がまだ存在せず、基本的に筆者の現地における見聞およびカシミール内外の報道に基づいている。二〇〇八年以降の新局面におけるカシミール抵抗運動の分析としては、David Devadas, ***The Generation of Rage in Kashmir***. New Delhi: Oxford University Press, 2018 や、Haley Duschinski, Mona Bhan, Ather Zia, and Cynthia Mahmood（eds.）, ***Resisting Occupation in Kashmir***. Philadelphia: University of Pennsylvania Press, 2018所収の諸論考がある。

（15）カシミール地元の人権団体であるJKCCS（Jammu and Kashmir Coalition of Civil Society）のウェブサイト（https://jkccs.net/）に掲載されている二〇一八年（二〇一七年を含む）、二〇一九年の年次報告書、および二〇二〇年前半期報告書による情報。市民以外の死者数は、ゲリラとインド治安部隊の死者合計。

（16）本節では、煩瑣になるため基本的に情報源へのリファレンスは割愛したが、The Hindu を始めとするインド日刊各紙（主にオンライン版）、The Wire ウェブサイトを始めとするオルタナティブ報道メディア、Outlook, Frontline, Caravan などのインド報道誌などを適宜参照した。カシミール地元メディアについては、二〇一九年八月以前の情報については、現在カシミールを代表する日刊紙であるGreater Kashmirの日々の記事（オンライン版）を参照した。（二〇一九年八月六日以降については、主要日刊紙の紙版・オンライン版を含め、カシミール地元メディアは数カ月間にわたって全て活動停止を余儀なくされたため、参照できなかった。）

（17）例えばOutlook, August 19, 2019の三八ページに掲載されたインド司法関係者たちのコメントを参照。

（18）プルワマ事件についてはインド各紙誌が報道した。カシミール地方紙だけが報じた自爆犯の過去のいきさつについては、'Adil was harassed in 2016, which changed him: Father', ***Greater Kashmir***, February 16, 2019（https://www.greaterkashmir.com/news/kashmir/adil-was-harassed-in-2016-which-changed-him-father/）などを参照。

（19）プルワマ事件直後のフェイクニュース現象については、Kunal Purohit, 'After Pulwama terror attack, WhatsApp groups are fuelling hypernationalism, hatred and warmongering', ***Firstpost***, Feb.16, 2019（https://www.firstpost.com/india/after-pulwama-attack-whatsapp-groups-are-fuelling-hypernationalism-hatred-and-war-mongering-6099461.html）およびCyril Sam and Paranjoy Guha Thakurta, ***The Real Face of Facebook in India***. Delhi: Paranjoy, 2019の第一七章'Aftermath of Pulwama'などを参照。

（20）この空爆をめぐる偽写真・偽映像の使用については、Pooja Chaudhuri and Priyanka Jha, '3 out of Facebook's 7 fact-checking partners have shared misinformation post-Pulwama', ***Alt News***, March 18, 2019（https://www.altnews.in/3-out-of-facebooks-7-fact-checking-partners-have-shared-misinformation-post-pulwama/）、Kevin Ponniah, 'WhatsApp: The 'black hole' of fake news in India's election', ***BBC***, April 5, 2019（https://www.bbc.com/news/world-asia-india-47797151）などを参照。インド軍による空爆の事実に関して米外交誌が述べた疑義については「パキスタン軍機の撃墜は本当か？ 米誌、インド軍の主張に疑いの目」、ＡＦＰウェブサイト、二〇一九年四月六日（https://www.afpbb.com/articles/-/3219598）を参照。近年のインド政治ではソーシャルメディアの役割が飛躍的に増大していることが知られているが、とくにＢＪＰによるソーシャルメディア活用の実態については、Rohit Chopra, ***The Virtual Hindu Rashtra: Saffron Nationalism and New Media***. Noida: HarperCollins India, 2019; Shivam Shankar Singh, ***How to Win an***

Indian Election: What Political Parties Don't Want You to Know. Gurgaon: Penguin Random House India, 2019などを参照。

（21）二〇一八年一一月の決定については'PM Imran approves interim province status for Gilgit Baltistan', ***The Nation***, November 28, 2018（https://nation.com.pk/28-Nov-2018/pm-imran-approves-interim-province-status-for-gilgit-baltistan）; 'Provisional province status proposed for G-B', ***The Express Tribune***, January 8, 2019（https://tribune.com.pk/story/1883592/1-provisional-province-status-proposed-g-b）などを参照。二〇二〇年一一月の決定については''Blackmailers' will face justice, vows PM', ***Dawn***, November 2, 2020（https://www.dawn.com/news/1588130/blackmailers-will-face-justice-vows-pm）などを参照。なお、このギルギット・バルティスターンの地位変更をめぐるプロセスは、同地方における政治改革の問題や、同じ「パキスタン側ＪＫ」に属するアーザード・カシミール地方との政治的対立の問題などを含んでおり、その内実はきわめて複雑である。

（22）https://internetshutdowns.in/ の情報や、注（15）に記載のＪＫＣＣＳウェブサイトからダウンロードできる報告書 Kashmir's Internet Siege（二〇二〇年八月発行）などを参照。

（23）ただし、ちょうど様々な封鎖が解かれ始めた二〇二〇年春にカシミールも（インドや世界の他地域同様）コロナ問題に見舞われた。二〇二〇年の残りの時期を通じて、コロナ対策の名の下、カシミールにおける様々な封鎖状況（外出制限、学校閉鎖など）はおおむね続いた。

執筆者紹介（掲載順）

田所　昌幸（たどころ まさゆき）〔編者〕
慶應義塾大学法学部教授　国際政治経済学
京都大学大学院法学研究科博士課程中退。博士（法学）
主要著作に『越境の国際政治』（有斐閣、二〇一九年）など。

湊　一樹（みなと かずき）
アジア経済研究所研究員　インド政治経済
ボストン大学大学院経済学部修了。
主要著作に「『世界最大のロックダウン』はなぜ失敗したのか――コロナ禍と経済低迷の二重苦に陥るインド」『ＩＤＥスクエア』（二〇二〇年七月）など。

竹中　千春（たけなか ちはる）
立教大学法学部教授　南アジア政治、ジェンダー研究
東京大学法学部卒。
主要著作に『ガンディー　平和を紡ぐ人』（岩波新書、二〇一八年）など。

笠井　亮平（かさい りょうへい）
岐阜女子大学南アジア研究センター特別研究員　南アジアの国際関係、インド近現代史
青山学院大学大学院国際政治経済学研究科一貫制博士課程単位取得満期退学。
主要著作に『インド独立の志士「朝子」』（白水社、二〇一六年）など。

マリー・ラル（Marie Lall）
ユニバーシティ・カレッジ・ロンドン（ＵＣＬ）教授　南アジア政治・教育
ロンドン・スクール・オブ・エコノミクス（ＬＳＥ）博士課程修了。Ph.D.（International Relations）
主要著作に*Understanding Reform in Myanmar: People and Society in the Wake of Military Rule*（Hurst & Co, 2016）など。

三輪　博樹（みわ ひろき）
帝京大学法学部准教授　インド政治、比較政治学
筑波大学大学院国際政治経済学研究科博士課程（後期）単位取得退学。

主要著作に『これからのインド——変貌する現代世界とモディ政権』（編著、東京大学出版会、二〇二一年）など。

伊藤　融（いとうとおる）
防衛大学校人文社会科学群国際関係学科教授　南アジア外交・安全保障
中央大学大学院法学研究科政治学専攻博士課程後期単位取得退学。博士（学術）
主要著作に『新興大国インドの行動原理——独自リアリズム外交のゆくえ』（慶應義塾大学出版会、二〇二〇年）など。

溜　和敏（たまりかずとし）
中京大学総合政策学部准教授　国際関係論
中央大学大学院法学研究科博士後期課程修了。博士（政治学）
主要著作に『現代日印関係入門』（共著、東京大学出版会、二〇一七年）など。

山田　剛（やまだごう）
日本経済研究センター主任研究員兼日本経済新聞シニアライター　インド・南アジア政治・経済
早稲田大学政治経済学部卒。
主要著作に『知識ゼロからのインド経済入門』（幻冬舎、二〇一二年）など。

拓　徹（たくとおる）
大阪大学大学院言語文化研究科助教　南アジア・カシミール研究
ジャンムー大学社会学部博士課程修了。Ph.D.（Sociology）
主要著作に『インド人の謎』（星海社、二〇一六年）など。

東アジア研究所講座

素顔の現代インド

2021年4月15日　初版第1刷発行

編　者――――田所昌幸
発行者――――慶應義塾大学東アジア研究所
代表者　高橋伸夫
〒108-8345　東京都港区三田2-15-45
TEL 03-5427-1598
発売所――――慶應義塾大学出版会株式会社
〒108-8346　東京都港区三田2-19-30
TEL 03-3451-3584　FAX 03-3451-3122
装　丁――――渡辺澪子
組　版――――株式会社キャップス
印刷・製本――中央精版印刷株式会社
カバー印刷――株式会社太平印刷社

Printed in Japan　ISBN978-4-7664-2740-0

慶應義塾大学出版会

東アジア研究所講座

都市から学ぶアジア経済史

古田和子編著　アジア各地の都市を取り上げ、16～21世紀にかけてのアジア経済の歴史を描き出す。香港、シンガポール、深圳といった中心都市だけでなく、プネー、台南など一見周縁とみられる都市にも注目する。アジア経済史の副読本に最適。　定価 2,200 円（本体価格 2,000 円）

東アジア研究所講座

アジアの文化遺産

―過去・現在・未来

鈴木正崇編　われわれは文化遺産とどのように付き合い、活用し、未来に託していくべきか。文化遺産を単に保護・保存されるべき遺物として過去の中に閉じ込めるのではなく、「生きている遺産」として多元的に把握する試み。

定価 2,200 円（本体価格 2,000 円）

東アジア研究所講座

アジアの「核」と私たち

―フクシマを見つめながら

高橋伸夫編　核の「平和利用」と「軍事利用」の線引きは可能なのか？　核兵器の拡散や原子力発電所の建設増加で注目されるアジア諸国の核を、「フクシマ」の経験と教訓から多角的に考察する。

定価 1,980 円（本体価格 1,800 円）